AF569374

Karl Stankiewitz · Münchner Originale

Allitera Verlag

KARL STANKIEWITZ, geboren 1928 in Halle, arbeitet seit 1947 als Journalist und Buchautor für die »Süddeutsche Zeitung«, die »Abendzeitung« und zahlreiche andere Medien. Als Reporter berichtete er aus aller Welt. In bisher 33 Sachbüchern befasst er sich überwiegend, breit gefächert und kritisch, mit Themen zu München, Bayern und den Alpen. Der Internationale Presseclub zeichnete ihn aus »für hervorragende journalistische Arbeiten über die bayerische Landeshauptstadt« und 2018 hat er für Verdienste zugunsten der Kulturstadt München die Medaille »München leuchtet« in Silber erhalten. Im Allitera Verlag ist 2018 der Band »Aus is und gar is. Wirtshäuser, Theater, Cafés, Nachtclubs und andere verlorene Orte Münchner Geselligkeit« erschienen.

MÜNCHNER ORIGINALE

Fotografien aus der Sammlung Karl Valentin
im Stadtarchiv München

Mit Texten von Karl Stankiewitz

Herausgegeben vom Stadtarchiv München

Allitera Verlag

2. Auflage Oktober 2019
Allitera Verlag
Ein Verlag der Buch&media GmbH München

Idee, Konzept, Lektorat und Bildredaktion: Dietlind Pedarnig
Layout, Satz und Umschlaggestaltung: Johanna Conrad
Gesetzt aus der Roboto
Umschlagvorderseite: Der »narrische Maxl«, Stadtarchiv München
(Sign. DE-1992-FS-NL-KV-1352), o. J.
Printed in Europe · ISBN 978-3-96233-104-7

Allitera Verlag
Merianstraße 24 · 80637 München
Fon 089 13 92 90 46 · Fax 089 13 92 90 65

Weitere Publikationen aus unserem Programm finden Sie auf www.allitera.de
Kontakt und Bestellungen unter info@allitera.de

INHALT

WIRTSLEUT UND KELLNERINNEN 68

UNTERNEHMER 104

ATHLETEN 132

Karl Valentin. Postkarte mit Aufschrift Vorderseite »Karl Falentin [sic!]. Münchner Komiker«; gesendet an Dr. Hornschuch, Stadtarchiv München, 1930. Rückseite: »Valentin Sammlung sortieren!«. Valentin war es wichtig, dass sein Name mit »F« ausgesprochen wurde. Manchmal schrieb er sich deshalb auch so.

VORWORT: DIE BILDERSAMMLUNG VON KARL VALENTIN IM STADTARCHIV MÜNCHEN

Der Münchner Künstler Karl Valentin (1882–1948) war ein Universalgenie und vereinigte viele Professionen in sich: Er war Schriftsteller, Musiker, Komiker, Schauspieler, (Film-)Regisseur und Maler. Dass er auch ein passionierter Sammler war, und dass ein nicht unbeträchtlicher Teil dieser Sammlung sich heute im Stadtarchiv München befindet (und nicht wie der Großteil seines Nachlasses Anfang der 1950er-Jahre an das Theaterwissenschaftliche Institut der Universität Köln gelangt ist), ist nicht so allgemein bekannt.[1]

Die Sammelleidenschaft von Karl Valentin hatte ihren Ursprung – nicht unüblich bei Künstlern – in seinem Interesse an der eigenen Person. Familienchronik, Plakate, Fotografien[2], Ankündigungen und Zeitungsausschnitte bildeten den Grundstock seiner Sammlung. Doch seit etwa 1925 erweiterten sich seine Sammelaktivitäten, die nun auf eine umfassende historische Dokumentation seiner sich stetig verändernden Heimatstadt München und ihrer bedrohten Alltagskultur zielten.[3] Er sammelte (oder zutreffender: er jagte danach) alte Fotos und Postkarten mit den darauf festgehaltenen Häusern, Straßen, Plätzen, aber auch mit seinen Menschen, wobei Karl Valentins besondere Vorliebe berühmten beziehungsweise originellen Persönlichkeiten galt, den Münchner Originalen.

Valentin sammelte nicht nach künstlerischen Gesichtspunkten und auch die Qualität der Bilder war für ihn sekundär. So genügte ihm zum Beispiel für seine Sammlung der »Münchner Originale« von Georg Prangerl (siehe S. 20), dem letzten Hofnarren, ein schlechter Zeitungsausschnitt des Porträts von Michael Neher, das im Original im Bayerischen Nationalmuseum hängt. Unter seinen oft für viel Geld angekauften Fotos finden sich meisterliche Aufnahmen eines Georg Pettendorfer[4] oft gleichberechtigt neben dilettantischen Schnappschüssen. »A oids Buidl vo München is mehra wert ois a Brillant«, so war jedenfalls Valentins Credo.

Valentins Sammlung war aber nicht Selbstzweck, immer wieder versuchte er auch mit Lichtbildervorträgen und kleinen Ausstellungen bei der Münchner Bevölkerung ein Bewusstsein für die Welt von gestern zu schaffen. Auf den pädagogischen Wert seiner stadtgeschichtlichen Bildquellen hat er selbst immer wieder hingewiesen:

»Meine Aufgabe ist es nun, die noch im Privatbesitz befindlichen Photos zu gewinnen und zu einer Sammlung zu vereinigen, in welcher ich die Stadt München wieder aufbaue, aber nicht in Stein, sondern in Papier, um dadurch unseren Kindern und Kindeskindern zeigen zu können, wie es vom 18. bis zum 19. Jahrhundert in München ausgesehen hat.«[5]

Seit Mitte der 1930er-Jahre dachte Karl Valentin konkret über die Vereinigung seiner privaten Sammlung mit öffentlichen Fotosammlungen nach. Unter den städtischen Sammlungen kamen sowohl das Münchner Stadtmuseum oder das Stadtarchiv München in Frage, aus deren reichhaltigen Beständen er seine eigene Sammlung immer wieder selbst mit Reproduktionen angereichert hatte.

Am aussichtsreichsten erschien aber Karl Valentin zunächst eine dritte Münchner Behörde, das Münchner Stadtbauamt. Dort war nämlich auf Anregung von Oberbürgermeister Karl Fiehler am 16. März 1938 eine »Forschungsstätte für die Baugeschichte der Hauptstadt der Bewegung« eingerichtet worden.[6] Deren primärer Zweck bestand darin, alles an verschiedenen Standorten vorhandene Bildmaterial (Pläne, Zeichnungen, Fotos) über die reale und projektierte Architekturentwicklung Münchens in Kopie – oder wenn möglich auch im Original – zusammenzutragen, zu ordnen und zu erschließen, um auf diese Weise erstmals einen fundierten Überblick über die Münchner Baugeschichte zu bekommen.

Durch die Verlagerung der Münchner Stadtplanung von der seit Jahresbeginn 1938 dem Stadtbauamt noch organisatorisch angeschlossenen »Sonderbehörde Ausbau der Hauptstadt der Bewegung« hin zu dem im Sommer 1938 von Hitler berufenen und allein ihm unterstellten Generalbaurat Hermann Giesler, erfuhren die baulichen Projekte in München jedoch bald eine gänzlich neue Richtung. Von nun an tendierten die Dimensionen des Stadtausbaus ins Große und Grundsätzliche und legten praktisch keinen Wert mehr auf eine Kompatibilität mit dem Bestehenden. Konsequenterweise wurde nun die im Aufbau befindliche »Forschungsstätte« als architekturgeschichtlicher Ideenspender überflüssig, weshalb ihr Fundus im Mai 1939 aus dem Stadtbauamt ausgegliedert und dem für die Dokumentation zur Stadtgeschichte zuständigen Stadtarchiv überstellt wurde.

Stadtbaurat Karl Meitinger hatte schon im November 1938 empfohlen, die Bildersammlung von Karl Valentin zu diesem Zweck für die Stadt München zu erwerben.[7] Der seit 1. Februar 1939 amtierende neue Stadtarchivdirektor Dr. Reinhold Schaffer[8] erkannte sofort den Wert dieser Bildersammlung für das Stadtarchiv und forcierte den Ankauf durch die Stadt.

Am 11. Juli 1939 verfasste Schaffer folgenden Aktenvermerk an das städtische Hauptverwaltungsamt:

»Heute bekam ich von Herrn Karl Valentin das beiligende Verzeichnis seiner Sammlungen. Es umfasst 921 Nummern und 13 Einzelsammlungen.«

Dieses »Verzeichnis der im Besitz von Karl Valentin befindlichen Alt-Münchner Original-Photographien« ist topografisch von A (Ausstellung auf der Kohleninsel) bis Z (Zentenarfeier 1888) geordnet; unter den 13 Einzelsammlungen zu »Alt-München« befinden sich auch die beiden Sammlungen »Alt-Münchner Originale« und »Alt-Münchner Originale in Glasdiapositiven«.[9]

Aus dieser Zeit der Vorverhandlungen ist von Karl Valentin auch ein »Verzeichnis meiner gesammelten Kulturwerke von 1905 bis heute«[10] überliefert, das einen guten Einblick in sein breites Sammelspektrum bietet:

»1. Das Münchner Volkssängertum (ca. 1225 Originalphotos) von verstorbenen und heute noch lebenden Volkssängern und Volkssängergesellschaften.
2. Sämtliche Münchner Vergnügungsstätten wie Theater, Varietés, Kabaretts, Panoramas etc. seit ungefähr 1600.
3. Die alte Stadt München um 1860 mit noch nie gezeigten Originalphotographien.
4. Die alte Stadt München um 1860 in 200 farbigen Glas-Diapositiven für Lichtbildervorträge.
5. 150 Stereoskopbilder Alt-München

von 1850–1900, welche in einem automatischen Guckkasten besichtigt werden können.
6. Münchner originelle Persönlichkeiten, sogenannte Stadtorginale, vom 17. Jahrhundert bis heute, in Photos und Zeichnungen und in farbigen Diapositiven mit Text zu Lichtbildervorträgen.
7. Sammlung sämtlicher in Hammers Panoptikum, Neuhauser Straße, von 1893–1908 ausgestellten Gegenstände und Abnormitäten.
8. Ansichtspostkarten-Sammlung von 1880–1910 (Extra Kitsch-Postkarten, Ausstellungszwecke).
9. Ein Kitschpostkarten-Album über König Ludwig II.«

Zu trennen gedachte sich Valentin von den Nummern 1–7, die Nummern 8 und 9 waren ihm laut eigenhändigen Vermerk unverkäuflich. Als Preis vermerkte er für die Nummer 1 eine Summe von 10 000 RM, für Nummer 2 eine Summe von 15 000 RM und für die Nummern 3–7 eine Summe von 20 000 RM. Nur über diese fünf Posten wurde man letztendlich handelseinig und noch Ende August 1939 wurde der Verkaufsvertrag über 20 000 Reichsmark unterschrieben.[11]

Karl Valentin hat also 1939 nicht alle seine Sammlungen zur Kulturgeschichte Münchens, auch nicht den Gesamtfundus seiner Fotoserien zu Altmünchen an die Stadt veräußert. Er behielt bestimmte Sammlungsbereiche zur Gänze, andere wieder in Dublettenserien bei sich. Überdies sammelte er nach 1939 auch weiter. Diese Teile gelangten dann nach seinem Tod mit dem Nachlass nach Köln.

Das erste Interesse des Stadtarchivs galt bei dem Ankauf der »Alt Münchner Foto Sammlung« und auch bei seiner späteren Bewertung überwiegend dem topografischen und stadtgeschichtlichen Aussagewert, nicht dem Sammler beziehungsweise der Kuriosität der Zusammenstellung seiner Sammlung. Deshalb wurde die Sammlung Karl Valentin in den 1960 / 1970er-Jahren unglücklicherweise auf den thematisch geordneten fotografischen Gesamtbestand im Stadtarchiv verteilt, also eine Aufteilung nach verschiedenen Schlagworten innerhalb der Großgruppen Stadtbild, Ereignisse und Personen.

Erst zu Beginn der 1980er-Jahre erfolgte die provenienzgerechte Rekonstruktion der Sammlung durch Richard Bauer, den damaligen Leiter des Stadtarchivs München, und Eva Graf, Mitarbeiterin in der Fotosammlung des Stadtarchivs, wobei das Hauptaugenmerk auf den topografischen Fotografien lag. In verschiedenen Publikationen machten sie Karl Valentins Altmünchner Bildersammlung[12] und seine gesammelten Stereoskopbilder[13] wieder einem breiteren Publikum zugänglich.

Heute umfasst die Sammlung Karl Valentin insgesamt 2313 Fotos und Postkarten, die alle gut erschlossen und digitalisiert sind. Was für Valentin noch ein Traum war, dass jede Münchnerin und jeder Münchner seine Sammlung besichtigen kann, ist seit Anfang 2017 im Stadtarchiv München Wirklichkeit. Über die Online-Recherche auf der Homepage des Stadtarchivs bekommt nun jedermann (und nicht nur die Münchner Bevölkerung) Zugang zu allen Beständen, im Falle der Sammlung Karl Valentin können auch alle dort hinterlegten Bilder direkt eingesehen werden.[14]

Im Gegensatz zu den topografischen München-Fotos aus der Sammlung Karl Valentin führten in der Rezeption die unter Nummer 6 des Verzeichnisses von 1939 aufgeführten »Stadtorginale« bislang ein Schattendasein, die aber für Valentin sicher den gleichen Wert wie die übrigen seiner Sammlung besaßen.

Bereits in der »Münchner Volkssänger Ausstellung«, die Karl Valentin 1927 zusammen mit Liesl Karlstadt aus seiner reichhaltigen Sammlung gestaltet und in der Gaststätte »Drei Rosen« am Rindermarkt gezeigt hat, widmete er den »Münchner Originalen« ein Kapitel.

Auch in der Ausstellung »Alt-München in Photographie 1850–1900«, die Karl Valentin seit Januar 1933 plante (er gewann dafür viele prominente Münchner Persönlichkeiten als unterstützende Kommissionsmitglieder) und ab Juli in München zeigte, hatten die »Münchner Originale« einen festen Platz.[15]

Auch Hannes König hat ihnen 1959 in seiner Konzeption seines privaten Valentin-Musäums im Isartor einen eigenen Bereich eingeräumt, wobei er sich weniger auf die einschlägigen Bestände im Stadtarchiv München gestützt und sich sein Fokus mehr auf die »g'spassigen Leut« konzentriert hat.[16] Auch in der neuen Volkssänger-Ausstellung des (seit 2018 städtischen) Valentin-Karlstadt-Musäums sind heute noch in einem Guckkasten einige der »Münchner Originale« zu sehen.[17]

Die hier erstmals vollständig veröffentlichte Serie »Bilder berühmter Persönlichkeiten« aus der Sammlung Karl Valentin besteht aus 75 Glasdiapositiven (74 Porträts plus ein Titelblatt im Format 9 x 12 cm, die zum größten Teil koloriert sind. Sie wurden für die vorliegende Publikation erstmals konservatorisch und restauratorisch bearbeitet, erfasst und gescannt.[18]

Die Diaserie zeigt überwiegend Porträts der Personen, die in dem gleichnamigen und in der Gesamtausgabe der Valentin-Werke abgedruckten Manuskript »Bilder berühmter Persönlichkeiten« genannt sind, ohne dass es eine vollständige Übereinstimmung gibt. Einerseits zählt das Manuskript insgesamt 82 Persönlichkeiten, von denen in der Diaserie einige fehlen (siehe dazu S. 286f.); andererseits enthält die Diaserie Aufnahmen von Persönlichkeiten, die im Manuskript nicht genannt sind, so zum Beispiel den Schriftsteller Peter Auzinger oder die drei Scharfrichter. Es ist davon auszugehen, dass öffentliche Lichtbildvorführungen der Serie inhaltlich variierten und dass die Sammlung auf Erweiterung angelegt war. Im überlieferten Manuskript werden ja auch »die Herrschaften gebeten, die im Besitze derartiger Bilder sind, dieselben zu Reproduktionszwecken zur Verfügung zu stellen«.[19]

Mit den nun vorliegenden Biografien der von Karl Valentin gesammelten »Münchner Originale« durch Karl Stankiewitz werden erstmals auch alle einschlägigen Personen aus der Sammlung Karl Valentin in einer Publikation abgebildet.

Karl Valentin, schon zu Lebzeiten wie auch heute noch selbst Inbegriff des Münchner Originals, hätte sicher seine Freude daran gehabt.[20]

Dr. Michael Stephan, Stadtdirektor, Leiter des Stadtarchiv Münchens
München im Juli 2019

Anmerkungen

1 In der sehenswerten BR-Dokumentation von Andreas Ammer »WRDLBRMPFD! Karl Valentin: Der Unverstandene« (Erstsendung am 29.1.2019) wird nur kurz und missverständlich erwähnt, dass er seine Sammlung Adolf Hitler angeboten habe. – Michael Glasmeier, Karl Valentin. Der Komiker und die Künste, München 1987 hat dagegen dem »Sammler« Karl Valentin ein eigenes Kapitel gewidmet (S. 69–83).

2 Vgl. hierzu jetzt: Wolfgang Till, Karl Valentin und Wilhelm Hausenstein. Valentin und die Photographie, in: Karl Valentin Photographien, München 2019; S. 7–15. Der Band enthält auch den essayistischen Nachruf »Die Masken des Komikers« von Wilhelm Hausenstein aus dem Jahre 1948 sowie Fotos von Karl Valentin in 63 verschiedenen Masken.

3 Hierzu passt, dass der Historische Verein von Oberbayern den »Komiker« Karl Valentin am 22. Juli 1927 zu seinem ordentlichen Mitglied ernannt hat. Die vom 1. Vorsitzenden, dem Münchner Landeshistoriker Prof. Dr. Michael Doeberl unterschriebene Urkunde trägt den Stempel »Alt Münchner Foto Sammlung von Karl Valentin«, wurde also von Valentin in seine eigene Sammlung eingefügt (heute im Stadtarchiv München).

4 Das Stadtarchiv München ist auch im Besitz des Nachlasses dieses Fotografen mit etwa 10 000 Bildern. – Richard Bauer, Eva Graf (Hrsg.): Der Stadtfotograf. Georg Pettendorfers Ansichten von München 1895–1935, München 1989.

5 Undatiertes, von Karl Valentin verfasstes Promemoria (Stadtarchiv München, Archiv 445). – Vgl. zur persönlichen Selbsteinschätzung Karl Valentins Zitat im Titel von: Richard Bauer, Karl Valentin als »Gemeiner Privat-Historiker der kgl. Haupt- und Residenzstadt München«, in: Richard Bauer, Eva Graf, Karl Valentins München. Stereoskop-Photographien von 1855 bis 1880, München 2007, S. 6–26.

6 Vgl. dazu: Stadtarchiv München, Archiv 240a, 261 und 263.

7 Stadtarchiv München, Archiv 381.

8 Vgl. zu seiner Amtszeit und der neuen Aufgabenzuweisung: Michael Stephan, Das Stadtarchiv München und der Historische Verein von Oberbayern in der Zeit des Nationalsozialismus, in: Archivalische Zeitschrift 96 (2019), S. 43–71.

9 Stadtarchiv München, Archiv 445.

10 Das Verzeichnis befindet sich im Anhang eines von Karl Valentin an den zweiten Bürgermeister Dr. Karl Tempel gerichteten Briefs vom 7. August 1939 (Stadtarchiv München, Archiv 445).

11 Originalvertrag zwischen Karl Valentin-Fey und Oberbürgermeister Karl Fiehler vom 28. beziehungsweise 29. August 1939 (Stadtarchiv München, Archiv 445). – Vgl. auch die Vertragsverhandlungen und Vertragsentwürfe in: Stadtarchiv München, Archiv 381.

12 Richard Bauer, »A oids Buidl vo München is mehra wert ois a Brillant« – oder: Karl Valentins Altmünchner Bildersammlung, in: Richard Bauer, Das alte München. Photographien 1855–1912. Gesammelt von Karl Valentin, München 1982. – Unter dem gleichen Titel veröffentlichte Richard Bauer seinen Aufsatz leicht verändert in: Wolfgang Till (Hrsg.), Karl Valentin. Volkssänger? Dadaist? Ausstellung zum 100. Geburtstag Karl Valentins, veranstaltet vom Münchner Stadtmuseum und dem Stadtarchiv München in Verbindung mit dem Valentin-Musäum und dem Institut für Theaterwissenschaften an der Universität Köln, München 1982, S. 154–170.

13 Richard Bauer, Eva Graf, Karl Valentins München. Stereoskop-Photographien von 1855 bis 1880, München 2007.

14 Am besten erschließt sich die gesamte Sammlung über das Menü »Archivplansuche«: Von der Hauptgruppe »3. Fotos« gelangt man zu »3.2. Nachlässe und Sammlungen« und dort zur »Sammlung Karl Valentin« (Bestandssignatur: FS-NL-KV). Der Gesamtbestand von 2313 Fotos der Sammlung ist dort alphabetisch von »Ausstellungsgebäude« bis »Zirkus« geordnet. Vom Schlagwort »Personen« kommt man zum Unterpunkt »Personen – Münchner

Originale« mit mehr als 160 Fotos zu ca. 110 Personen, wiederum alphabetisch geordnet von »Adela, die schöne« bis »Zwickermann. Personen – berühmte Persönlichkeiten«. Dazu gehört nun auch die Serie der 75 kolorierten Diapositive von Karl Valentins Lichtbildervortrag »Bilder berühmter Persönlichkeiten« (Titelblatt und 74 Personen). Weitere stadtbekannte Persönlichkeiten sind zudem in den weiteren Unterpunkten »Personen – Porträts« und »Personengruppen« zu finden.

15 Vgl. Brief vom 1. Bürgermeister Karl Fiehler an Karl Valentin am 10. Mai 1933: »[...]; ebenso danke ich für die Einladung zur Besichtigung Ihrer Sammlung Altmünchner Photos von Strassen, Häusern und Plätzen, sowie von Münchner Originalen« (Stadtarchiv München, Archiv 445). Fiehler besuchte am 31. Juli 1933 die »Ausstellung Alt-Münchner Bilder« (vgl. Brief vom 2. August 1933; ebd.).

16 Hannes König, G'spassige Leut. Münchner Sonderlinge & Originale vom letzten Hofnarren bis zur Taubenmutterl. Gesammelt von E[rwin] und E[lisabeth] Münz, München 1977.

17 Andreas Koll, Volkssängerunterhaltung in der Stadt, in: An jedem Eck a Gaudi. Karl Valentin, Liesl Karlstadt und die Volkssänger (Edition Bayern Sonderheft 04, hrsg. vom Haus der Bayerischen Geschichte in Zusammenarbeit mit dem Valentin-Karlstadt-Musäum München), 2011, S. 4–45; zu den »Münchner Originalen« mit einigen Abbildungen S. 7.

18 Signaturen: Stadtarchiv München, FS-NL-KV-2239 bis FS-NL-KV-2313.

19 Bilder berühmter Persönlichkeiten, in: Karl Valentin. Sämtliche Werke in acht Bänden, hrsg. von Helmut Bachmaier und Manfred Faust, München 1996, Band 7, Seite 226–242, hier S. 227.

20 Karl Valentin fehlt in seiner Sammlung bei den »Münchner Originalen«, ist aber unter dem Schlagwort »Privates« dennoch vertreten; zum Beispiel mit einer Künstlerpostkarte aus dem Jahr 1930, ein Brustbild mit Melone und mit der Aufschrift »Karl Falentin(!). Münchner Komiker« (FS-NL-KV-2211), siehe S. 10.

EINLEITUNG: LEUT IM ALTEN MÜNCHEN

Was wäre München ohne seine Originale! Seit kurbairischer Zeit haben sie hier im öffentlichen Leben eine nachhaltige Sonderrolle gespielt: all diese Sonderlinge, Sprücheklopfer, Hofnarren, Gaudiburschen, Kraftlackln, Volkssänger, Leuttratzer, Ratschkathln, Revoluzzer, Gschaftlhuber, Kapellmeister, Spötter, Spinner, Dichter und fröhlichen Zecher. Einer der ihren, gewiss einer der größten, war Karl Valentin. Er war ja bekanntlich viel mehr als ein »Humorist«; er war unter anderem auch ein unermüdlicher, sachkundiger Sammler, Abteilung Alt-München.

In seiner – noch längst nicht vollständig veröffentlichten – Hinterlassenschaft befinden sich unter anderem 160 fotografische (und wenige zeichnerische) Abbildungen von sogenannten Münchner Originalen. Sie sind, vom Münchner Stadtarchiv dankenswerterweise zur Verfügung gestellt, erstmals komplett in diesem Buch versammelt und erläutert. Näheres zur Auswahl geht aus dem Vorwort des Archivdirektors, aus Kommentaren zu einzelnen Texten und aus dem Anhang hervor.

Erstmals wird im vorliegenden Buch auch versucht, die Lebensgeschichten dieser »berühmten Persönlichkeiten« – so bezeichnet Valentin sie selbst – zu rekonstruieren. Dem Autor, der schon als Lokaljournalist mit einigen seinerzeit noch lebenden Menschen dieser alternativen Art (von der Entenlina bis zum Knödelkanonier) zu tun hatte, kam es wesentlich darauf an, die Biografien in Bezug zu setzen, sowohl zur Geschichte als auch zur Gegenwart der Stadt, die den Typus »Original« ja kaum mehr kennt. Auf diese Weise sollten neue Farben beigemischt werden zum hergebrachten Bild vom alten München und seinen Bewohnern, von »Gwappelten« und »kloane Leit«. Neben den Personen selbst wurden zum Teil Abbildungen der Orte, an denen sie »gewirkt« haben, illustrierend eingefügt. Auch sie spiegeln ein altes München wider, das die Bomben des Zweiten Weltkriegs und der anschließende Zahn der Zeit gründlich beseitigt haben.

Valentins Sammlung war hierfür die Grundlage. Doch längst nicht alle Anmerkungen und Stichworte, die der durchaus pingelige Mann für seine Vorträge entweder selbst niederschrieb oder seiner Liesl Karlstadt diktierte, erwiesen sich bei den Recherchen als stichhaltig. Manches musste und konnte entschlüsselt werden, einiges blieb rätselhaft oder war dem Vergessen gar nicht mehr zu entreißen.

Auch ist es schwierig, den Begriff »Original« umgangssprachlich oder anthropologisch genau festzumachen und einzugrenzen. Deshalb soll hier von vornherein auf solche Wortklauberei verzichtet werden und stattdessen lieber Liesl Karlstadt zu Wort kommen, von der eine 1941 veröffentlichte Beschreibung ihres Partners als »Münchner Original« erhalten ist:

»In der guten alten Zeit war unsere liebe Stadt München reich an Originalen. Gestalten wie Krenkel, ewiger Hochzeiter, Finessen-Sepperl, Kapellmeister Sulzbeck usw. waren damals stadtbekannte Persönlichkeiten. Unsere heutige Generation kann sich an diese Zeiten kaum mehr erinnern, aber manch alter Münchner denkt heute noch zurück an die lustigen Episoden und originellen ›Heldentaten‹ dieser eigenartigen humorvollen Menschen. Sie waren in der Stadt überall zu finden, auf der Strasse, im Bräuhaus, im Hofgarten und am Marktplatz. Auch trieben sie ihr Unwesen nicht nur mit Freunden und Bekannten, sondern wagten sich auch an manche Fremden – ob arm gekleidet oder reich – an manchen Bürger oder hohen Herrn der Stadt – kurzum – vor ihren Scherzen war niemand sicher.
Jetzt leben wir in einer anderen Zeit. Das ehemalige München mit seinen lustigen kleinen Winkeln und Gässchen ist fast verschwunden; an unseren grossen Strassen und Plätzen gehen die Menschen fremd vorüber und ein Finessen-Sepperl der an jeder Ecke stehen bleibt und erzählen will, wäre heute ein Verkehrshindernis. Und doch wäre es traurig um München bestellt, wenn seine berühmte Gemütlichkeit ganz verschwunden wäre, wenn es keinen goldenen Humor mehr gäbe, der uns über so vieles hinweghilft. In unserer ernsten Lebensperiode freuen wir uns doppelt, doch noch einige waschechte Münchner mit Humor und besonderer Originalität zu besitzen und einer von diesen Urmünchnern ist

K a r l V a l e n t i n

Der Münchner Original Komiker.«[1]

[1] Henze, Stefan / Heizmann Andrea (Hg.): Karl Valentin. Karl Valentins Selbstbiographie. Autobiographisches und Vermischtes, herausgegeben auf der Grundlage der Nachlaßbestände des Theatermuseums, der Universität zu Köln, des Stadtarchivs und der Stadtbibliothek München sowie des Nachlasses von Liesl Karlstadt, Sämtliche Werke in neun Bänden, Band 7, München / Zürich 2007, S. 128f.

SPASSMACHER

Der letzte Hofnarr

GEORG PRANGER

»Wohl das berühmteste Altmünchner Original zur Zeit des Kurfürsten und Max I. [...] Sein Bild hängt im Nationalmuseum und seine lustigen tollen Streiche, die in die Hunderte gehen, werden heute noch neben den Krenkelwitzen[1] gerne erzählt.«[2]

Als im Jahr 1857 der mittlere Turm des Karlstors durch eine Pulverexplosion zerstört wurde, renovierte man den stehen gebliebenen Mittelbau. Bei dieser Gelegenheit ließ die Stadtgemeinde in dessen Gewölbe vier kleine Steinbüsten anbringen. Sie sollten an Bürger erinnern, die man gewissermaßen als die Klassiker unter den Münchner »Originalen« bezeichnen kann: Kapellmeister, Kontrabassist und Volkssänger Joseph Sulzbeck (siehe S. 36), Joseph Huber, auch der »Finessensepperl« genannt (siehe S. 24), der »Ewige Hochzeiter« (siehe S. 248) und der »Flinserlschlager« (siehe S. 200). 50 Jahre später wurden die Porträts der beiden letzteren Volkscharaktere durch Rennstallbesitzer und Pferdehändler Franz Xaver Krenkl (siehe S. 104) sowie durch Musiker und Hofnarr Georg Pranger – dargestellt mit einer Panflöte in der Hand – ersetzt.

In den späten 1960er-Jahren sollte das Gewölbe im Zuge olympischer Stadterneuerung abgerissen werden. Der junge Oberbürgermeister Hans-Jochen Vogel verhinderte es und ließ das Stück Altmünchen lieber renovieren. Seit 1994 grüßt daher das originelle Quartett wieder in restaurierter Frische, allerdings in kaum bemerkbarer Höhe. Immerhin zeigen Stadtführer hinauf und erzählen allerlei Legenden.

Der Älteste der »Vier vom Stachus« ist oder war bekannt als »Hofnarr Prangerl«. Geboren wurde er 1745 in München unter dem bürgerlichen Namen Georg Pranger. Im selben Jahr bestieg Max III. Joseph, dem man später den Beinamen »der Vielgeliebte« gab, den kurbairischen Thron. Kurfürst Max führte eine Reihe von Reformen wie etwa die allgemeine Schulpflicht ein, schaffte die sogenannte peinliche Halsgerichtsordnung ab, gründete Akademien der Wissenschaft und der Malerei, beauftragte François de Cuvilliés mit dem Bau eines prachtvollen Theaters, widmete sich dem Musikleben und spielte selbst die Gambe. Dem 21-jährigen Wolfgang Amadeus Mozart jedoch beschied er in seinem letzten Regierungsjahr 1777: »Ja, mein liebes Kind. Es ist keine Vacatur da.« Wie bedauerlich für München.

Für Pranger, der ausgezeichnet Violine spielte, hatte Durchlaucht aber durchaus eine freie Stelle im Hoforchester. Von 1784 an bis zum Ende seines Lebens wirkte er hier als angesehener Kammermusiker. Obendrein bekam er den Posten des Hofnarren. Letztmals im Lande Bayern. Lange zuvor hatten sich Fürsten gern Zwerge als Hofnarren gehalten. Sie waren insgeheim Berater und gleichsam frühe Kabarettisten. Sie durften sich Späße auch in

Gegenwart hoher Herrschaften erlauben, daher der Ausdruck Narrenfreiheit. Zeitweise hatten sie sogar eine eigene Tracht: Narrenkappen, Eselsohren, Schellen.

Ob auch Prangerl derart kostümiert war, ist nicht belegt. In zeitgenössischen Abbildungen wird der närrische Hofmusiker von kleiner Statur jedenfalls gerne auf einem Esel oder Pony reitend dargestellt, ausstaffiert mit Gehrock, Reithosen, Reitstiefeln und Peitsche oder Spazierstock, den er wohl so manches Mal auf Vorübergehende niedersausen ließ. Seine »Studierstuben«, in denen er gerne viel und teuer aß und trank, in denen er aber auch gerne selbstverfasste Gedichte und Gassenhauer vortrug, waren der »Donisl« in der Weinstraße oder das »Räsonierhäusl«[3], ein winziges Wirtshaus vor den Toren der Stadt, an den Wallanlagen des Schwabinger Tors, heute die Stelle des »Café Tambosi«. Generell lebte der Pranger Schorsch auf großem Fuß, spielte und wettete für sein Leben gern und war daher ständig in Geldnöten.

Seine oftmals recht derb-schonungslosen und zotigen Spaßetteln kamen dem im Übrigen ganz bürgerlich-brav verheirateten und gebildeten Hofnarren weniger durch Nachdenken, sondern meist spontan. Manche erinnern an Till Eulenspiegel oder könnte ein Karl Valentin erfunden haben. Zum Beispiel diese über-

Georg Pranger. Fotografierter Gemäldeausschnitt, koloriertes Glasdiapositiv, 9 x 12 cm.[4]

Fotoreproduktion der Originalvorlage von Valentins Sammelobjekt: »Hofnarr Prangerl zu Pferd«. Im Hintergrund Schloss Nymphenburg. Anonymes Gemälde, o. J.

Prangerl in Galakleidung und Dreispitz. Gemälde von Michael Neher in einem Zeitungsausschnitt, o. J.

Die Originalvorlage von Valentins Sammelobjekt: »Der königliche Kammermusiker und letzte Hofnarr Georg Pranger«. Gemälde von Michael Neher, 1820.

lieferte Szene: Mitten auf der Straße entschuldigte sich der Prangerl plötzlich bei Irgendwem, »dass i net mit eahnana Leich ganga bin«. »Mit meiner Leich?«, wunderte sich der Angesprochene. »Sie sehen doch, dass ich leb!« »Ah so«, staunte der Prangerl, »san's froh! Schaun's, dass hundert Jahr wer'n.« Seinen Vogel lehrte er, dem Fürsten aufzuquatschen: »Der Prangerl braucht mehr Geld!«

Noch eine Anekdote: Auf dem damaligen Schrannenplatz (heute Marienplatz) leuchtete er bei helllichtem Tag mit einer Laterne herum. Auf die Frage, ob er etwas suche, erwiderte er: »Mein' Verstand. Hat'n neamand g'sehn? I hob'n valorn aus lauter Liab zu meiner Frau, die is schon sechzg Jahr alt und werd alle Tag schöner.« Einmal trug er ein Potschamperl an der Spitze seines Degens durch die Straße. Dem Kurfürsten erklärte er seinen seltsamen Aufmarsch damit, dass er sich die 23 Pfennig sparen wolle, die man als Strafe für das Verrichten der Notdurft eingeführt hatte, er wolle schließlich »kein armer Mann« werden. Der Monarch veranlasste daraufhin die Errichtung von öffentlichen Bedürfnisanstalten.

Auch unter Max I. Joseph, dem ersten bayerischen König, konnte der letzte aller höfischen Gaudiburschen im Land seinen aberwitzigen Beruf noch ungeniert ausüben. Selbst bei noch so derben Streichen erhielt er Rückendeckung vom Wittelsbacher Monarchen, der von Zeitgenossen selbst als »grober verdrießlicher Fuhrknecht« bezeichnet wurde. Als ihn dessen zweite Gemahlin Karoline einmal fragte, warum die Leute so schnell in Streit gerieten, fuhr sie der Prangerl an: »Rotborstete Sau, des is ganz leicht!« – »Impertinenter Kerl, was erlaubst du dir?« Der Bedienstete im Narrenkleid lächelte nur und sagte: »I wollt Eurer Durchlaucht nur zoagn, wia glei ma si z'kriagn kann.«

Als Georg Pranger am 4. November 1820 an einer »Herzbeutelwassersucht« im Alter von 75 Jahren starb, war Trauer nicht nur im Volk, sondern auch zu Hof. Die schlichte Grabplatte auf dem Alten Südfriedhof in München ist dekoriert mit einem Relief mit Geige und Geigenbogen und trägt die Inschrift:

PRANGERL
MUSIKER UND
VOLKSTÜMLICHER
KURFÜRSTLICHER
HOFNARR

Das »Räsonierhäusl« zwischen Hofgarteneinfahrt (links) und Äußeren Schwabinger Tor. Zeichnung von Carl August Lebschée, 1866.

Der »Finessensepperl«

JOSEPH HUBER

»War eigentlich Erfinder der Münchner Stadtpost, da er die Liebesbriefe gegen kleines Entgelt beförderte. Seine beste Kundschaft waren die Kellnerinnen.«[5]

Unter dem gut münchnerischen Namen Joseph Huber wurde er im Jahr 1763 ins Taufregister der alten Peterskirche eingetragen. Über alle Maßen volkstümlich aber wurde er als »Finessensepperl«. Der Duden übersetzt das französische Lehnwort »finesse« unter anderem mit: schlau, scharfsinnig, raffiniert, umgangssprachlich auch mit clever und gewieft sowie abwertend mit durchtrieben und verschlagen. So einer war der also.

Ein Zeitgenosse hat ihn 1717 in einem Aufsatz mit dem Titel »Der aufrichtige und wohlerfahrene Finessen-Mann wie er leibt und lebt« recht biedermeierlich beschrieben; »In einer neuen blauen Feyer-Kleidung stand er vor mir, eine Kappe von schwarzem Sammet auf dem Kopf, ein glänzendes Kreuz um den Hals, mit eben so schönen Schuhschnallen, auf die er selbst mit Wohlgefallen herabsah. Ein kleines ausgetrocknetes Männchen mit einem dreifingerbreiten Gesicht, aus dessen juchtenfarbigen Einband zwei runde Katzenaugen stieren. [...] Ein drolliges Gemisch von Schalkheit und Gutmütigkeit.«[6]

Was seine berufliche Tätigkeit betrifft, verdiente sich der Sohn eines Kutschers das Nötige als Lohndiener, Streitschlichter und als Postillon d'Amour. Er holte Bier, besorgte Apothekengänge oder brachte adeligen Damen verbotene Literatur aus der Leihbibliothek. Berühmt wurde er aber, weil er Liebesbriefe in der Stadt herumtrug, heimliche Rendezvous arrangierte und dazu seine Witze oder Komplimente machte. Zum Beispiel so: »Koan Liebesbrief hob i, san grod Radi, da muss i schon bitten sehr um Gnadi.« Selber war er mit der »roten Nanni« liiert. Die war nur 95 Zentimeter groß. Obwohl er auch nur 1,50 Zentimeter maß[7] und ein dürres Männlein war, verteidigte er seine Braut tapfer gegen böse Buben und andere Lästerer.

Böse Zungen könnten den Huber Sepp dem fahrenden Volk der frühen Stadtstreicher zuordnen. Er konnte weder lesen noch schreiben, obwohl seit 1771 die allgemeine Schulpflicht galt. Das Arbeiten lag ihm auch nicht. Er wohnte nach eigenen Angaben »drei Stiegen überm Kamin« in seinem Geburtshaus bei der »Haarpuderwaberl«[8] am Petersplatz 9 und ließ sich hauptsächlich vom nahen Heiliggeistspital ernähren. Oder von mitleidigen Bürgern, die seine Späße mochten. Immer hatte er ein Blechhaferl für milde Gaben mit dabei und einen Korb für die Brieflein, die er besorgen sollte. Was ihn aber eigentlich zum klassischen Münchner Original stilisierte und auf die »Ehrentribüne« zu den anderen drei in Stein gemeißelten Kollegen am Karlstor hob, war sein Lieblingssprüchlein, das so recht auf die Unsicherheiten des Lebens anspielte: »Nix gwiss woaß ma net.«

Nach dem Tod seiner Braut, dem Zwerglenerl, verlor der »Finessensepperl« seinen Halt. Er vereinsamte, pflegte sein Äußeres nicht mehr und bettelte auf der Straße um Geld. Überliefert ist auch, dass er zu dieser Zeit Opfer eines brutalen Überfalls geworden und übel zugerichtet worden sei. Die Spuren der Misshandlung wären bei der Untersuchung seines Skeletts gut sichtbar gewesen.

Als der »Finessensepperl« am 26. April 1829 im Alter von 66 Jahren verstarb, hinterließ er 5000 Gulden in ganz kleiner Münze und eine schuldenfreie Herberge.

Der »Finessensepperl«. Fotoreproduktion eines anonymen Gemäldes, koloriertes Glasdiapositiv, 9 x 12 cm.

Seine sterblichen Überreste wurden drei Tage später auf dem Alten Südlichen Friedhof begraben. Doch ein amtlicher Eintrag in der Münchner Stadtchronik vermerkt dazu: »Das Scelett desselben wurde in der Anatomie aufgestellt«. Warum? »Nix g'wiss woaß ma net.« In jedem Fall bewahrte man die Knochen im Pathologiekabinett der Anatomie 170 Jahre lang bis heute wohlbehalten auf. Es ist bestimmt die letzte skurrile Geschichte des Münchner Originals, dass das neue Pathologische Institut mitsamt den Gebeinen des »Finessensepperls« akrat gegenüber dem Alten Südlichen Friedhof an der Thalkirchner Straße errichtet wurde, also vis à vis vom leeren Grab des Joseph Huber …

Der lustige Leutnant

AUGUST GEMMING

»Gustav Gemming«[8] mit Bierkrug und Flöte. Zeichnung von Franz Humar, Ansichtskarte, o. J.

Als Sohn des letzten Kommandanten der königlich-bayerischen Burgfestung Rothenberg bei Schnaittach in Franken wurde August Gemming am 10. September 1837 geboren. Zunächst besuchte er in Nürnberg bis 1853 die Latein- und die Gewerbeschule, dann trat er nach guter alter Väter Sitte in die bayerische Armee ein. Den »Landsknecht« spielte Gemming als »Premierlieutnant« des 12. Königlich-Bayerischen Infanterie-Regiments bis zum Jahr 1871, als der Deutsch-Französische Krieg siegreich endete. Dann ließ er sich wegen eines körperlichen Leidens in den Ruhestand versetzen. Recht getaugt hatte ihm der militärische Drill ohnehin nie so recht. Lieber zeichnete er, musizierte auf der Flöte oder der Gitarre und heckte immer neue Späße und Schnurren aus, die er nicht nur im Kameradenkreis zum Besten gab. Zeitweise soll Gemming seine Dienstzeit im Arrest verbracht haben, denn seine etwas lockere Pflichtauffassung gefiel manchen Vorgesetzten gar nicht, zumal er besonders gerne das Militär veräppelte. Nach dem Ende seiner Soldatenzeit nach München katapultiert, verdiente er sich dort als Vertreter mehrerer Versicherungsgesellschaften seinen Unterhalt, da das Einkommen als freier

Autor – unter anderem arbeitete er für die Münchner »Fliegenden Blätter« – zunächst nicht ausreichte. Auf einer Postkarte, wie Gemming sie zur Eigenwerbung drucken ließ, zählte er folgende Tätigkeitsfelder auf: »Deutscher Landsknecht a. D., Lyriker von Gottes Gnaden, Gebirgsmensch und Freiherr der ganzen Welt.« Das a. D. erklärte er mit »aus Durscht«. Selbstironisch brachte er 1874 seine Reimkünste unter dem Titel »Poetische Verbrechen« heraus und illustrierte sie mit eigenen, humoristischen Zeichnungen. Das Umschlagbild zeigt ein Selbstporträt mit Gitarre vor romantischer Burgkulisse.

1882 folgte die Humoreske »Ha, welche Lust, Soldat zu sein« und drei Jahre später erschien »Scherz und Ernst«, eine Sammlung von 15 »Gedichteln« (siehe Abb. rechts). Für 50 Pfennig bot Gemming das »Heftl« an. Gern spielte er auch den bayerischen Eulenspiegel: Einmal wettete er, dass er nackt durch die Stadt marschieren würde. Er gewann, weil er sich zwar entkleidete, aber komplett mit Uniformteilen bemalte. Die Leute kannten den Leutnant a. D. schließlich nur noch als den »lustigen Gustl« getreu dessen Motto:

Titelblatt einer Gedichtesammlung von August Gemming mit einer Zeichnung des Autors, 1885.

> *»Neben dem Ernste des Lebens*
> *geht die Heiterkeit als unzertrennliche Gefährtin –*
> *ohne sie wäre*
> *mit dem Ernste ja gar kein fertig werden.«*[10]

Einmal besuchte Gemming als Wochenendgast auch wieder das fränkische Vaterhaus. Zu seinem Ärger fand er die Burg inzwischen verfallen und »geplündert« vor. Skizzenblock und seine geliebte Flöte hatte er wie immer dabei. Die dort entstandenen Zeichnungen und Gedichte sowie das signierte Instrument befinden sich heute im Heimatmuseum von Schnaittach. Beigesetzt wurde der lustige Leutnant Gustl im Jahr 1893 in Schwabing auf dem Alten Nördlichen Friedhof, der längst aufgelassen wurde. Auf seinem Grabstein steht: »Hier ruht ein ›Münchner Original‹«. Die Stadt hat nach ihm in Daglfing eine Straße benannt, allerdings ohne seinen Vornamen aufzuführen.

Max Wörl. Atelieraufnahme von Georg Pettendorfer, koloriertes Glasdiapositiv, 9 x 12 cm.[11]

Der »narrische Maxl«

MAXIMILIAN WÖRL

»Spielte Ziehharmonika und ist mitsamt derselben in betrunkenem Zustand in einem Schneehaufen erfroren.«[11]

Maximilian Wörl – so hieß er mit bürgerlichem Namen – wurde am 19. März 1855 in Fürstenfeldbruck geboren. Er erlernte zwar das Metzgerhandwerk, bekannt wurde er aber als Akkordeonspieler, der durch die Münchner Vorstädte zog und aufspielte, wobei er immer lustige Verse sang. Man könnte ihn also auch gut und gerne der Kategorie der »Musikanten« zuordnen. Aber ab und zu konnte der Maxl beim Musizieren auch richtig ausgschamt werden und schon mal einen Schutzmann beleidigen. Aus diesem Grund verbrachte man den Spaßvogel mit der lockeren Zunge, wenn auch nur kurzfristig, in diverse oberbayerische »Irrenhäuser«, wie es damals noch offiziell hieß. Der Volksmund nannte sie seit dem Mittelalter schon »Narrenhäuser«. Deswegen kündigte sich Wörl bei seinen Straßenkonzerten selbst als »narrischer Maxl« an.

Im Jahr 1911 hieß es in München, dass der Wörl Maxl tot sei. Doch das war nur wieder einer seiner makabren Scherze. In Wirklichkeit starb er, völlig verarmt und vereinsamt, nach kurzer Krankheit am 11. November 1921 in seiner Wohnung in der Giesinger Gastwirtschaft »Zum letzten Pfennig«. Seine »Quetsche«, um die sich der Raritätensammler Karl Valentin bemüht hatte, war leider unauffindbar, weshalb diesem wohl die oben zitierte Vermutung einfiel. Die Fotografie, die

Gastwirtschaft »Zum letzten Pfennig«, Tegernseer Landstraße 116. Im Hintergrund die Kamine der Bergbrauerei, rechts die Besitzer. Fotografie von Georg Pettendorfer, 9.8.1920.

auch den Umschlag dieses Buchs ziert, stammt vom Fotografen Georg Pettendorfer (1858–1945), dessen grandiose Münchner Stadtansichten und Porträts das Stadtarchiv 1926 teilweise erwarb. Valentin hatte neben dem »narrischen Maxl« noch weitere Werke von ihm für seine Sammlung von Münchner Originalen erwerben können. Diese Fotografien sind besondere Raritäten, da sich Pettendorfer eigentlich auf die Architekturfotografie verlegt hatte, mit der er das bürgerliche München in der Altstadt und besonders in den Vorstädten dokumentieren wollte – möglichst umfassend und komplett. In diesem Ansinnen war er ein Bruder im Geiste von Valentin, der selbst eine große Postkarten- und Fotografiesammlung von Münchner Ansichten besaß, mit der er – wie Pettendorfer – möglichst vollständig »sein« AltMünchen konservieren wollte. Im Nachlass Valentins befinden sich zahlreiche Pettendorfer-Fotografien, die angesichts der Bomben des Zweiten Weltkriegs und der Zerstörung der Stadt heute von unschätzbarem architekturhistorischen Wert sind. Die handwerkliche und künstlerische Qualität der wenigen Pettendorfer-Porträts in der Originalesammlung von Valentin sticht besonders ins Auge – gerade weil andere Exponate oftmals dieser entbehren. Sie besaßen offensichtlich für den Sammler Valentin einen anderen Wert als einen rein ästhetisch-künstlerischen.

Der Krügelredner

JULIUS THANNHAUSER

Er war ein »Urviech« – so der Schriftsteller Eugen Roth – und ein Münchner durch und durch. In München wurde Julius Thannhauser am 5. Februar 1860 als Sohn eines jüdischen Tabakwarenhändlers geboren. Als Lehrling und ab 1886 als Inhaber eines florierenden Hutgeschäfts war er am Viktualienmarkt »dahoam«. Dieses gutsituierte Leben erschien ihm aber offensichtlich zu fad, denn Thannhauser avancierte im Nebenerwerb zum ersten Münchner Krügelredner. Er schrieb seine Texte selbst und trug sie – im urbairischen Dialekt – hauptsächlich bei Faschingsveranstaltungen und bei Starkbierfesten vor. Thannhauser ist gewissermaßen der Erfinder der heutigen Salvatorpredigten. Die Tradition der Krügelreden stammte eigentlich aus Köln, woher auch Thannhausers Frau Henriette kam. Dort stieg man im Karneval in die »Bütt«, das Münchner Kindl Thannhauser schwang bei seinen »humoristischen Vorträgen« einen Bierkrug. Er parodierte namhafte Personen, nicht selten legte er sich mit der Obrigkeit an. Wegen seines geistvollen Witzes und der unverfälschten Münchner Mundart wurde er weit über München hinaus bekannt und oft für Gastbeiträge gewonnen. Sein Hauptarbeitsfeld aber blieb der heimische Fasching.

Am 9. Januar 1897 gründete der Hutmacher mit dem imposanten Schnauzer die »Große Münchener Carnevalsgesellschaft«, die bei strenger Kleiderordnung – Männer im Frack, Damen im »Domino«, einem schwarz-weißen Abendkleid – ihre erste Redoute im »Deutschen Theater« veranstaltete und damit einer etwas älteren Gesellschaft, die sich später »Narrhalla« nannte, gehörig Konkurrenz machte. Der Erste Weltkrieg rief Julius Thannhauser zur Truppenbetreuung, nebenbei versorgte er Verwundete. Als er am 28. Oktober 1921 verstarb und auf dem Alten Israelitischen Friedhof in einem Familiengrab beigesetzt wurde, erinnerten

Julius Thannhauser erhebt sich aus einem Hofbräu-Maßkrug. Zeichnung aus der Serie »Die beliebtesten Krügel-Redner und Humoristen Münchens«, o. J.

Julius Thannhauser auf einer Werbekarte, o. J.

Julius Thannhauser vor dem Schaufenster seines Hutgeschäfts am Rindermarkt 7, o. J.

die »Münchner Neuesten Nachrichten« an seinen »mit tiefen Lebensernst gepaarten, aus Herzenstiefe gekommenen Humor«. Julius Thannhauser hinterließ als Vermächtnis vier auf Schellack gepresste Lieder und die bis in unsere Tage gepflegte Tradition der Münchner Krügelredner.[13] Sein Zylinder schwebt im Jüdischen Museum am St.-Jakobs-Platz und ist eines der wenigen Objekte, die dort an das Münchner Judentum erinnern können. Mit Ausnahme von Julius Thannhauser belegt keine einzige Quelle die Existenz jüdischer Volkssänger auf Münchner Bühnen. Doch da weder zeitgenössische Kritiken noch Nachrufe die religiöse Orientierung der Münchner Unterhaltungskünstler thematisiert haben, darf mit Fug und Recht angenommen werden, dass in der Landeshauptstadt auch jüdische Künstler in dieser Sparte aufgetreten sind. Damit war mit Sicherheit mit der Machtübernahme der Nationalsozialisten Schluss. In der Pogromnacht vom 9. November 1938 schlugen aufgehetzte Münchner die Schaufenster des Hutgeschäfts Thannhauser am Rindermarkt 7 ein. Alfons Thannhauser, der das Geschäft 1922 als Erbe seines Vaters übernommen hatte, hatte bereits Mitte des Jahres fast den gesamten Warenbestand schon verkauft, und es wurde fieberhaft versucht, die Familie außer Landes zu bringen. Alfons und seiner Frau Elsa sowie ihren beiden Söhnen gelang mithilfe des Münchner Quäkerehepaares Annemarie und Rudolf Cohen 1939 die Emigration nach Amerika. Tochter Josephine wurde 1942 im Konzentrationslager Ravensbrück ermordet.

Julius Thannhauser, o. J.

Julius Thannhauser mit Faschingsmütze und Orden der »Großen Münchener Carnevalsgesellschaft«. Koloriertes Glasdiapositiv, 9 x 12 cm.

Anmerkungen

1 Falsche Schreibweise des Nachnamens in Valentins Lichtbildervortrag, Nr. 82. Zu Franz Xaver Krenkl siehe S. 104.

2 Karl Valentin stellte Mitte der 1930er-Jahre einen Lichtbildervortrag unter dem Titel »Bilder berühmter Persönlichkeiten« zusammen, die mit Informationen unterschiedlichster Art zu insgesamt 82 Abbildungen kommentiert wurden. Die den Viten in diesem Band jeweils vorangestellten kursiven Zitate stammen aus diesem Vortrag und wurden zitiert aus: Henze / Heizmann: Karl Valentins Selbstbiographie, Sämtliche Werke, Band 7, S. 228–242. Unklar ist, wer genau die Texte zu den einzelnen Lichtbildern verfasst hat, sie liegen im Liesl-Karlstadt-Nachlass unter der Nr. 164. Obwohl oftmals von Karl Valentin in der dritten Person die Rede ist, sind sie mit Sicherheit von ihm selbst (eventuell in Zusammenarbeit mit Liesl Karlstadt) verfasst worden. Belegt sind Lichtbildervorträge am 7. Dezember 1936 im »Kreuzbräu« und am 23. Mai 1939 im »Colosseum«, also noch vor dem Verkauf der Sammlung an das Münchner Stadtarchiv im August 1939. Im Anhang (siehe S. 277) befindet sich die komplette Liste mit allen Persönlichkeiten. Eine diesem Lichtbildervortrag beinahe vollständig entsprechende Serie von 75 Glasdiapositiven liegt im Stadtarchiv München (siehe dazu S. 284–285).

3 Die Historie der 1816 zusammen mit den Wallanlagen abgerissenen Wirtschaft ist unklar, ihr Name gehört jedoch sicher in den Jargon der Soldaten, die in der nahegelegenen Hofgarten- und der Artilleriekaserne stationiert waren. Er lässt sich – wie die meisten militärischen Fachausdrücke – aus dem französischen »raison« ableiten und bedeutet Verstand, Vernunft, Recht, aber auch Genugtuung, die man zum Beispiel für eine Beleidigung leisten muss.

4 Im Folgenden werden die kolorierten Glasdiapositive des »Lichtbildervortrags berühmter Persönlichkeiten« aus der Sammlung Karl Valentin im Münchner Stadtarchiv auf diese Weise gekennzeichnet. Die Zuweisung der entsprechenden Signaturen findet sich im Bildnachweis. Alle anderen verwendeten Porträts stammen aus der Sammlung Karl Valentin im Stadtarchiv (Stichwort »Personen / Münchner Originale«) und sind – wie alle anderen die Texte illustrierenden Abbildungen – im Bildnachweis mit ihrer entsprechenden Signatur ausgewiesen.

5 Valentin, Lichtbildervortrag, Nr. 81.

6 Zitiert aus: Der »Finessensepperl«, in: Wilhelm, Hermann: In der Münchner Vorstadt Au. Vergessene Lebenswelten des siebzehnten, achtzehnten und neunzehnten Jahrhunderts, München 2003, S. 117f.

7 Huber war damit nur rund 15 Zentimeter kleiner als der damalige bayerische Durchschnittsmann, der es immerhin auf 1,65 Meter brachte. Aber als kleinwüchsig konnte man ihn schlecht bezeichnen. Ludwig van Beethoven, der fast gleich alt war wie Joseph Huber, brachte es zum Beispiel nur auf 1,60 Meter und Wolfgang Amadeus Mozart war mit 1,63 Metern auch nicht viel größer.

8 Damit ist die Putzmacherin Barbara (= Waberl) Thürmer gemeint, die seit 1808 im Haus Petersplatz 9 wohnte. Ein hier ein Jahr davor eingerichteter Kaffeeausschank nannte sich nach ihr »Zum Haarbuderwaberl«. 1875 wurde aus ihm das »Café Neumayr«, das sogar den Zweiten Weltkrieg überstand. Seit 1976 wird hier statt Kaffee Pizza im italienischen Restaurant »Berni's Nudelbrett« im ersten Stock serviert, zusammen mit einer wundervollen Aussicht auf den Viktualienmarkt.

9 Falsche Ableitung der Kurzform Gustl von Gustav anstatt von August.

10 Motto des Vorworts in: Gemming, August: Poetische Verbrechen. Gedichte von August Gemming Premierlieutnant a. D., München 1874.

11 Valentin, Lichtbildervortrag, Nr. 15.

12 In der Sammlung Valentin befindet sich unter der Sign. DE-1992-FS-NL-KV-1323 auch ein Porträtausschnitt aus dieser Fotografie.

13 Auf Youtube ist sein humoristischer Vortrag »Das Sendlinger Thor« live zu hören: https://www.youtube.com/watch?v=DQWez4E5XSg [zuletzt geöffnet am 1.7.2019].

MUSIKANTEN

Hurraxdax

»BARON« JOSEPH SULZBECK

»Er hatte eine so grosse lange, rote, mit Warzen besetzte Nase, die beim Spielen immer hin und her baumelte.«[1]

Joseph Sulzbeck. Ausschnitt aus einer anonymen Zeichnung, 1860, koloriertes Glasdiapositiv, 9 x 12 cm.

Joseph Sulzbeck ist im Bunde der vier am Karlstor verewigten Münchner Originale dem Alter nach der Zweite. Warum er den Titel »Baron« führte, ist nicht bekannt. 1767 in München in ärmlichen Verhältnissen geboren, hatte er nach eigenem Bekunden eine schwere Jugend. Wie der Prangerl und der »Finessensepperl« verkehrte er tagaus, tagein im offenbar preiswerten »Räsonierhäusl« beim Schwabinger Tor (siehe Abb. S. 23). Schon 1805 soll er hier erstmals als Trompeter und bald auch mit einem dreisaitigen Kontrabass aufgetreten sein. Nach und nach brachte er sich selbst noch andere Instrumente bei.

Als König Ludwig I. anno 1828 verfügte, dass außer Höflingen jetzt auch der gemeine Bürger das »Hofbräuhaus« besuchen und dort zu festgesetzten Preisen konsumieren durften, verlegte Sulzbeck seinen hauptsächlichen Arbeitsplatz eben dorthin und es wurde zu seiner Lieblingsgaststätte. Man sagt, dass er sogar eine Einladung Napoleons dankend abgelehnt habe, weil es in Paris kein »Hofbräuhaus« gäbe. Aber dies ist wohl eine seiner vielen, meisterlich frei erfundenen Stegreifgeschichten gewesen.

Ab 1810 hatte der »Baron« seine eigene »Capelle«, auch »Sulzbecks Bande« genannt. Außer ihm selbst musizierten der Flötist Straubinger, der Harfenist Bacherl

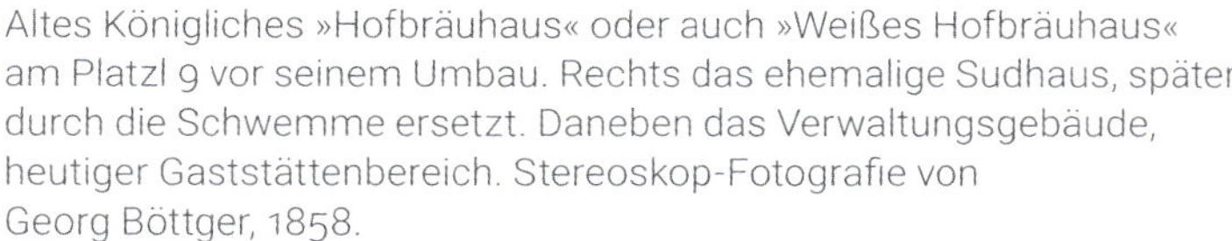

Altes Königliches »Hofbräuhaus« oder auch »Weißes Hofbräuhaus« am Platzl 9 vor seinem Umbau. Rechts das ehemalige Sudhaus, später durch die Schwemme ersetzt. Daneben das Verwaltungsgebäude, heutiger Gaststättenbereich. Stereoskop-Fotografie von Georg Böttger, 1858.

»Baron Sulzbeck« mit Streichinstrument. Porträtskizze von Josef Hermannstörfer, 1842.

sowie der Sänger und Violinspieler Huber, welcher »Canapé« gerufen wurde und 1813 beim Einsturz einer Isarbrücke ertrank. Da die vier – nach aktuellem Wiener Vorbild – gern auch Volks- und Bänkellieder zum Besten gaben, die dem Zeitgeschehen angepasst waren, dürfen sie mit Fug und Recht als die ersten Vorfahren der großen Gilde der Münchner Volkssänger gelten. Ohne festes Programm und mit einem Spektakel, das das zechende Volk immer wieder zu Begeisterungsstürmen hinriss, tingelten sie durch die Wirtshäuser.

Das »Hofbräuhaus« freilich blieb ihr eigentlicher Standort. Reichlich Trinkgeld floss in die Teller, die von den Künstler zum sogenannten Abwackeln durch die Säle getragen wurden. Die Gaben reichten Sulzbeck für sagenhafte Mengen Bier – es geht die Mär von 40 Maß an manchen Tagen –, die er in den Pausen in sich hineinschüttete. Gage gab's keine. Am allerliebsten dirigierte und sang der »Herr Baron« und Kapellmeister Sulzbeck einen Landler mit dem köstlichen Refrain, der zum Gassenhauer, zu einer Art Biertrinkerhymne werden sollte: »Hurraxdax, packs bei der Hax.« Dabei konnte sich jeder denken, was er wollte. Angeblich soll sich Sulzbeck mit diesem Spruch auch auf dem Sterbebett vom Leben verabschiedet haben.

Karl Valentin hat sich näher mit Sulzbecks sonderbarer Nase befasst. Er behauptete, der berühmte Münchner Medizinprofessor und Chirurg Johann Nepomuk von Nußbaum habe sie dem Sulzbeck schon zu Lebzeiten für 500 Mark abgekauft. Schnell habe der Kapellmeister »seine eigene Nase versoffen«. Das »Couriosum von einem Gesichtsvorsprung« sei schließlich in der Anatomie in Spiritus ausgestellt worden. Den Abbruch seines geliebten »Hofbräuhauses« 1896 / 97 und den Neubau, wie er heute noch am Platzl 9 von aller Welt besucht wird, den hat der »Baron« Sulzbeck, Münchens erster Volkssänger, aber in jedem Fall nicht mehr miterleben müssen.

Zaska! Hopp!

ANTON ZASKA

»Der bekannte Klarinettist und Mitarbeiter von dem vorher[2] gezeigten Pappa Kern.«

Belegt ist, dass Anton Zaska[3] am 20. April 1832 in Ungarn geboren wurde, sein genauer Heimatort ist jedoch nicht bekannt. Auch über seine musikalische Ausbildung als Klarinettist, Pianist und Dirigent weiß man nichts, aber dann tauchte er in den 1870er-Jahren in München auf und bald war sein Name in aller Munde.

Kapellmeister Anton Zaska, o. J.

Es war die Blütezeit der Volkssänger, Singspielhallen und Varietés. Das Volk wollte unterhalten sein. Die beschauliche Biergartenzeit des Biedermeier war zu Ende, nun galt es, in Wirtshaussälen mit bis zu 1000 Plätzen die Zuschauer aus allen Bevölkerungsschichten zu begeistern. Derb und deftig, exotisch oder erotisch, in jedem Fall meist laut und begleitet von viel Bierkonsum, so präsentierten sich die meisten Vergnügungsspektakel dieser Zeit. Einer der Orte, wo »man« zu dieser Zeit auf jeden Fall hin musste, war das »Café Metropol« am Frauenplatz 2.

Inhaber Johann Stephan Kern (siehe S. 71) verstand es, hier die berühmtesten Volkssänger der Zeit auftreten zu lassen und mit der Idee seiner täglichen Frühschoppenkonzerte inklusive Liedgesang im Keller seiner Wirtschaft eine gehörige Rendite zu erzielen. Dafür sorgten sowohl das ausgeschenkte starke Bockbier als auch Anton Zaska als Kapellmeister und Klarinettist, wie ein Vers auf einer zeitgenössischen Ansichtskarte belegt:

»O Freunderl wie ist mir so wohl
Bei Papa Kern im Metropol.
An diese Hetz und dies Plaisir –
Bleibst Bockglas du mein Souvenir,
Drum Metropol du bist mei Freud'
Und bleibst's in alle Ewigkeit.
Zaska! Hopp!«

Der für seinen Bierkonsum bekannte, »immer durstige« Publikumsliebling Anton Zaska ist am 10. Juni 1919 München gestorben. Er hat seinen weitaus jüngeren Chef um elf Jahre überlebt und ist trotz seines Lebenswandels 87 Jahre alt geworden.

Anton Zaska. Koloriertes Glasdiapositiv, 9 x 12 cm.

»Zaska, ich hab ne' Idee – Zaska hopp!« Das »Café Metropol« mit den Konterfeis von »Papa Kern« (links) und Anton Zaska. Ansichtskarte, 1896.

Der Regimentsmusikus

JAKOB PEUPPUS

»Er war ein berühmter Kapellmeister und fuhr im Jahre 1898 mit seiner Leibregimentskapelle nach Amerika und feierte da drüben Triumphe.«

Jakob Peuppus[4], am 10. April 1859 in Nürnberg geboren, begann seine Karriere als Geiger und Klarinettist beim Königlich Bayerischen 2. Infanterie-Regiment »Kronprinz« in München und übernahm 1890 die Leitung von dessen Kapelle. Im »Löwenbräukeller«, am Chinesischen Turm im Englischen Garten und in der Rosenau (siehe S. 94ff.) feierte er mit seinen Regimentskonzerten jahrelang rauschende Erfolge. Trotzdem scheint es ihm in seiner Anstellung nicht behagt zu haben oder aber es lockten ihn größere Aufgaben, in jedem Fall schied er im März 1901 freiwillig aus dem Militärdienst aus. Er gründete seine eigene Kapelle und noch im gleichen Jahr machte sich Peuppus auf nach Amerika, wo er – angekündigt als Leiter der »Königlich Bayerischen Regimentskapelle Alt Nürnberg« – während der in Buffalo stattfindenden »Pan-American Exposition« auftrat.

Jakob Peuppus, 1901.

Für seine »Kapelle Peuppus«, von der nicht weniger als 38 Tonaufnahmen ab 1908 bekannt sind[5], komponierte und dirigierte er hauptsächlich Märsche und Ländler mit bayerischem Bezug wie »Haidhausen-«, »Zugspitzen-« oder »Berchtesgaden«-Landler. Aus Anlass des 60. Geburtstages seines Freundes, Singspielhallendirektor »Papa Geis« (siehe S. 54), schuf er 1901 einen Marsch, den er nach dem Volkssänger benannte und teilweise mit dessen Couplets-Melodien anreicherte.

Karl Valentin erzählte bei den Vorträgen zu seinen Lichtbildern, Peuppus sei auch ein »guter Frühschoppenstammgast« gewesen. Wenn er danach beim Standkonzert auf dem Marienplatz oder vor der Feldherrnhalle sehr geschwankt habe, dann hätten die Zuhörer gemunkelt: »Heut war der Peuppus Jackl vor der Parade wieder z'lang im Ratskeller.«

Am 19. Januar 1905 starb der beliebte »Obermusikmeister« in Zürich. Sein Sohn Martin übernahm die Kapelle und reiste wie sein Vater aus Anlass der Weltausstellung nach Amerika – allerdings etwas aufwendiger als dieser, denn über 70 Personen inklusive Kellnerinnen, Köchen und Metzgern begleiteten die Musiker nach Übersee.

Jakob Peuppus. Atelieraufnahme, koloriertes Glasdiapositiv, 9 x 12 cm.

Kapelle Peuppus auf der Bühne, im Vordergrund zur Dekoration aufgestellte Musikinstrumente, o. J.

Der Volksdirigent
HERMANN SCHMIDT

Zum 15. Mai 1890 kündigten die Münchner Zeitungen ein »großes Concert« an. Es spiele eine »neu-engagierte 36 Mann starke Hauscapelle unter Direction des Kapellmeisters H. Schmidt«. Der Eintritt sollte nur 20 Pfennig kosten. Dies war der Beginn eines neuen Zeitalters der populären Musikkultur im bürgerlichen München. Denn vorher hatten sich fast ausschließlich die besseren Stände an klassischen Konzerten, wie sie Hoforchester und Hoftheater boten, ergötzen dürfen. Fortan sollte also auch der gemeine Bürger an solcher musikalischen Belustigung teilhaben können. Zugleich wurde mit diesem Konzert unter der Leitung des bisher eher in der Vorstadt erprobten und bekannten Hermann Schmidt an jenem Himmelfahrtstag die größte Vergnügungsstätte Münchens, ja des Kaiserreichs, feierlich eröffnet: der Volksgarten Nymphenburg. Das 30 000 Quadratmeter große Gelände am nordwestlichen Stadtrand, nahe der königlichen Sommerresidenz der Wittelsbacher Schloss Nymphenburg, bot ziemlich alles, was seinerzeit weltweit an öffentlichen Unterhaltungsanlagen auf dem Markt war, vom Affenzirkus bis zum Wasserkarussell, vom Radrennen bis zur Zurschaustellung »exotischer« Menschen und einem Bärenkäfig. Die Idee zu diesem ganzjährig geöffneten Luna-Park mit moderaten Eintrittspreisen für das »Volk« hatten Varietébesitzer Hugo Oertel (siehe S. 114) und Münchens damals größter Immobilienspekulant Heinrich Theodor Höch. Ihm gehörte unter anderem das luxuriöse »Café Luitpold« im von ihm errichteten Luitpoldblock in der Brienner Straße.

Musik aller Art stellte im Volksgarten Nymphenburg aber das Grundangebot dar. Aufgespielt wurde nicht nur in etlichen der 34 Bierhallen und anderen gastronomischen Betrieben wie zum Beispiel einer bayerischen Almhütte, sondern gleichzeitig auch auf mehreren, extra dafür gebauten Podien. Besonders beliebt waren die neumodischen Kaffeehäuser mit ihren Wiener Damenkapellen sowie das »Csárda«, ein ungarisches Weinrestaurant, wo feurige Zigeunerkapellen in Nationaltracht fiedelten. Mittelpunkt dieses musikalischen Geschehens im Volksgarten war aber der große hölzerne Konzertpavillon. Hier dirigierte, hier herrschte, Hermann Schmidt, der sich als Kapellmeister bislang eher draußen vor der Stadt einen Namen gemacht hatte. Täglich wurde ein Programm geboten, an Wochenendtagen deren zwei. Schmidts 36 Musiker waren nach einem Zeitungsbericht stets »geschmackvoll uniformiert«. Sie bekamen, was vorher nicht üblich war, eine feste Gage. Dafür bot Schmidt zeitgenössische Unterhaltungsmusik mit dem Schwerpunkt Märsche und Walzer. Doch auch anspruchsvollere Weisen brachte er zu Gehör. Einmal erklangen dort draußen sogar Lieder von Franz Schubert, auf dem Klavier – vorgetragen von Max Reger aus Anlass einer Wohltätigkeitsveranstaltung.

Bis zu drei Stunden dauerte oft so ein Programm. In den Pausen konnten sich die Besucher an einer Schänke und am Buffet mit kalten Speisen laben. Manchem Bürger ging die permanente Musikberieselung allerdings auf die Nerven. Denen schien das Ganze – damals schon! – zu einer »ständigen Oktoberfestwiese« auszuarten. So findet sich in den Münchner

Volksgarten Nymphenburg mit Dampftrambahn, Hauptrestauration, Kaisersaal und Musikpavillon. Ansichtskarte, 1900.

Hermann Schmidt, o. J.

Die gleiche Porträtaufnahme Schmidts findet sich unter dem Stichwort »Gaststätten« ein weiteres Mal in der Sammlung Valentin: Eine Collage auf gelbem Karton zeigt den Kapellmeister sowie seine Wirkungsstätte, den Musikpavillon mit Bierausschank von Eberl-Bräu im Nymphenburger Volksgarten, 1905.

»Volksgarten-Kapelle« mit Dirigent Hermann Schmidt. Ansichtskarte, 1900.

Polizeiakten die Beschwerde von 1891, dass »nebst der großen Volksgartenkapelle und anderen Musikcorps diverse Orgel, Pfeifen etc. unisono von nachmittags bis nachts einen schauderhaften Lärm vollbringen, der im weiten Umkreis den Wohngenuss vernichtet«.

Doch nicht etwa wegen frühbürgerlicher Lärmempfindlichkeit kam es für Meister Schmidts Hauskapelle allmählich zu Dissonanzen. Vielmehr sank das Angebot an volkstümlicher Kultur – damals schon! – mit dem fehlenden Geld. Der große Volkspark, der immer größer und fantastischer wurde, war nämlich 1899 in die Hände von Spekulanten geraten. Die konnten oder wollten den Musikern kein Honorar mehr zahlen. Wie so viele Orchester geriet auch Schmidts Ensemble in Existenznöte. Schließlich musste man auf die nach wie vor lukrative Theresienwiese umziehen. Beim ersten Oktoberfest im neuen Jahrhundert spielten alle Mann in einer Bude auf, die ein ehemaliger Schankkellner vom Volkspark, Karl Forster hieß er, dort unter dem Namen »Zum obdachlosen Dachauer Beni« aufgemacht hatte. Mit dem Ersten Weltkrieg ging es dann mit dem maroden Vergnügungszentrum in Nymphenburg gänzlich zu Ende. 1916 schloss es seine Pforten und an seiner Stelle entstand eine vornehme Villenkolonie – Schluss mit lustig fürs Volk. Karl Valentin hatte es der Park besonders angetan: Im Stadtarchiv finden sich zahlreiche von ihm gesammelte Fotografien, die diese einmalige Münchner Lustbarkeit dokumentieren.

Tschingdarassa
FRANZ NICKLAS

Nach 1900 fanden in den Riesensälen und Biergärten der Münchner Kellerwirtschaften wie dem »Münchener Kindl«-, »Hacker«-, »Löwenbräu«- oder »Mathäser-Keller« und im »Hofbräuhaus« fast täglich Konzerte zahlreicher Militärkapellen meist in Holz- und Blechbläserbesetzung statt. Sie erfreuten sich größter Beliebtheit bei den Münchnern, aber auch den immer zahlreicher werdenden Touristen der »Kunst- und Fremdenstadt«. Bayerische Musik wurde jetzt sogar zum Exportschlager, wie ein Auftritt des beliebten Militärkapellmeisters Josef Peuppus (siehe S. 40) 1901 auf der Weltausstellung in Buffalo, USA beweist. Die Stimmung stand auf Tschingdarassa. Gerne wurde lauthals mitgesungen, die findigen Gastwirte teilten Textbroschüren und Liedblätter aus, um die Stimmung am Laufen zu halten. Nicht anders wie auf der Wiesn unserer Tage …

Auch »zivile Orchester« boten Konzerte an. Die »Kapelle à la Gungl«, benannt nach dem berühmten Wiener Walzerkomponisten Josef Gung'l, die Kapelle unter Leitung des Sohnes von »Papa Schmidt« oder die »Dachauer Bauernkapelle«, auch genannt »Die Gscheerten« – das Angebot in München war üppig. Auf dem Repertoire stand ein Potpourri aus Märschen, Walzern, Operettenliedern und Opernarien. Von Richard Wagner bis Johann Strauß: Gespielt wurde, was dem Publikum beim Bockbier gefiel. Für manchen Zeitgenossen war es dann aber doch zu viel und man beklagte Auswüchse wie »wüstes Mitbrüllen und Mitklatschen«,

Konzertsaal im »Hotel Trefler«, im Hintergrund die Kapelle von Franz Nicklas. Ansichtskarte, um 1899.

Franz Nicklas. Koloriertes Glasdiapositiv, 9 x 12 cm.

»Hineingrunzen in leere Maßkrüge«, Bierfilzlwerfen, und auch das Tanzen auf den Tischen.

Einige Dirigenten der »Zivilkapellen« wurden außerordentlich populär, so auch der »treffliche«[6] Franz Nicklas. Die 36 Musiker seiner »Capelle International« spielten regelmäßig im großen Konzertsaal des »Hotels Trefler« (siehe auch Gregror Trefler, S. 130) in der Sonnenstraße 21 und an Sommerabenden bot er auch im Garten des Etablissements »recht gute volksthümliche Musik«[7]. 1911 trat hier zum ersten Mal Karl Valentin auf – da trug das Hotel allerdings schon den neuen Namen »Wagner«.

Franz Nicklas. Teil einer Ansichtskarte, 1899. Handschriftlicher Vermerk: »Münchner Kapellmeister / ~~Nikolaus~~ Niklas / Hotel Treffler 1899.«

Die letzte Harfenistin

FRANZISKA REITER

»[...] die letzte Münchner Harfenistin. Spielte viele Jahre im Gasthaus ›Zum Donisl‹ am Marienplatz.«

Bis auf diese karge Information aus Valentins Lichtbildervortrag, wo sie unter der Nr. 25 aufgeführt wird, sind keine weiteren biografischen Daten der »Reiter Fanny« erhalten. Neben der »Simplicissimus«-Wirtin Katharina Kobus (siehe S. 78), dem Varietéstar Mary Irber (siehe S. 161) und seiner Partnerin Liesl Karlstadt (siehe S. 165) ist sie die einzige Künstlerin, die Eingang in Valentins Sammlung »Münchner Originale« gefunden hat.

Nach Wiener Vorbild blühte in München in der ersten Hälfte des 19. Jahrhunderts parallel zum Volkssängertum das Harfenistenwesen auf, vor allem, nachdem die Gewerbefreiheit eingeführt wurde. Die Harfe war im Wien des Biedermeier und des Vormärz die »Oper für den kleinen Mann«. Man spielte zunächst m Freien, auf der Gasse, in Hinterhöfen, im Prater oder im Wirtsgarten und begleitete sich selbst bei Moritaten, Bänkelgesang oder auch einem traditionellen Volkslied. Später machten die Sänger auch das Wirtshaus zu ihrer Bühne. Die Harfensolisten wurden aber immer mehr in Ensembles eingebunden, bei denen ein oder zwei Sänger auftraten, die nur noch begleitet wurden. Am Ende ersetzte dann das Klavier die Harfe. Franziska »Fanny« Reiter war wohl eine der Letzten dieser Kunst in München.

Franziska Reiter. Koloriertes Glasdiapositiv, 9 x 12 cm.

MARTIN FISCHER

Die Fotografie dieses Musikers mit Geige ist Teil der im Stadtarchiv wieder aufgefundenen Serie von 75 kolorierten Glasdiapositiven »Bilder berühmter Persönlichkeiten« von Karl Valentin (siehe S. 286f.). Allerdings taucht Martin Fischer nicht in Valentins Texten zum gleichnamigen Lichtbildervortrag aus den 1930er-Jahren auf. Ob und wenn ja, bei welcher Kapelle er Mitglied war, konnte ebenso wenig eruiert werden wie seine weiteren biografischen Daten.

Martin Fischer. Koloriertes Glasdiapositiv, 9 x 12 cm.

HANS HELL

Zum »erstklassigen Klarinettisten und Landlerbläser«[8] sind keine weiteren Lebensdaten recherchierbar.

Hans Hell. Passbild, o. J.

Anmerkungen

1 Valentin, Lichtbildervortrag, Nr. 73.

2 »Pappa« Kern wurde in Valentins Lichtbildervortrag unter der Nr. 43 geführt, unter Nr. 44 folgte dann direkt sein Kapellmeister.

3 Bei Valentin in der Schreibweise Zschaschka und ohne Vornamen. Wird auch als Zsaska oder Zaschka in den Quellen belegt.

4 Bei Valentin fälschlicherweise im Lichtbildervortrag, Nr. 42, in der Schreibweise Jacob Peupus.

5 Aufgenommen von »Victor« und »Columbia«, zwei amerikanischen Musiklabeln.

6 Kronegg, Ferdinand: Illustrirte Geschichte der Stadt München, München 1903, S. 490.

7 Ebd.

8 Zitiert nach Stadtarchiv München https://stadtarchiv.muenchen.de/scopeQuery/detail.aspx?ID=410279 [zuletzt geöffnet am 6.3.2019].

VOLKSSÄNGER

Der Vielbelachte

CHRISTIAN SEIDENBUSCH

»Schwarzbefrackter, vielbelachter
Im Wirtshaus singender,
um Beifall ringender,
G'sichter schneidender, Unsinn treibender,
Rauchverschlingender, humorbringender,
›Bitte sehr‹ stammelnder,
Münzen einsammelnder
Unterhaltungs-Anregungsbeflissener.«[1]

Mit diesem anschaulichen Verserl hat sich Christian Seidenbusch im Jahr 1885 selbst porträtiert. Da war er 58 Jahre alt, die erste Generation der legendären Münchner Volkssänger[2] hatte gerade den ersten Gipfel ihrer Popularität erreicht. Der am 15. Juli 1837 geborene Münchner darf als Ältester dieser Gilde gelten. Auf jeden Fall war er der Vielseitigste.

Als gelernter Buchdrucker und Schriftsetzer hatte Seidenbusch schon früh mit Notenbüchern zu tun. Das regte ihn an, selbst Texte und Melodien für eine Art von Liedern zu schreiben, die man noch heute als sogenannte Couplets[3] kennt. Erste Proben vervielfältigte er heimlich und verschickte sie mit ohnehin ausgehenden Lieferungen an Sängergemeinschaften. Eine Pioniertat. Der Erfolg war überraschend und er verdiente damit seine ersten Honorare. Das führte ihn wiederum dazu, das Handwerk an den Nagel zu hängen, um selbst im schwarzen Frack als musizierender Humorist aufzutreten, wobei sich der Basssänger selbst auf der Gitarre begleitete.

Seidenbusch schloss sich verschiedenen Singspielgesellschaften an, unter anderem der des berühmten Anderl Welsch (siehe S. 58). Als dieser eine Wirtschaft übernahm, wurde Seidenbusch zusammen mit Jakob Geis (siehe S. 54) und Max Königshofer engagiert und zum Leiter der Gesellschaft. 1875 übernahm Geis von ihm die Direktion. Man trat – ergänzt durch weitere Volkssänger – mit großem Publikumserfolg in der »Restauration« des »Hotels Oberpollinger« in der Neuhauser Straße auf. Die frechen, freimütigen, nicht immer nur fröhlichen Couplets dieses Volkssängertrios handelten von Kleinbürgern, Handwerksburschen, Bauern. Darüber lachten die Großbürger im Publikum. Sie erlebten auch bereits Szenen vor dem »königlich-bayerischen Amtsgericht«. Ganz gewöhnlicher Alltag wurde da persifliert. Die München-Hymne »Solang der Alte Peter« verbreiteten sie in verschiedenen deutschen Mundarten. Jedes Jahr veröffentlichte Seidenbusch nun »Ein Sträußchen komischer Vorträge« im Verlag von Johann Heinrich Bauderer (siehe S. 118). Sogar als Damenimitator – die Gesellschaft Geis spielte ab den 1890er-Jahren ohne weibliche Beteiligung – steigerte er seinen Ruf als einer jener neuen Unterhaltungskünstler, die als »Volkssänger« erst in die Meldeakten und schließlich auch in die Münchner Kulturgeschichte eingegangen sind.

Kurz vor dem Ersten Weltkrieg waren in München über 800 hauptberufliche Volkssänger amtsbekannt und es gab sogar nach Wiener Vorbild einen eigenen Berufsverband. Einzeln oder in organisierten

Christian Seidenbusch. Atelieraufnahme von Carl Holzer, o. J.

Christian Seidenbusch.
Fotografie von Kraus, o. J.

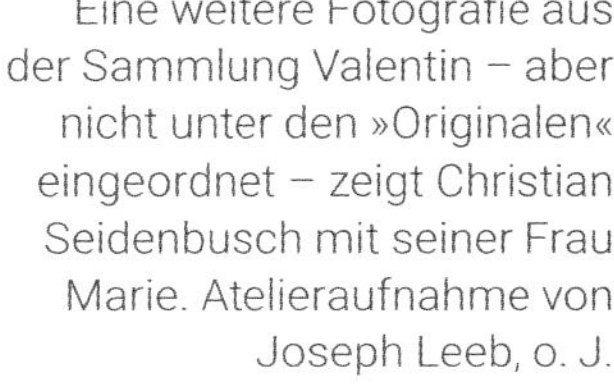

Eine weitere Fotografie aus der Sammlung Valentin – aber nicht unter den »Originalen« eingeordnet – zeigt Christian Seidenbusch mit seiner Frau Marie. Atelieraufnahme von Joseph Leeb, o. J.

Gruppen tingelten sie durch Wirtshäuser, Vorstadttheater, Varietés. Schließlich in eigens dafür errichteten Singspielhallen, die mit rasch wachsender Nachfrage verschönert und vor allem vergrößert wurden. Viele der Vortragskünstler, die sich außer ihrer Stimme und Dichtkunst auch verschiedener Musikinstrumente bedienten, mussten sich als Gage mit Bier und abendlicher Brotzeit begnügen. Die meisten blieben halt doch Laien, während die wenigen Profis ihre Berühmtheit ganz gut in Geld umzusetzen verstanden. Christian Seidenbusch starb am 15. März 1898 in München an einer Gesichtsrose. Das kurz vorher erfundene Grammophon hat seine Stimme leider nicht mehr aufgenommen.

Der Gscheite

JAKOB GEIS

»Er war in München so populär, dass Prinzregent Luitpold mit ihm eiferte [...]. Denkmal hat er zwar keines dafür bekommen; nur eine Strasse benannte man nach seinem Namen. Besser doch als garnichts!«[4]

Das sogenannte Derblecken von Politikern und anderen »Großkopferten« ist eine alte Tradition in München. Erinnert sei nur an Ludwig Thoma mit seinem deppert-pfiffigen Volksvertreter Josef Filser oder seinem Spottlied vom neuen Parlament »Was ist schwärzer als die Kohle?«. Oder an den Forstbeamten Roider Jackl mit seinen derben Gstanzeln, die er in den 1950er-Jahren den auf dem Nockherberg zum Starkbieranstich versammelten Politikern ins verlegen lachende Gesicht schmetterte. Doch schon viel früher war ein Münchner durch die Wirtshäuser gezogen. Schon 1891 derbleckte er im neuen Bierkeller der Paulaner auf dem Nockherberg, der immerhin 4000 zechende oder zuhörende Menschen fasste, die anwesenden Politiker, zum Beispiel so:

»Bei Versammlungen redt einer g'scheit,
Einzustehn fürs Volk ist er bereit;
Wird in die Kammer gewählt dann dieser Herr –
Woana könnt ma, woana könnt ma,
Hört man gar nix mehr.«[5]

Der Urheber der bis heute so beliebten Salvator-Frozzelei hieß Jakob Geis. Er war ein gebildeter Geist. Dies verdankte er nach eigener Ansicht seiner klassischen Herkunft. Er wurde nämlich, am 27. Dezember 1840, in Athen geboren, wo sein Vater als Hofoffizianz bei dem aus Bayern importierten König Otto tätig war. Der bayerische Mundartdichter Peter Auzinger (siehe S. 188) – ebenfalls ein geborener Grieche – spielte in einem seiner Gedichte auf ihre gemeinsame klassische Herkunft an. Nach dem Scheitern der Wittelsbacher am Peloponnes kam Jakob mit sieben Jahren nach München. Auf Vaters Wunsch sollte er Geistlicher werden. Doch er zog es vor, sich mit Nachhilfe in Griechisch und Latein, mit Tanzunterricht und Zitherspielen durchs Leben zu schlagen. Seine einzige Konzession ans vernachlässigte Klerikerdasein war, dass er sich immer ganz in Schwarz kleidete, sodass ihn die Leute oft als Hochwürden ansprachen. Im Alter von 26 Jahren versuchte er sich erstmals mit zwei Solonummern auf einer Bühne. Der Erfolg beflügelte ihn. Nach Wiener Vorbild

»Papa Geis« (Mitte) während eines Auftritts auf der Bühne im »Hotel Oberpollinger«. Links oben ist eine Außenansicht des Hotels zu sehen. Teilweise Fotomontage, stark retuschierte Reproduktion, 1900.

Konzertsaal und Außenansicht des »Hotels Oberpollinger« mit Porträt »Papa Geis«. Ansichtskarte, 1898.

Jakob Geis. Ausschnitt, koloriertes Glasdiapositiv, 9 x 12 cm.

bedichtete und besang er bald fast alles, was sich in der kleinen und großen Welt ereignete, vom schlechten Bier bis zu den keimenden Veränderungen im familiären und sozialen Milieu. Alles sehr pointiert, mit überraschenden Aha-Refrains, aber ohne die auf Vorstadtbühnen üblich gewordenen Zoten. Geistreich, könnte man den Mann mit der Brille nennen. Bis heute haben seine Blödelverse von den »zwei Knaben« und das Sprücherl »Des hat koa Goethe dicht, des hat koa Schiller g'schrie'm« überdauert. Seine »Couplets« – auch dieser Begriff kam aus Wien – waren Stadtgespräch und ihn selbst kürte das Volk zum freundlichen »Papa Geis«. Im Alter von 35 Jahren übernahm er die von Christian Seidenbusch (siehe S. 52) gegründete Singspielgesellschaft, eine Voraustruppe der Münchner Volkssänger, die er als Direktor und Hauptdarsteller zu ungeahnten Höhen führte. Frühe Schallplattenaufnahmen zeugen von anhaltender Qualität. Man fand sogar eine feste Bühne: die Gastwirtschaft des »Hotels Oberpollinger« in der Neuhauserstraße vor dem Karlstor. Das Amüsement kannte keine Grenzen, wenn er als verbummelter Corpsstudent hintersinnigen Unsinn dozierte. Dabei stemmte er seine zwei Maß Bier, und die Studiosi hielten mit. So ein Abend war für die Münchner schier obligatorisch, hieß es doch: »Wo geh ma hi. Was gibt's denn Neis? I denk, mir genga heut zum Geis.«

1897, im Alter von nur 57 Jahren, verabschiedete sich Jakob Geis von seinem Publikum aufgrund einer Herzerkrankung. In einem Strandkorb im vierten Stock an der Dienerstraße 15 schrieb er jetzt seine Memoiren. Er starb – wie 40 Jahre später sein Verehrer Karl Valentin – zum Höhepunkt des Frohsinns, am 3. März 1908, einem Faschingsdienstag. Beigesetzt wurde »Papa Geis« auf dem Westfriedhof im Beisein einer großen Trauergemeinde, hatte sich dieser Münchner Bürger doch auch durch hochherzige Wohlfahrtsveranstaltungen für die Armen allseits beliebt gemacht. Sein Testament sah die Verbrennung aller seiner Gedichte vor …

Karl Valentin sollte 1936 zusammen mit dem Regisseur und Enkel von Jakob Geis – ebenfalls ein Jakob, geboren 1890 – einen seiner wohl besten Filme drehen: »Die Erbschaft«. Der »junge Geis« inszenierte am Theater Bert Brecht und Marielouise Fleißer und setzte Valentins Script filmtechnisch genial um, bedauerlicherweise blieb es bei diesem einzigen Projekt der beiden in diesem Genre.

Fest im Künstlerhaus am Lenbachplatz mit zahlreichen Gästen, unter anderem »Papa Geis« (x) sowie die Maler Franz von Defregger (xxx) und Franz von Lenbach (xx), 1900.

»Papa Geis« während eines Auftritts auf der Bühne des »Hotels Oberpollinger«, begleitet von einem Klavierspieler. Fotoreproduktion eines anonymen Aquarells, 1900.

Der Gscheerte
ANDREAS WELSCH

»Bis zu seinem 60. Jahre trat er immer noch als Bauernbursche auf. Er war der Verfasser vieler Bauernstücke und Komödien […].«[6]

Andreas Welsch. Koloriertes Glasdiapositiv, 9 x 12 cm.

Der Beruf des Volkssängers war neu im München des 19. Jahrhunderts. Wohl deshalb haben einige der Protagonisten versucht, ihre Tätigkeit volksnah zu bedichten. So hat auch Andreas Welsch in etwas holprige Reime gefasst, was so einer eigentlich ist:

> »[…] *Ein aufs Podium springender – um Applaus ringender,*
> *Immer probierender, zu Hause studierender,*
> *(Wenig studierender, sehr oft kopierender)*
> *Mit Gönnern schmollender – Künstler sein wollender,*
> *Viel Spaßl machender – wenns gut geht lachender,*
> *Wenns schlecht geht weinender – als Hanswurst erscheinender,*
> *Dumme G'sichter schneidender – Langweil meidender,*
> *Mit Aestetik handelnder, auf Diesteln wandernder, artistischer Handwerksbursch.*«[7]

Der von allen nur »Anderl« gerufene wurde am 28. November 1842 in Unterbiberg bei München geboren. Aus dem Deutsch-Französischen Krieg heimgekommen, gründete er 1871 unter seinem Namen in München eine »Komiker- und Sängergesellschaft«. Das Ensemble wanderte von einer Gastwirtschaft zur nächsten, bis sich um 1890 eigene Singspielhallen mit klingenden Namen auftaten; sie waren ein bisserl nobler als die Wirtshaussäle und verlangten Eintrittsgeld – Geld war nach dem gewonnen Krieg reichlich vorhanden. Und die 1868 eingeführte Gewerbefreiheit tat ein Übriges, um Münchens Unterhaltungsgewerbe erblühen zu lassen.

Die Welsch-Truppe – aber auch die Konkurrenz – gastierte beispielsweise im »Kleinen Rosengarten« am Hauptbahnhof, im »Elysium« in der Sophienstraße, im »Orpheum« in der Sonnenstraße und ab 1898 im »Apollo-Theater« an der Dachauer Straße. Hier fungierte Welsch zugleich als Direktor, Hausdichter und Hauptdarstel-

Andreas Welsch auf der Bühne des »Bamberger Hofs«, Neuhauser Straße, in der Rolle als »Gscheerter«, 1910.

ler. Nebenbei leitete der geschäftstüchtige Vorstädter auch noch die »Johannis Brauerei« in Haidhausen, die »Bayerische Zelthalle« sowie den »Malkasten« in Schwabing. Großgastronom würde man heute sagen. Dank ihres Patrons und weiterer Volkssänger entwickelte sich das »Apollo« als sogenanntes Varietétheater zur beliebtesten Vergnügungsstätte in der sinnenfrohen Stadt, die zur Jahrhundertwende auf eine halbe Million Einwohner gewachsen war.

Anderl Welsch war es auch, auf dessen Bühne die einfältig-rückständigen Landbewohner zu Witzfiguren stilisiert wurden. In Dachauer Tracht, mit Haselnussstecken, Riesennase und anderen Bavarismen üppig ausgestattet, machte er sich über die »Gscheerten«[8] lustig. Sein Mitspieler Alois Hönle, zusammen mit August Junker Direktor des »Apollo-Theaters« vor dem Ersten Weltkrieg und Erfinder des – von Ludwig Thoma wiederbelebten – »Josef Filser vom Landtag«, vermittelte hingegen ein ganz anderes Bauernbild:

»Dass wir akkrat san Gscheerte,
Dös müas ma oiwei hörn;
Wenn wir a glei dieselben san,
Die wo das Volk ernährn.«

So oder so hat der ungehobelte, »in d'Stodt neigschmeckte Landmann«, wie ihn später der Weiß Ferdl verkörperte, bei Welsch und Co. seine fragwürdige Karriere begonnen. Noch bis ins späte 20. Jahrhundert konnte die Karikatur des gscheerten, ungebildeten Bauernlackls ohne Manieren das Großstadtpublikum sowie die Touristen königlich amüsieren. Längst verschwunden sind dagegen die schlau-verschlagenen, arbeitsscheuen und lebenslustigen kleinkriminellen Vorstadtproleten »Kare und Lucke«, die Welsch nach Texten von August Junker als die »typischen Münchner« besungen hat.

Viele Gstanzln von Andreas Welsch erscheinen heute ausgesprochen »krachert«, andere eher sentimental, einige gehören nach wie vor zum Heimatsound. Zum Beispiel dieses:

»Wia da Schimmi no am Leben is gwen,
ham's eahm nix z'fressen gebn.
Wia da Schimmi tot is gwen,
ham's eahm an Schippi Heu vorgebn,
net, dass d'Leit sogn
zwegn da Not is da Schimmi tot.«

Auf alle Fälle war dieser unglaublich beliebte Singspieldirektor außerordentlich produktiv. Unter dem Titel »Münchner Volksleben in Lied und Wort« füllte er nicht weniger als 27 Bände mit Mundarttexten, die er im Eigenverlag druckte. Er starb am 24. August 1906 und wurde am Alten Nordfriedhof beerdigt.

Valentins Vorbild

KARL MAXSTADT

»Wo Karl Maxstadt gastierte, waren ausverkaufte Häuser. [...] Viele Humoristen dieser Zeit kopierten ihn, aber es blieb nur bei der Kopie, denn einen Karl Maxstadt gab es eben nur einmal.«[9]

Valentin Ludwig Fey war 14 Jahre alt, als ihn sein Zitherlehrer Ignaz Hepper 1896 in »Kil's Colosseum« mitnahm, wo Karl Maxstadt mit »humoristischen Soloscenen« brillierte. Davon war der Lehrbub derart begeistert, dass er beschloss, »die Schreinerei an den Nagel zu hängen und in seine Fußstapfen zu treten«[10]. Zeitlebens hat er diesen großen und erfolgreichen Unterhaltungskünstler hoch verehrt und bejubelte ihn auch in seinem Lichtbildervortrag unter der Nr. 52 als den »besten Gesangshumorist Deutschlands aus der Zeit 1890–1914«[11]. Immer wieder hat er dessen Couplets angehört und nachgeahmt. Aus Karl und Maxstadt hat er nicht nur den Künstlernamen für seine Partnerin Elisabeth Wellano gebastelt[12], sondern auch den »Karl« in sein eigenes Pseudonym als neuen Vornamen eingebaut.

Als Sohn Münchner Eltern, die als Schauspieler und Sänger in der Volkstheaterszene fest verankert waren und pausenlos durch alle deutschsprachigen Länder tourten, wurde Karl Emil Maxstadt am 1. September 1853 quasi zufällig in Lahr im Schwarzwald geboren. Immer wieder trat die Familie – auch die Schwester sang – in München auf, wo sich in jenen »goldenen Jahren Münchner Humors«[13] an die 1000 mehr oder weniger professionelle Volkssänger tummelten. Rund zehn Jahre jünger als »Papa Geis« (siehe S. 54), Anderl Welsch (siehe S. 58) und weitere lokale Größen, verkörperte er einen anderen, einen geradezu internationalen Typus von Volkssänger. Maxstadt kam sichtlich von der Bühne, er war in allen großen Varietés im In- und Ausland daheim, fest engagiert war er allerdings nie, auch in keiner der Münchner Singspielhallen.

Als Schauspieler mit einem brillanten Gedächtnis gesegnet überragte er bald die Prominenz seiner ganzen Verwandt-

Karl Maxstadt. Fotografie mit handschriftlicher Widmung:
»Zur freundl. Erinnerung. Karl Maxstadt, Düsseldorf am $6\,/_1\,12$«, o. J.[14]

schaft. Zwar war ihm auch der »Faust« nicht fremd. Doch seine Paraderollen waren eher der »Bettelbua« und »der arme Teufel«. Zwar ließ er sich in Bayern bei Johann Sebastian Hacklberger extra zum Volkssänger ausbilden, doch seine Karriere als solche begann er keineswegs in München, sondern 1878 im fernen Bern. Bei seinen Couplets erschien er stets elegant im schwarzen Gehrock, mit Fliege und weißen Handschuhen – ein Markenzeichen, das viele Unterhaltungskünstler übernehmen sollten. Seine Gagen erreichten bis zu 4000 Goldmark im Monat. Nicht weniger als 600 Couplets aller Art, die er oft in verschiedenen Dialekten vortrug, hat Maxstadt im Repertoire gehabt und verlegt. Viele persiflierten das Zeitgeschehen, viele parodierten allerlei Dialekte. Viele wurden kopiert. Das ärgerte ihn, vielleicht verzichtete er auch deshalb damals auf schon mögliche Tonaufnahmen. Dafür besaß er eine Fülle von Partituren, deren Nutzung er sich gut bezahlen ließ. Trotzdem. Eine Krankheit und der Erste Weltkrieg warfen den erfolgreichsten deutschen Entertainer seiner Zeit zu Boden. 1918 verkaufte er – auch sein Kollege Konrad Dreher (siehe S. 156) musste es im selben Jahr tun – seine riesige Villa in Garmisch-Partenkirchen für 130 000 Mark. Karl Valentin gelang es, noch ein paar Stücke aus dem Hausrat an ein Theatermuseum zu verkaufen, um so die Misere des Hochverehrten zu lindern. Und zusammen mit der umgetauften Partnerin richtete er 1928 für den nun schon fast Vergessenen im »Colosseum« noch einen Benefizabend zu dessen 75. Geburtstag aus. Zwei Jahre später, am 14. Januar 1930, starb der erkrankte und völlig verarmte Karl Maxstadt in München, wo er auf dem Ostfriedhof beigesetzt wurde. Wenigstens die Zeitung der SPD widmete dem »Altmeister des deutschen Humors« einen Nachruf und noch im gleichen Jahr wurde im Stadtviertel Laim eine Straße nach ihm benannt. Ansonsten aber muss auf eine Gedenktafel oder auch eine Künstlerbiografie noch gewartet werden.

Bertl Bader in sechs verschiedenen Posen als Andreas Hofer. Druckpostkarte, o. J.

Die Nationalsänger

BERTL UND GEORG BADER

In seinen langen Listen von Volkssängern erwähnt Karl Valentin die Brüder Bertl und Georg »Schorschl« Bader[15] als »eine Spezialitäten-Truppe für sich«. Sie gehörten zu den Nachfolgern der Rainer Familie und der Strasser-Geschwister, die vom Zillertal aus »Tyroler Naturlieder« in alle Welt exportierten, darunter erstmals auch das berühmteste aller Weihnachtslieder, die »Stille Nacht«. Die Bader-Brüder verbreiteten in München »das Realistischste, was in diesem Fach gereist ist«, wie sich Valentin in der Vorlage seiner Vorträge begeisterte. »Lebenswahrer kann der wirkliche Andreas Hofer nicht gestorben sein«, kommentierte er das von Bertl Bader bei bengalischer Beleuchtung vorgetragene Tiroler Nationallied. Begleitet wurde der begnadete Andreas Hofer vulgo Bertl Bader zuweilen auch von zwei Damen jeweils an der Zither, das nannte sich dann das »Werdenfelser-Terzett«.

Georg Bader, o. J.

FRITZ AMTHOR

»War ungefähr in den Jahren 1895–1913 der Liebling von München. Er verstand es als Volkssänger sich in die Herzen der Münchner hineinzusingen.« Bis auf die Lebensdaten (geboren 1870 in Nürnberg, gestorben 7. November 1913 in München) sowie seine Wirkungsorte im Münchner »Apollo-Theater« und auf dem Oktoberfest[16] sowie diese Kurzbeschreibung Karl Valentins in seinem Lichtbildervortrag (Nr. 30) ist die weitere Vita des Volkssängers nichts bekannt.

Fritz Amthor. Koloriertes Glasdiapositiv, 9 x 12 cm.

BENE HUSS[17]

»Ein Auer Original, das ständig unter Alkohol stand.« Außer dieser Beschreibung in Valentins Lichtbildervortrag (Nr. 65) sind keine Lebensdaten oder die weitere Vita dieses Volkssängers bekannt. Seine Fotografie ist aber ein schönes Beispiel, wie Valentin oftmals retuschierend in Fotografien eingriff, um besondere Atmosphären zu schaffen oder einen von ihm, gewünschten Eindruck zu verstärken. Bei Huss sollten offensichtlich die Requisiten eines Trachtenhuts mit Feder, ein schmaler, zur Schleife gebundener Schal an Stelle der Anzugfliege, ein hervorgehobener Bart sowie aufgenähte Flicken auf dem Jackett helfen, Huss zu »entbürgerlichen« und dem Betrachter seine Verwahrlosung zu zeigen.

Bene Huss. Die Porträtfotografie, o. J. (links) weist Spuren einer Retusche (Hut) auf. Die Fotoreproduktion (rechts), Glasdiapositiv, 9 x 12 cm, wurde koloriert sowie mit Hut und einer offen gebundenen Schleife übermalt. Ein zusätzlich eingefügter Flicken auf der rechten Schulter soll offensichtlich zu einem »verwahrlosten« Eindruck beitragen.

HANS BAYRER

Der als Volkssänger und »Münchner Original«[18] Bezeichnete ist 1912 gestorben, mehr ist von ihm nicht bekannt.

Hans Bayrer. Koloriertes Glasdiapositiv, 9 x 12 cm.

TONI WACKER

»Zu einer alten Gitarre mit Spagatt bespannt sang er Alpenlieder. Das berühmte ›Neuschwanstein – stolze Feste – König Ludwigs Aufenthalt‹[19] dürfte vielen Münchnern noch in den Ohren klingen. Im Hirschgarten Nymphenburg gab er viele Gastspiele.« Bis auf diese Beschreibung in Valentins Lichtbildervortrag (Nr. 34) sind keine Lebensdaten des »Neuschwansteinsängers« Anton Wacker bekannt.

Toni Wacker. Koloriertes Glasdiapositiv, 9 x 12 cm.

Anmerkungen

1 »Der Sprachreinigungsverein«, Deklamation, in: Seidenbusch, Christian: Ein Sträußchen komischer Vorträge, Band 22, München 1895, S. 31f.

2 Der Begriff »Volkssänger« ist nicht ganz korrekt, denn damit wird ein Genre umrissen, dass so gut wie alle Formen einer populären Unterhaltung pflegte: Instrumentalmusik, Coupletgesang, kurze Theaterstücke und Soloszenen. Volksliedgut wurde nur ab und zu zum Besten gegeben.

3 Ursprünglich als Einlage zu Operetten und Singspielen komponiert, machten sie sich im 19. Jahrhundert als musikalische Gattung selbstständig und wurden ein wichtiger Bestandteil der Unterhaltungsmusik dieser Zeit. Bei einem Couplet wird eine Witzgeschichte umgesetzt, wobei eine prägnante, umgangssprachliche Refrainzeile die einzelnen Strophen umrahmt. Das sogenannte Typen-Couplet karikiert über seinen Liedtext speziell zeitgenössische Figuren wie den »gscheerten Bauern« oder den »Vorstadt-Stenz«.

4 Valentin, Lichtbildervortrag, Nr. 51.

5 Lutz, Joseph Maria: Die Münchner Volkssänger. Ein Erinnerungsbuch an die gute alte Zeit. Nach einer Sammlung von Erwin Münz, München 1956, S. 21.

6 Valentin, Lichtbildervortrag, Nr. 53.

7 Zitiert nach: Dimpfl, Monika: Karl Valentin. Biografie, München 2007, S. 36.

8 Der Begriff des »Gscheerten« in Verbindung mit dem Bauernstand kommt wohl daher, dass es im Mittelalter den Bauern verboten war, die Haare lang zu tragen, so wie es die Bürger taten, sie sich also »scheren« lassen mussten. Vgl.: Laturell, Volker D.: Die »Gscheerten« im Couplet. Das Bild des Dachauer Bauern bei den Münchner Volkssängern, in: Amperland, Heimatkundliche Vierteljahresschrift für die Kreise Dachau, Freising und Fürstenfeldbruck, Dachau 1993, S. 209.

9 Valentin, Lichtbildervortrag, Nr. 52.

10 Zitiert aus Karl Valentin: »Geschichten, Jugendstreiche, Monologe & Dialoge«, ebook, 2019.

11 Henze / Heizmann: Karl Valentins Selbstbiographie, Sämtliche Werke, Band 7, S. 236. Valentin irrt hier nur in einem Punkt: Maxstadt war kein »geborener Münchner«.

12 Siehe: Die Unersetztliche. Liesl Karlstadt, S. 165.

13 Henze / Heizmann: Karl Valentins Selbstbiographie, Sämtliche Werke, Band 7, S. 236.

14 Karl Maxstadt trat in Düsseldorf im »Apollo-Theater« auf, einer der größten und schönsten Varitébühnen Europas.

15 Das Bayerische Musiker-Lexikon Online (BMLO), herausgegeben von Josef Focht, www.bmlo.lmu.de (Version vom 24. Juli 2012), verzeichnet die Brüder auch in der Schreibweise Baader.

16 Siehe www.bmlo.lmu.de [zuletzt geöffnet am 28.4.2019].

17 Bene ist die Abkürzung für Benedikt. Laut BMLO auch in der Schreibweise Benni Huß. Siehe: www.bmlo.lmu.de [zuletzt geöffnet am 14.2.2019].

18 www.bmlo.lmu.de [zuletzt geöffnet am 14.2.2019]. Das BMLO nennt auch die Schreibweise Bayer.

19 Valentin spielt hier auf die zweite Strophe des Liedes »Auf den Bergen ist die Freiheit« von Josef S. Doisl, einem Tölzer Zitherspieler, an: »Allzufrüh mußt er sich trennen,/man nahm ihn fort mit der Gewalt,/von Neuschwanstein, stolze Veste,/des Königs Lieblingsaufenthalt.«

WIRTSLEUT UND KELLNERINNEN

Ozapft is!

MICHAEL SCHOTTENHAMEL

»Der bekannte älteste Münchner Oktoberfestwirt.«

Michael Schottenhamel[1] war es nicht in die Wiege gelegt worden, Stammvater der Münchner Wiesnwirte zu werden. Am 24. Oktober 1838 in Nittenau als Sohn eines Bäckermeisters geboren, machte er zunächst bürgerlich brav eine Schreinerlehre. Als Geselle auf der Walz kam der Oberpfälzer 1860 nach München. Hier heiratete er eine Köchin, die ihm zehn Kinder schenkte, von denen aber sechs sterben, ehe sie das vierte Lebensjahr vollendet hatten. Die Familie bezog eine Wohnung in der Luitpoldstraße 13, in der sich auch das Gasthaus »Zu den drei Mohren« befand, das Schottenhamel 1867 pachtete. Besonders die Schüler der benachbarten Kadettenanstalt kamen gerne hier her und generell war es wegen der Bahnhofsnähe immer gut besucht. Im gleichen Jahr bewilligte ihm der Magistrat auch die »Ausübung der radizierten Braugerechtsame«. Auf schlicht Deutsch: Er durfte Bier ausschenken. Zu demselben Zweck errichtete Michel Schottenhamel auch 1867 auf der Theresienwiese, wo dem ursprünglichen Pferderennen längst ein Volksfest entwachsen war, gleich hinter dem Königszelt eine »leicht gezimmerte Hütte«, die laut Amtsbescheid »25 Fußbreit nicht überschreiten« durfte. Mehr als 60 Gäste hatten nicht Platz. Die Beleuchtung bestand aus Kerzen und Petroleumlampen und es gab noch keine Wasserleitungen. Getrunken wurde aus Steinkrügen mit Zinndeckeln. Weil diese damals schon gern mitgenommen wurden, besorgte der erste Wiesnwirt die ersten deckellosen Keferloher[2].

Als Erster führte er das Märzenbier ein. Das kam so: Das Kriegsjahr 1872 war besonders heiß, sodass in der Stadt das Sommerbier ausging. Zum Glück hatte der Brauer Joseph Sedlmayr, Besitzer der Franziskaner-Leistbrauerei, die später mit der Spatenbrauerei fusionierte, im März eine neue, in Wien erfundene, etwas stärkere Biersorte eingesotten, auf die Schottenhamel nun zurückgreifen konnte. Es kostete allerdings 12 statt bisher 9 Kreuzer. Die Polizei befürchtete deshalb ähnliche Reaktionen wie beim Bierkrawall von 1844 und erlaubte den Ausschank nur mit der Auflage, dass der Wirt für alle »Folgen« persönlich verantwortlich sei. Brav bezahlten die Zecher das teure Bier – und es fand reißenden Absatz. Familie Schottenhamel schenkt im Übrigen bis heute Spatenbier aus.

1896 wurde aus der primitiven Bretterbude ein großes, architektonisch und künstlerisch anspruchsvolles Festzelt, das nicht mehr von einem Zimmerer, sondern vom großen Baumeister Gabriel von Seidl entworfen wurde und bis zu 1500 Besuchern Platz bot. Es hatte ein Walmdach und einen girlandengekrönten Turm. Die Namen auf der prächtigen Fas-

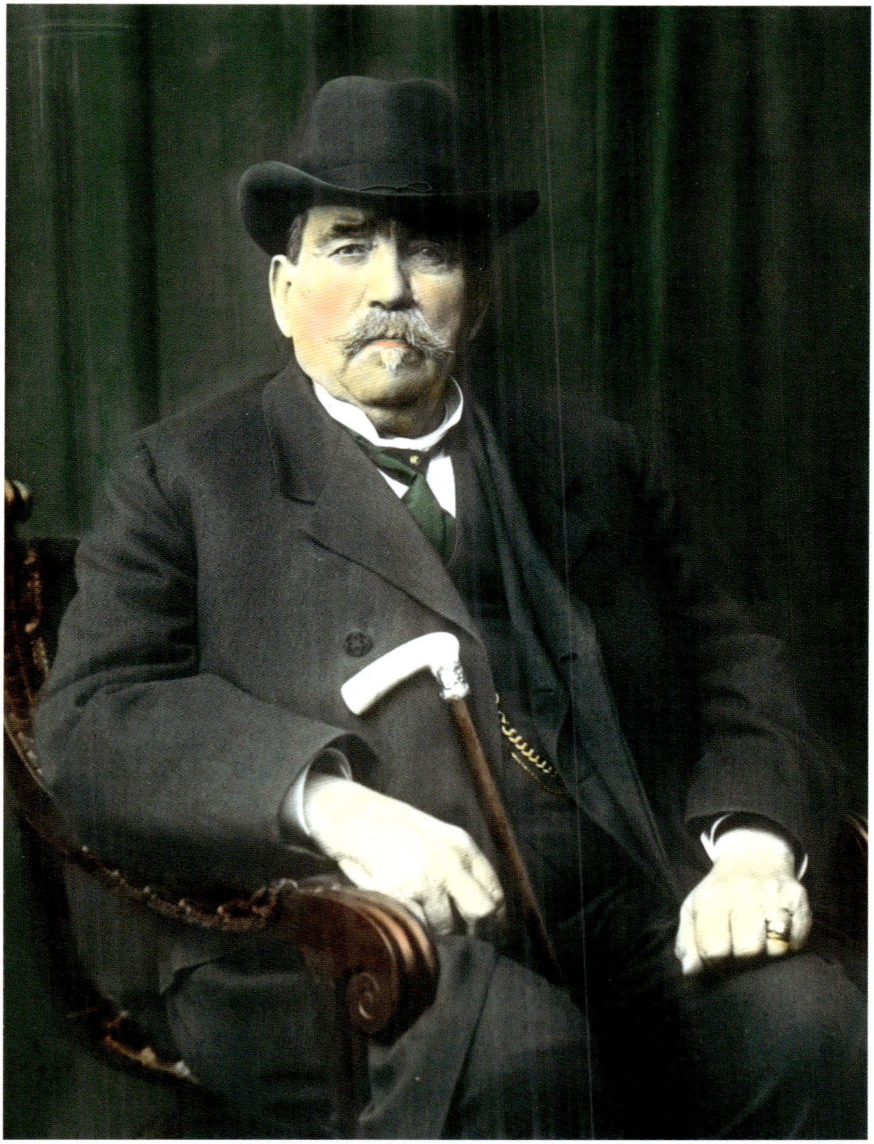

Michael Schottenhamel. Fotografie Georg Pettendorfer, um 1905, koloriertes Gasdiapositiv, 9 x 12 cm.[3]

Michael Schottenhamel, der älteste Wiesenwirt.

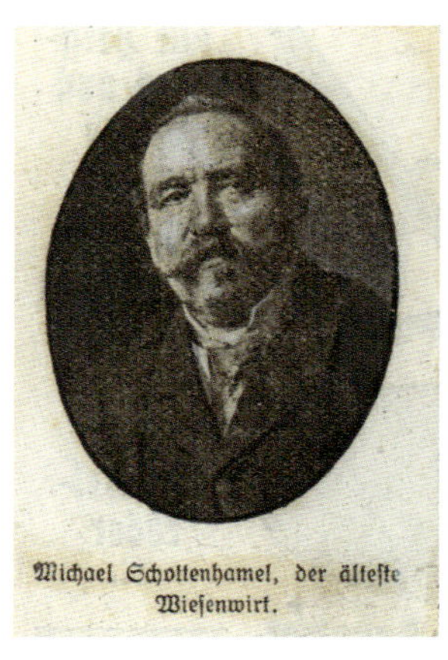

Michael Schottenhamel, o. J.

Bierzelt des Franziskaner-Leistbräus auf dem Oktoberfest, im Hintergrund die Bavaria mit Ruhmeshalle, links Porträt von Michael Schottenhamel. Ansichtskarte, 1895.

sade wechselten öfter als die Bemalung: »Schützen-Wirth«, »Schützenwirthschaft von Michael Schottenhamel« oder »Franziskaner-Leistbräu-Bierhalle«. Bald trafen sich hier vor allem der Adel, die Studentenverbindungen und das Militär. Bis heute stemmen die Korporierten ihre Maßkrüge gerne hier ebenso wie die Mitglieder des Münchner Stadtrats.

An Ideen fehlte es dem Patron keineswegs. Er war der Erste, der praktisches Plastikgeld für die Bedienungen einführte und 1885 elektrisches Licht von der Firma J. Einstein & Cie. in seiner Halle installieren ließ. Der 14-jährige Neffe des Unternehmerchefs, er hieß Albert, musste die Glühbirnen während seiner Schulferien einschrauben. (Das erzählte Michael IV., der jüngste Spross der Schottenhamel-Dynastie, 2017 bei der Eröffnung einer Jubiläumsausstellung im Bier- und Oktoberfest-Museum im Beisein von Oberbürgermeister Dieter Reiter und anderen Prominenten).

Auch Michael I. – die Familie nummeriert ihre Familienhäupter bis heute tatsächlich wie die Kurfürsten durch – konnte viel Prominenz in seinem immer prächtiger werdenden »Zelt« begrüßen. Er duzte sich sogar mit dem Prinzregenten Luitpold, der sein Bier oftmals aus einem großen, 3 bis 4 Liter fassenden Humpen leerte. 1908 musste der Seidl-Bau einer noch größeren »Festhalle Schottenhamel« weichen. Inzwischen hatte Michael I. in der Prielmayerstraße / Ecke Arnulfstraße ein stattliches Hotel gebaut – erstmals in München mit fließend warmem und kaltem Wasser und einem Gartenrestaurant. 1912 ist der Patron des Volksfestes, das zum größten der Welt wurde, aus einem erfolgreichen Leben geschieden; auf dem Münchner Waldfriedhof ist sein Grab.

Das veraltete Schottenhamel-Hotel wurde 1973 aufgegeben und abgerissen; an dessen Stelle entstand der Elisenhof. Auf der Wiesn aber regieren die Schottenhamels erfolgreich weiter. Ihr Festzelt mit Platz für 10 000 Gäste dient alljährlich als »Startplatz« der Wiesn. Hier hat noch jeder Münchner Oberbürgermeister seit Thomas Wimmer am ersten Wiesnsamstag Punkt 12 Uhr das berühmte »Ozapft is!« verkündet.

Der Gschaftige

JOHANN STEPHAN KERN

»Der bekannte Wirt vom Kaffee Monopol am Frauenplatz. Der beste Frühschoppen-Veranstalter in der Zeit 1877–1890.«

»Grüaß enk Gott alle miteinander.« So schmetterte die Kapelle los, sobald das direkt gegenüber dem Westportal des Doms gelegene »Café Metropol« Punkt 11 Uhr vormittags aufmachte und die ersten Gäste zum Frühschoppen einkehrten. Punkt 15 Uhr war wieder Schluss, dann kam der Rausschmeißer. Bis dahin aber wurde täglich im brechend vollen Keller der Wirtschaft »prima Bock« ausgeschenkt, die Halbe für 20 Pfennig. Dies war allerdings in München eine Novität, denn wo bislang das Bockbier nur im Mai geflossen war, wurde es bei Kern jetzt permanent ausgeschenkt. Dazu verteilte man »Bockliederheftln« mit 50 (vorwiegend Wiener) Titeln, die täglich lauthals abgesungen wurden, angeführt vom Wirt und begleitet von den schmissigen Klängen der hauseigenen Kapelle »Zaska« unter Leitung des ungarischen Kapellmeisters Anton Zaska (siehe S. 38). Serviert wurden vorzugsweise Schnadahüpfeln wie etwa dieses:

> *»Die Brauer, die braun jetzt mit*
> *Dampfkraft das Bier.*
> *Die Kraft b'haltens selber,*
> *den Dampf, den kriagn mir.«*

Ab und zu trat auch ein Zauberer auf. Als »Goliath« berühmt war der Bassgeiger der Kapelle, Mayer. Der konnte »saufen wie zwei Löcher«, wie der Wirt bekundete, und sogar Kapellmeister Anton Zaska übertrumpfen. Er selbst trank nur sein »Schorlemorle« aus dem Steinkrug.

Johann Stephan Kern.
Koloriertes Glasdiapositiv, 9 x 12 cm.

Dieser Johann Stephan Kern, am 5. Januar 1844 im oberpfälzischen Pyrbaum geboren und als singender Wirt »Papa Kern«[4] bekannt, war sehr wohl ein typisches Urviech, ein gschaftiger Wirt, wie aus dem bayerischen Bilderbuch. Er hatte als Oberkellner angefangen, um dann als Gastwirt das »Metropol« 24 Jahre lang er-

Bockkeller im »Café Metropol«, auf der Bühne »Papa Kern« mit Musikern. Stark retuschierte und kolorierte Fotomontage, 1895.

Kapelle »Papa Kern« in der Gaststätte »Frankfurter Hof«, Schillerstraße 49. Johann Stephan Kern mit erhobener Hand umgeben von seinen Musikern Zaska (links außen), Rude, Hogglt, Kob und Konrad. Ansichtskarte (Fotomontage), 1905.

folgreich zu führen. Beschrieben wurde er einmal so: »Untersetzt, breit, lebendig und beweglich, scharfer Blick der leuchtenden Augen, ringgeschmückte Hände, knallrote Krawatte, Schmachtlocken, geschniegelt und gebügelt, und ein täglich frisch hergerichteter – Bubikopf. Ja, eitel war Papa Kern schon, aber nicht stolz.« Ein bisschen extravagant war er wohl auch. Immerhin soll er das erste Hochrad in München gefahren haben, wovon es sogar ein Foto gibt.[5] Sportgeist oder Sinn für Reklame?

Kern hat sicherlich mit seinem florierenden »Café Metropol« in bester Altstadtlage und zu Zeiten der florierenden Volkssängerkunst einiges an Vermögen anhäufen können. In München hieß es damals jedenfalls: »In der Früh zum Papa Kern, am Nachmittag zum Geis[6] und am Abend zum Anderl[7]«. Aber am Ende verschuldeten er und seine Frau sich dermaßen, dass sie am 6. November 1897 die Wirtschaft an die Münchener Industrie-Bank verkaufen mussten. Versuche, die erfolgreichen Frühschoppen zusammen mit Zaska und seiner Kapelle in anderen Münchner Wirtschaften wieder aufleben zu lassen, scheiterten. »Papa Kern« verstarb am 9. November 1910 mit 66 Jahren einsam und in ärmlichen Verhältnissen lebend in München. Begraben wurde er auf dem Friedhof der Augustiner.

Der bayerische Herkules

HANS STEYRER

»Er hatte eine tierische Kraft und galt jahrzehntelang als der stärkste Mann Deutschlands. Ein 6 Zentner schwerer Stein mit einem Eisenring liegt heute noch im Gasthof zum Metzgerbräu. Denselben hob Steurer Hans mit dem kleinen Finger einige Zentimeter in die Höhe. Bis heute hat nur einer diese Kraftleistung nachgemacht, aber nur mit dem Mittelfinger.«

Ein Kraftmensch wie aus dem bayerischen Bilderbuch. So sah er aus, so stellte er sich gern aus, der Steyrer Hans[8]: fast 2 ½ Zentner Wiegegewicht, der prächtige Schnauzbart 40 Zentimeter zur Seite getrimmt, rote Jacke und grüne Weste mit Uhrkette über der muskelbepackten Brust. Dazu noch griffbereit eine marmorne Schnupftabakdose, Hantel und eiserner Spazierstock mit Hirschhorngriff – heute im Valentin-Karlstadt-Musäum in München zu bewundern –, alles mehrere Pfund schwer. Eine schäumende Maß in der Linken durfte auch nicht fehlen. Und auf dem Kopf saß eine grüne Schildmütze mit weiß-blauen Flaumfedern. Federleicht war für diesen Typen anscheinend alles, was seine riesigen Pratzen anpackten. In Paris soll er einmal sogar einen Polizisten aus einem Café, wo er die Marmortische ein bisschen zerlegt hatte, an einem Arm vor die Tür gesetzt haben. Ja, dieses Mannsbild aus der Münchner Vorstadt war weit über den Weißwurstäquator hinaus berühmt und wohl auch etwas berüchtigt als der »bayerische Herkules«.

Wie es sich fast gehörte, sollte der Steyrer Hans, als eines von sechs Kindern eines Metzgers, geboren am 24. Juni 1849 in Allach, Metzger werden. Schon als Lehrbub schleppte er ganze Kälber und Ochsenviertel. Als Geselle in der »Alten Wirtschaft« von Lenggries begann er, in der guten Tradition des bayerischen Wettkampfsports »Stoalupfen« – es gibt heutzutage sogar einen Steinheber Landesverband – über 500 Pfund schwere Steine zu stemmen. Aus dem 1870er-Krieg zurück-

Hans Steyrer mit seinem Sohn.
Koloriertes Glasdiapositiv, 9 x 12 cm.

Hans Steyrer. Atelieraufnahme, o. J.

Hans Steyrer im Sporttrikot, o. J.

Hans Steyrer mit Hanteln und 315-Kilo-Stein, o. J.

»Metzger-Bräu« im Tal 62, 1910.

kehrend entschloss er sich, aus diesem Kunststückl Geld zu machen und seine Kräfte der Öffentlichkeit zu zeigen. In der Münchner »Westendhalle« an der Sonnenstraße, bekannt und beliebt für exotische Auftritte wie zum Beispiel dem Tanz von »3 echten Negerinnen«, begann seine kraftvolle Karriere. Das Programm lief, immer wieder bereichert, bestaunt und gut bezahlt, noch in weiteren Wirtshäusern, die der um Reklamegags nicht verlegene Kraftlackl nach und nach erwerben konnte. Er zerbrach Hufeisen oder ließ einen Pferdewagen über sich rollen und sogar in Berlin und Hamburg, später auch in Paris und Amsterdam bestaunte man seine Show.

Vier Jahre lang betrieb Steyrer auch auf dem Oktoberfest eine Doppelbude der Spatenbrauerei. Klar, dass er dort als geschäftstüchtiger Unternehmer »Kraftbier« ausschenkte – neben »Kraftfleisch«, »Kraftsemmeln« und »Kraftbrühe«. 40-Liter-Fässer hob er mit Daumen und Zeigefinger auf den Ganter. Als er 1879 mit festlich geschmücktem Vierspänner, gefolgt von sieben Zweispännern, auf denen die gesamte Bierzeltkapelle sowie alle Kellnerinnen und Kellner hockten, auf die Theresienwiese fahren wollte, wurde er im Tal von der Polizei aufgehalten und musste wegen Störung der öffentlichen Ordnung eine deftige Strafe zahlen. Als er das Jahr darauf das gleiche Spektakel wieder aufführte und dafür eine weitere Ordnungsstrafe in Kauf nahm, war damit die Tradition des alljährlichen Einzugs der Wiesn-Wirte begründet.

Seine Glanznummer auf der Wiesn und in einem benachbarten Gasthaus in der Lindwurmstraße, das er »Zum bayerischen Herkules« nannte und mit entsprechenden Requisiten ausstattete, war das »Lebende Reck«: An einem ausgestreckten Arm ließ er seinen zwölfjährigen Sohn turnen. Sein »Tegernseer Garten« nebst »Gasthaus Steyrer Hans« in der Tegernseer Landstraße 75 in Obergiesing wurden zum Treffpunkt von Athleten und Kraftmenschen. Bei Wettbewerben siegte natürlich immer der Steyrer Hans.

Seine Abschiedsvorstellung gab der »Giesinger Stolz« am 15. August 1879 im Circus Herzog. Als Hans Steyrer am 25. August 1906 verstarb, wurde er im Beisein von 1000 Bürgern auf dem Ostfriedhof beigesetzt – am selben Tag und Ort übrigens wie der Volkssänger Anderl Welsch (siehe S. 58), der ihn einmal besungen hatte: »Das Bayernland schaut mit Stolz auf den Mo / der mit oan Finger vier Zentner heb'n ko.« Sein stattliches Standbild ziert heute den Allacher Maibaum. In seiner ehemaligen Wirtschaft, dem »Steyrer Hans« richtete man ein kleines Museum ein, das aber heute ebenso wie das Gasthaus verschwunden ist. Immerhin hat ein Westfale 2011 seine Biografie verfasst.

Restaurant »Steyrer Hans« mit »Tegernseer Garten«, Tegernseer Landstraße 75. Fotografie von Georg Pettendorfer, 1914.

Steyrer-Hans-Museum, Tegernseer Landstraße 75. Ansichtskarte, 1910.

Die Brettlkönigin
KATHARINA KOBUS

»Sie hatte stets ein weiches Herz für arme Künstler und war eine beliebte Persönlichkeit in ihrem eigenen Unternehmen.«[9]

Katharina Kobus, o. J.

Münchens berühmteste Künstlerwirtin kam aus der Branche, wenn auch von ganz unten. Als Tochter eines Gastwirts und Pferdehändlers am 7. Oktober 1854 in Niklasreuth bei Traunstein geboren, als Schwangere vom Vater enterbt und vertrieben, kam die 17-jährige Katharina Kobus nach München, wo sie sich zunächst als Malermodell und Kellnerin durchschlug. Die Brettlbühne »Dichtelei« in der Adalbertstraße in Schwabing war das Sprungbrett zur Karriere.

In der Walpurgisnacht des Jahres 1903 zog eine Prozession von Künstlern und Literaten, Frank Wedekind an der Spitze, von der »Dichtelei« in der Adalbertstraße zur Türkenstraße 57, wo aus einem »Café Kronprinz Rudolf« ein Weinrestaurant geworden war. Es bestand nur aus zwei schmalen Räumen und einem Podium mit Klavier. Mit großem Hallo und tätiger Hilfe wurde die Kathi von der Clique als neue Kneipenwirtin inthronisiert. Erst wollte sie das Lokal »Neue Dichtelei« nennen, aber ein verlorener Prozess gegen den entrüsteten Wirt ihrer ehemaligen Arbeitsstätte zwang sie, sich etwas anderes zu überlegen. Nach einigem Drängen erhielt sie vom Verleger eines jungen, erfolgreichen Satireblattes die Erlaubnis, unter dessen Namen zu firmieren: »Simplicissimus«. Das Logo schuf der Starkarikaturist Thomas Theodor Heine: die berühmte rote Dogge der Zeitschrift »Simplicissimus« mit scharfen Reißzähnen, jetzt mit diesen nicht eine Kette sprengend, sondern eine Sektflasche öffnend. Draußen leuchtete eine rote Laterne. Schnell wurde die ehemalige Kellnerin zur unangefochtenen Königin und Mäzenin der Münchner Boheme. Und blieb es für lange Zeit.

Das verdankte sie nicht zuletzt ihrem geschickten Umgang mit Malern, Schriftstellern, Schauspielern und »Schönheitstänzerinnen« wie Isadora Duncan und Mary

Katharina Kobus.
Ausschnitt aus
Atelieraufnahme unten.
Koloriertes Glasdiapositiv,
9 x 12 cm.

Katharina Kobus. Atelieraufnahme, o. J.

Simplicissimus

früher Neue Dichtelei

Türkenstr. 57.

Donnerstag den 3. Dezember Abends 9 Uhr findet endlich die

intim-offizielle Taufe des Lokales

statt.

Aus dem Programm:

Stapellauf des neuen Reform-Panzer-Corset-Kreuzers „K. K. Ersatz 1903 Simplicissimus".

Enthüllung des Denkmals der in der Dichtelei Gefallenen.

Nachfeier: Kurze und lange Reden.

Man erscheint nicht im Frack. [359.094.

U. A. W. G. In vorzüglicher Hochachtung

Käthi Kobus.

München – 1910 –

Max Klieber

Hugo Koppel †

Adam Bötsch

Innen- und Außenansichten der Gaststätte »Simplicissimus«, Türkenstraße 57, sowie einzelne Künstlerporträts (Joachim Ringelnatz, Max Klieber, Hugo Koppel, Adam Bötsch) und ein Veranstaltungsplakat. Fotoreproduktion einer Seite aus einem nicht mehr existierenden Fotoalbum Karl Valentins mit handschriftlichen Vermerken, 1920.

Katharina Kobus in Tracht. Collage mit Schwarz-Weiß-Abzug und kolorierten Abzug, o. J.

Irber (siehe S. 161) oder dem »erotischen Genie« Emmy Hennings, die alle auf dem schmalen Podium auftraten. Bekannte Namen darunter: Frank Wedekind, Ludwig Thoma, Olaf Gulbransson, Erich Mühsam, Max Halbe, Roda Roda, Fred Endrikat. Karl Valentin hatte hier im Eröffnungsjahr 1903 seinen ersten Auftritt als Instrumentalkomiker und Salonhumorist, im Januar 1948 sollte der »Simpl« eine seiner letzten Bühnenstation im Leben werden.

Manchmal trug die Wirtin sogar selbst mit rauer Stimme eigene Verserl vor. Immer war sie im Bauerndirndl oder in schwer bestickte Chiemgauer Tracht gekleidet, duzte alle und sprach im reinsten Bairisch. Es konnte dann schon mal passieren, dass sie einen adligen Herrn als »Saupreißn« beschimpfte, wenn er ihr zu laut war. Zeitgenossen beschreiben sie als »stattliche Frau [...] mit klugen, etwas kalten Augen, einem Anflug von Bart auf der Oberlippe und einem leicht ironischen Lächeln um den Mund«[10].

Einer der Männer, die sich in den stets übervollen Stuben drängten, war nicht nur Stammgast, sondern Hauspoet, der fast täglich neue, höchst amüsante Gedichte von sich gab: der ausgemusterte Matrose Hans Bötticher aus dem sächsischen Wurzen. Der legte sich 1919 den Dichternamen Joachim Ringelnatz zu. Viele seiner gereimten, weltweit verbreiteten Schnurren haben im »Simplicissimus« das Licht der Welt erblickt. Wie die anderen Vortragskünstler gab sich Ringelnatz mit ein paar Schoppen Rotwein und einem Essen als abendlicher Gage zufrieden. Man mochte halt einfach die Kathi und diese besondere Atmosphäre von »Lärm, Gedränge und Gestank der echtesten Münchener Künstlerkneipe«[11], wie sich Erich Mühsam später erinnert. Weil ihn die Kathi aber fast verhungern ließ, machte Ringelnatz nebenan einen Tabakladen auf, für kurze Zeit allerdings nur. Trotzdem widmete er seiner Brotgeberin ein liebevolles Gedicht mit der berühmt gewordenen Schlusszeile: »Es gibt auf dem ganzen Globus nur eine Kathi Kobus.«

Dieser ging es nicht schlecht. Sie verabschiedete sich 1912 aus dem »Simpl« (die Abkürzung wurde damals schon geläufig), um ein Lokal in Wolfratshausen zu übernehmen, das sie für 25 000 Mark gekauft hatte. Sie führte es als »Kathis Ruh«, gab aber noch lange keine Ruh. 1920 übernahm sie noch einmal ihr einstiges Schwabinger Stammlokal und verlobte sich mit dem einbeinigen Lyriker Ludwig Scharf (»Ich bin ein Prolet«), der dann aber doch eine ungarische Gräfin vorzog. So blieb sie die unverheiratete, aber immer noch gefeierte Künstlerwirtin, bis sie am 7. August 1929 an Paratyphus verstarb. »Hier ruht Fräulein Kathi Kobus Gründerin der Künstlerkneipe Simplicissimus« steht denn auch auf ihrem Grabstein im Nordfriedhof. Die Stadt verehrte ihr auch einen Straßennamen. Und am Originalplatz in der Türkenstraße 57 betrieb die Volksschauspielerin Toni Netzle von 1960 bis 1992 das Nachfolgelokal »Alter Simpl«, das zeitweise zu einem Treffpunkt von Politikern und Presseleuten wurde. Es wirbt heute als »Böhmisches Restaurant mit Bar, Bildern von berühmten Gästen an den Wänden und bayerischer Küche«.

Der Automatenwirt

GEORG STREBL

»War ein echter Münchner, hatte das erste Automatrestaurant in den Jahren 1896 in der Bayerstraße. Sein Geleitspruch war stets: Da feit sie[12] nix. Diesem verdankt er seinen Spitznamen ›Der Herr feit sie nix‹!«

Ende des 19. Jahrhunderts ging mit der immer weiter fortschreitenden Industrialisierung auch die Entwicklung von Maschinen einher, die Tätigkeitsbereiche des Menschen ersetzen sollten – ähnlich der Idee von Pflegerobotern unserer Tage in Seniorenheimen. Zwei Tüftler entwickelten für Ludwig Stollwerck, den erfolgreichen Schokoladenfabriksbesitzer aus dem Rheinland, die ersten Warenautomaten der Welt. Ab 1886 konnte man sich daraus gegen Münzeinwurf aus kleinen, sich im Kreis drehenden Käfigen selbstständig Produkte aus dem Stollwerck-Sortiment ziehen – begleitet von den Klängen einer Spieluhr. In den folgenden Jahren wurden in den Hauptstädten Preußens und Bayerns weitere nach diesem Rezept gebaute Automatenrestaurants eröffnet. 1898 wagte es erstmalig in München der 1857 in Solln geborene Georg Strebl[13]. Der Standort war gut gewählt: Bayerstraße 13 mitten im Bahnhofsviertel. Nebenan florierte das Vergnügungsgewerbe, beispielsweise im Operettentheater »Thalia« mit seinen 1400 Plätzen, einem Zirkuszelt mit 8000 Plätzen und der »größten Raubtierschau der Welt«.

Das Warenangebot der Automaten wurde schnell erweitert. Es kamen heiße und gekühlte Getränke hinzu, ergänzt von Speisen und Tabakwaren. Schinken-, Tartar- oder Rollmopssemmeln, Krabben, Lachs und Kaviar, heiße Würstl und Suppen ebenso wie Prinzregententorte, Apfelkuchen und vieles mehr wurde jetzt unter Glashauben geschützt offeriert. Ein ganzes Buffet stand den Kunden zur Verfügung, frisch und in guter Qualität zu jeder Tageszeit. Vor dem Ersten Weltkrieg gab es im Deutschen Reich schon 50 solcher Rotorrestaurants. Im übrigen Europa und in Amerika zog man schnell nach. Schnell und unkompliziert zu essen, das schien die gastronomische Zukunft zu sein. Auch Strebl warb mit dem Slogan »Selbstbedienung, kein Trinkgeld, zwanglos, gut und rasch«. Bei ihm konnte man nicht nur an kleinen Tischen das aus den Automaten Gewählte verzehren, sondern in einem Nebenraum waren zum Amüsement der Gäste auch noch automatische Tiere oder mechanische Musikgeräte ausgestellt. Der Unterhaltungswert dieser Art Restaurant stand hoch im Kurs. Karl Valentin berichtet in seinen »Jugendstreichen«, dass es beim »Da-feit-sie-nix« im Nebenzimmer an die 20 verschiedene Musikautomaten, Orchestrions, Spieldosen, elektrische Klaviere und dergleichen gegeben habe. Der halbwüchsige Karl hat sich hier anscheinend an so manchem Sonntag zu einem Rendezvous verabredet. Aber er wäre nicht der Valentin gewesen, wenn er sich nicht auch hier ein Spaßettl erlaubt hätte: »Mein Haupttrick war, jedesmal ein Zehnerl in das elektrische Klavier einzuwerfen, wenn ein anderer Gast eine andere Musik spielen lassen wollte, sodaß es immer zu greulichen Dissonanzen kam und der erwartete Kunstgenuß empfindlich gestört wurde.«[14]

Schon im Jahr darauf konnte Strebl ein zweites Automatenrestaurant in der Müllerstraße 3 / Ecke Pestalozzistraße eröffnen und löste damit einen wahren Dominoeffekt in München aus. Das Restaurant, in dem man günstig und ohne gesellschaftlichen Konventionen unterworfen zu sein essen konnte, schien eine wahre Alternative zu den traditionellen Gaststätten und Bierhallen zu sein. Strebl selbst übergab aber bereits 1899 sein Restaurant im Glockenbachviertel an Josef Weber, der nicht nur das Konzept, sondern gleich auch den Werbespruch von ihm übernahm.

Doch irgendwann ließ die Lust an dieser Art Bewirtung nach. Die Restaurantgäste wurden verwöhnter, ihnen fehlte nun doch die persönliche Ansprache und Bedienung und man vermisste wohl auch die Geselligkeit eines Gasthauses. Hinzu kam, dass die Wirte merkten, dass der Arbeits- und Personalaufwand in Automatenbetrieben keineswegs geringer war, sondern eher größer. Bereits nach dem Ersten Weltkrieg wur-

Georg Strebl. Koloriertes Glasdiapositiv, 9 x 12 cm.

»Gg. Strebl's Automat-Café-Restaurant und Ausstellung«. Ansichtskarte, 1899.

den daher viele Lokale durch Geschäfte oder Banken ersetzt oder man wandelte sie in Imbisshallen – den Vorläufern der Fast-Food-Ketten unserer Tage – und in Selbstbedienungsrestaurants um, bei denen die aufwendigen Apparaturen nicht mehr nötig waren. In den 1930er-Jahren hatten von den vielen Automatenrestaurants in München nur noch zwei überlebt: das eine in der Reichenbachstraße und das andere am Sendlinger Tor. Hier wurde nach Kriegsende am 1. Mai 1945 besonders heftig geplündert. An den 1933 verstorbenen Automatenwirt Georg Strebl und an die Idee, sich maschinell ernähren zu lassen, wie es Charly Chaplin in seinem Klassiker »Modern Times« so herrlich demonstriert, erinnert heute immerhin eine 200 Meter lange Straße im Münchner Stadtteil Solln.

Oans, zwoa, drei, Prost!

GEORG LANG

»Er war ein ausgezeichneter Festarrancheur und war um 1897 rum Pächter des grossen Münchner-Kindel-Kellers am Rosenheimerberg, gegenüber dem Bürgerbräukeller. (Heute Cenovisfabrik[15])«[16]

Georg Lang. Koloriertes Glasdiapositiv, 9 x 12 cm.

Er war ein Wirt, der früher als andere allerhand von Werbung verstand. In den Depots des Münchner Stadtmuseums und im Archiv der bayerischen Wirtschaft lagern Urkunden, Plakate, Einladungen, Medaillen, Ansichtskarten und sogar Bierkrüge mit dem Konterfei des schnurrbärtigen, dickbäuchigen Georg »Schorschl« Lang oder mit Abbildungen seiner stattlichen Unternehmen: dem ersten Großzelt auf der Theresienwiese und dem supergroßen »Münchener Kindl-Keller« in Haidhausen.

Dabei war dieser Georg Lang gar kein Münchner, sondern 1866 in Nürnberg geboren. Als »Krokodilwirth« begann er seine Karriere als Großgastronom. In ganz Deutschland war er auf Volksfesten vertreten. 1897 richtete er in Nürnberg das Deutsche Bundesschießen aus und im Jahr darauf durfte er Einzug halten auf der Münchner Wiesn, als Festwirt für Augustiner. Eigentlich wollte die älteste Brauerei der Stadt ihr Bier wieder, wie bislang, in Buden ausschenken. Doch der Wirt aus Franken hatte eine andere Idee.

Er ließ sich durch Strohmänner eine Fläche sichern, die für fünf Buden vorgesehen war, und darauf errichtete er erstmals eine Art Burg, die als »1. bayerische Riesenhalle« firmierte, bestens eingerichtet für einen gewinnträchtigen Massenbetrieb. Auf die Fassade im Fachwerkstil ließ Lang ein überdimensioniertes Porträt von sich selbst sowie einen Trinkspruch pinseln, der noch heute in allen Festzelten als Wiesn-Hymne ertönt: »Ein Prosit der Gemütlichkeit« – im Übrigen nicht die Erfindung eines Bayern, wie man annehmen möchte, sondern des Chemnitzer Kirchenliederkompositeurs Bernhard Dietrich. Immer wieder musste die in Oberlandlertracht gekleidete 30-Mann starke Blaskappelle – noch eine Neuheit – dazu den Refrain »oans – zwoa – drei – Prost!« anstimmen. Zum Mitsingen wurden Texthefte verteilt, die jeweilige Liednummer erschien auf einer Tafel am Musikpodium. Sogar Stöcke

Georg Lang im Frack, o. J.

Georg Lang (Vierter vorne von links) im Kreis seiner Oberlandler. Ansichtskarte, o. J.

JOH. HAMBÖCK

Georg Lang mit seinen Oberlandlern.

Georg Lang mit Flügelhorn, o. J.

zum Mitschlagen des Taktes wurden ausgegeben. Auf dem Giebel des Festzelts ritt ein Münchner Kindl auf einem Krokodil. Die Oktoberfestgemütlichkeit war geboren.

1903 ließ die Augustinerbrauerei von Architekt Albin Lincke ein neues, 2000 Quadratmeter großes Festzelt mit üppigen Holzvorbauten in Trutzburgoptik errichten. Das altehrwürdige Nürnberg ließ wieder grüßen: aufgemaltes Quadermauerwerk und Fachwerkeinbauten, verschiedene Erker, ein Wehrgang mit Fallgitter und ein signifikant hochragender Turm – weithin auf dem Wiesngelände sichtbar. Geschickt wurde auf diese Weise die eigentliche Zeltkonstruktion mit Segeltuchüberspannung kaschiert. Georg Langs Name prangte in großen Lettern auf der Vorderfront.

Der »Lang-Schurl« war nunmehr prädestiniert für den »Münchener Kindl-Keller« an der Rosenheimer Straße, den Ludwig Thiersch 1899 zum größten Saalbau der Stadt umgestaltet hatte. Biergarten und alle Nebenräume eingeschlossen, konnte der geschäftstüchtige Franke hier nicht weniger als 11 500 Gäste gleichzeitig bewirten. Und auch hier ließ er sich Attraktionen einfallen. Die wichtigste war das elektrische Licht in sämtlichen Räumen. Zwei Regiments-Musikcorps spielten gleichzeitig auf. Am 19. Mai 1900 kämpften im »Münchener Kindl-Keller« zwei Männer um die Weltmeisterschaft im Heben von Gewichten mit dem Rücken sowie um eine Siegesprämie von 1000 Mark. Obwohl der Lettl Schorsch aus Pfarrkirchen »beinahe schmächtig« wirkte, wie eine Zeitung berichtete, und man das »Knacken des Knochengerüstes« hörte, gelang es ihm, 25 Zentner und 74 Pfund einen Zentimeter hochzuheben; sein robusterer Münchner Gegner musste sich geschlagen geben. Georg Lang betrieb Münchens größten Bierpalast bis 1902. Die Zweckentfremdung für politische Großkundgebungen erlebte er nicht mehr. Er starb 1904 in seiner Wahlheimat München. Seine Frau Minna führte das Festzelt auf der Wiesn weiter und auch »Georg Lang's Original-Oberlandler« spielten unverdrossen weiter ein »Prosit der Gemütlichkeit«.

Bierburg von Georg Lang auf der Oktoberfestwiese, davor vierspänniges Bierfuhrwerk und Festbesucher, um 1910.

Im Alpendekor ausgestatteter Gastsaal des »Münchener Kindl-Kellers«, Rosenheimer Straße 18–22, 1900.

Innen- und Außenansicht des »Münchener Kindl-Kellers« mit einem Porträt von Georg Lang. Ansichtskarte, 1901.

Der Kulturwirt

CARL GEORG STEINICKE

Er war wie fast alle echten Schwabinger kein gebürtiger Münchner, aber immerhin hatte seine Familie bayerische Wurzeln. Carl Georg Steinicke wurde am 7. August 1877 in Berlin geboren. Von Beruf war er gelernter Buchhändler und als er nach München zog, gründete er dort 1903 eine Fachbuchhandlung mit Antiquariat in der Lindwurmstraße 5a, die heute noch unter dem Namen »Müller & Steinicke« medizinische Fachbücher verkauft. Es folgte eine weitere Buchhandelsgründung in der Leopoldstraße zusammen mit Fritz Lehmkuhl. 1914, noch vor Kriegsbeginn, erwarb der umtriebige Steinicke in der Adalbertstraße 15 in der Maxvorstadt einen weiteren Laden, den er dieses Mal im Alleingang als Buchgeschäft betrieb. Zusätzlich errichtete er noch im Hinterhof einen veritablen kleinen Vortragssaal mit Bühne. Hier gab es nun Vortragsabende, Kabarett- und Theatervorstellungen und Konzerte. Aber man wusste auch zu feiern. Stadtbekannt waren Steinickes Faschingsfeste. Mit »dumpfer Trommel und berauschendem Gong«, so ein Zeitgenosse, eröffnete er die Treffen der maskierten »Traumwandler«. Für das geistige München gehörten Diskussionen »bei Papa Steinicke« bald zum gewohnten Programm. Lena Christ, Erich Mühsam, Thomas Mann, Johannes R. Becher, Hans Carossa, Liesl Karlstadt und Karl Valentin traten hier auf oder waren Gäste im sogenannten Steinickesaal. So hielt der Soziologe Max Weber dort während des Ersten Weltkriegs und auch danach mehrere Vorträge.

Im Februar 1918 begegnete der aus Augsburg zugezogene Jungpoet Eugen Berthold Friedrich Brecht, der nur ein paar Häuser weiter zur Untermiete wohnte,

Kunstsaal »Steinicke«, Adalbertstraße 15, 1920.

bei Steinicke dem verehrten und gern zitierten Frank Wedekind. Nach Recherchen von Dirk Heißerer geschah dies bei einer Abschlussfeier für das Seminar des Theaterprofessors Arthur Kutscher. Wedekind soll drei seiner schönsten Lieder mit der Laute vorgetragen haben. Im Februar 1922 trat der junge Ödön von Horváth erstmals an die Öffentlichkeit mit seiner konzertant aufgeführten Pantomime »Das Buch der Tänze«.

Im Mai 1932 war jedoch die nur noch mau laufende Buchhandlung wirtschaftlich nicht mehr zu halten. Das Sortiment wurde verramscht und Steinicke wandelte den Laden in ein »Klubheim« um, das bis 1941 Bestand haben sollte. Als »Kulturwirt« ging »Papa Steinicke« nun in die Münchner Stadtgeschichte ein. Der Vorteil seines Klubs gegenüber einer öffentlichen Wirtschaft war, dass er als Hausherr Einfluss nehmen konnte, wer sein Gast war und über welche Themen gesprochen wurde. In den beginnenden braunen Un-Zeiten für Steinicke als liberalen Geist von besonderer Wichtigkeit. Kommunisten, Christen, Bürger verschiedenster Parteizugehörigkeiten, allen war es möglich, im Klub von Steinicke relativ frei zu reden. Serviert wurden aber wie in jedem anderen Münchner Lokal – wenn auch in schlichtem Ambiente – preisgünstige Getränke und kleine warmen Speisen.

Carl Georg Steinicke. Fotografie von H. G. Stöckl, Hannover. Ansichtskarte mit handschriftlichem Vermerk eines falschen Sterbedatums, o. J.

Mit erst 62 Jahren, am 5. März 1939[17], starb der beliebte Wahlschwabinger aus Berlin an den Verletzungen, die er sich bei einer Verdunkelungsübung auf der eigenen Kellertreppe zugezogen hatte. Im Neubau an der Adalbertstraße 15 erinnert seit 1972 eine kleine Gedenktafel an ihn und sein Künstlerclubheim und ein Weg ist auch nach ihm benannt.

Der Weißwurstkönig

ANTON FERSTL

»Er war ein Virtuose im Weisswurstmachen. Er und seine Gattin hatten zusammen das stattliche Gewicht von nahezu 6 Zentnern.«[18]

Einer der vielen Wirte, die den legendären »Donisl« an der Weinstraße 1 bewirtschafteten, war der am 20. Februar 1883 in Donaustauf geborene und am 14. August 1937 in München verstorbene Toni Ferstl, wie er auf einer großen Tafel im Vorraum der Wirtschaft verzeichnet ist.

Bereits seit 1315 stand an der Stelle des »Donisl« das Kornmesserhaus der Stadt, in dem die Bürger aber auch eine kleine Weinschänke frequentieren konnten. Ausgeschenkt wurde Wein aus den Hängen um Landshut und Dingolfing. 1715 erhielt die Wirtschaft »Zur alten Hauptwache« dann die Genehmigung, Bier auszuschenken. Der Ramersdorfer Max List eröffnete seine »Bierwirtschaft am Markt« und schuf damit die zweitälteste Wirtschaft Münchens nach der »Hundskugel« in der Hackenstraße 10. 1760 bis 1775 verzeichnen die Bücher einen gewissen Dionysius Haertl als Pächter – er brachte wohl auch einen neuen Namen mit: »Donisl – Zur alten Hauptwache«. Die zentral gelegene Gaststätte wurde in den Folgejahrzehnten zu einem beliebten Treffpunkt der Geselligkeit in der Altstadt. Ab 1885 konsumierte man hier das Bier der Pschorr-Brauerei.

Im Zweiten Weltkrieg vollständig zerstört, wurde das Gebäude 1954 wieder aufgebaut und weiter als Wirtschaft geführt. 1985 gab es einen Riesenskandal: Betrügerische Geschäftsführer, Kellner und Stammgäste machten das Traditi-

Gastwirtschaft »Zum Bayrischen Donisl«, Weinstraße 1. In der Mitte Porträt von Anton Ferstl. Ansichtskarte, um 1920.

Karl Valentin hat des Öfteren Fotografien zugeschnitten oder Glasdiapositive abgeklebt, um so einen bestimmten Ausschnitt zu erhalten. In diesem Fall (oben) wären eigentlich Anton Ferstl und seine Ehefrau zu sehen. Zugunsten der Kolorierung wurde auch eine Qualitätsminderung der ursprünglichen Abbildung in Kauf genommen. Auf der Rückseite der Fotografie unten befindet sich eine aufgeklebte Todesanzeige Ferstls.

onslokal zu einer Räuberhöhle, die Pächterin ließ es vollends verkommen. Hohe Haft- und Geldstrafen folgten. Die Hacker-Pschorr-Brauerei renovierte 2012 und 2015 gründlich und bestellte einen erfahrenen Wirt. Ein auffälliges Sgraffito an der Fassade macht den »Donisl« heute zu einem architektonischen Schmuckstück, in dem wieder feinste bayerische Gastronomie geboten wird.

Anton Ferstl, der stämmige Pächter »Zum Bayrischen Donisl« in den 1920er- und 1930er-Jahren, erreichte nicht nur durch seine Weißwurstzubereitungskunst Berühmtheit, wie Valentin in seinem Lichtbildervortrag unter der Nr. 14 notierte, sondern auch durch den Verzehr derselbigen. Eine Fotografie von Philipp Kester aus dem Jahr 1930 zeigt den Wirt vor einer Platte mit etlichen Weißwürsten sitzen, eine davon zuzelnd, die zweite schon griffbereit in der Hand. Das ganze appetitlich flankiert von einer Maß Bier, süßem Senf und frischen Brezn. Der Inbegriff bayerischen Genießertums. Schon in einem der berühmtesten Münchner Couplets aus der Vorkriegszeit, dem »Stolz von der Au« von Volkssänger August Junker, heißt es zum Thema »Weißwurst im ›Donisl‹«:

»In der Fruah uma zehne
pressiert's ma net weni,
schliaf i aus'm Bett und in d'Hosen,
Gilet und's Jackettl,
a Sportszigarettl,
Ins Knopfloch steck i noch a Ros'n.
Dann geh i ganz schleuni zum Donisl hin
Und frühstück darin ganz pomade
A Züngal mit Knödl, a Weißwurst speis' i,
z'Mittag bin i bei der Parade!«[19]

Der »Rosenau«-Wirt

STEPHAN HAAS

Stephan Haas, der Wirt »Zur Rosenau«, 1890. In der Originalesammlung Valentins befinden sich zwei weitere Abzüge dieses Bildes: Sign. DE-1992-FS-NL-KV-1765 und DE-1992-FS-NL-KV-1976.

Nahe dem heutigen Nordbad, in der Schleißheimer Straße 128, befand sich einst der kleine Volksgarten »Zur Rosenau«, der um 1900 vor allem bei Familien und Soldaten beliebt war. Zum Vergnügungspark gehörte auch ein Ausflugslokal, das ein regelmäßiger Gast, nämlich Karl Valentin, der »›als Bua‹ anno 1885 aa scho drunt war«[20], aus der Rückschau folgendermaßen beschreibt: »Ein volksthümliches Unternehmen in jeder Art und Weise ist das von Herrn Haas (1893) ins Leben gerufene Gartenetablissement zur Rosenau. Dortselbst entwickelt sich zu

Gastwirtschaft »Rosenau« mit Biergarten, Schleißheimer Straße 128, ganz rechts stehend mit Bart der Wirt Stephan Haas. Ansichtskarte mit Fotomontage, 1895.

Militärmusikzug mit Kapellmeister Jakob Peuppus (erste Reihe, Fünfter von links) vor der Gaststätte »Rosenau«, neben ihm in Zivil der Wirt Stephan Haas, 1894.

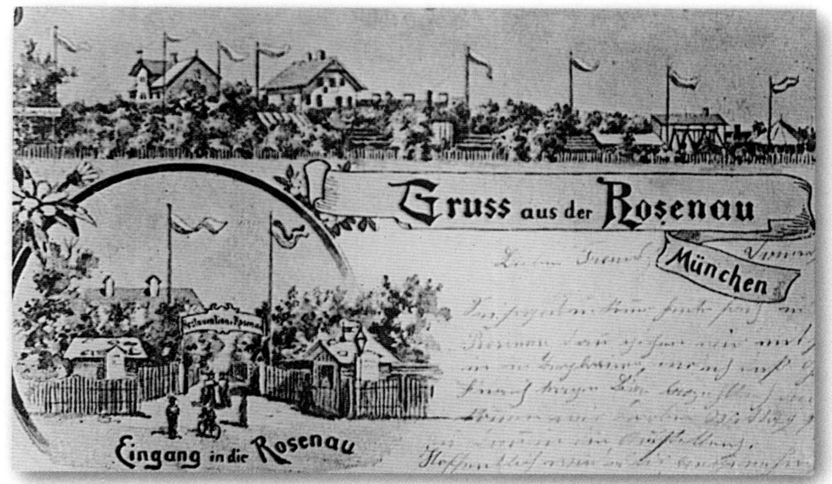

Volkspark Rosenau. Fotoreproduktion einer Ansichtskarte, 1895.

Beginn der Saison schon ein äußerst reges Leben und Treiben.«[21]

Zum Etablissement gehörten neben einer Kegelbahn auch eine Camera Obscura, der Vorgänger des Kinematografen, ein Karussell, eine Schiffsschaukel, eine Schießhalle und ein Lachkabinett. Karl Valentin rühmte besonders, dass »Herr Haas« (einen Vornamen nannte er nicht) zwei Kapellen aufspielen lasse »bei freiem Eintritt und ohne jeden Bierpreisaufschlag«.[22] Und weiter heißt es bei Valentin voller Begeisterung: »Unter den Klängen großer Militärkapellen in Uniform wie Peupus [sic!], Keilbert, Högg, Fach etc. entwickelte sich unter sonnigen Plätzen und einem schattigen Kastanienwäldchen ein lustiges Treiben von jung und alt, in der öffentlichen Tanzremise drehte sich die tanzlustige Welt und ein bekannter Münchener Ausdruck war damals gang und gäbe: ›Wo gehst'n hi, Xade?‹ – Xade: ›Zum Linksumdrahn in d'Rosenau obi.‹«[23] 1921 schloss die Volksbelustigung »zur Rosenau« ihre Pforten.

Fünf Jahre später, am 5. Mai 1926, fand die Uraufführung einer mehraktigen Altmünchner Komödie im »Schauspielhaus« – dem neuen Domizil der »Kammerspiele« – statt. Unter dem Titel »Das Brilliantfeuerwerk oder Ein Sonntag in der Rosenau« spielten Liesl Karlstadt und Karl Valentin ein Stegreifstück von Valentin, das höchst erfolgreich die nostalgischen Sehnsüchte des Publikums nach der guten alten Prinzregentenzeit bediente. Ganze 256 Vorstellungen sollten folgen, in den »Kammerspielen«, im »Colosseum« und im »Apollo-Theater« in der Dachauer Straße. 1938 erschien das »Brilliantfeuerwerk« auch in Buchform. Sogar Wilhelm Hausenstein würdigte den poetischen Zweiakter Valentins und meinte, dieser würde auch einen Jean Paul ergriffen haben. Die geplante Verfilmung aber wurde nie realisiert.

Eine Fotografie aus der Sammlung Valentin aus dem Jahr 1894 zeigt den verehrten Wirt Stephan Haas vor seiner Wirtschaft in der Rosenau in Schwabing. Eine imposante 40-Mann-Militärkapelle hat sich aufgestellt, inklusive ihrem Kapellmeister Jakob Peuppus (siehe S. 40), neben ihm in Zivil der Wirt. Man meint direkt, die schmissigen Trompeten-, Trommel- und Klarinettenklänge zu hören …

»Kellnerin, a Bier!«

HEDWIG FORSTER UND DIE »DICKE SOPHIE«

»Die zwei ältesten Kellnerinnen im Hofbräuhaus, welche zusammen das stattliche Quantum von 20 Litern auf einmal zu tragen vermochten.«[24]

Beim Bieraustragen kommt's wohl in erster Linie aufs »Schmalz« an, auf die Muskelkraft des Trägers – und auf die Technik. Das beweist sich noch heute auf der Wiesn, wo die Zecher immer wieder bewundern können, wie gar nicht so kräftig scheinende Kellerinnen einen Kranz von Krügen um ihr Mieder schwingen. Aber eine gute Kellnerin muss und musste schon immer noch mehr können und dabei waren es nicht immer nur die jungen und hübschen »Madln«, denen die Gunst des Gastes gehörte. Vielmehr waren es früher wohl gerade die verheirateten, älteren Frauen und die Witwen »mit starken Armen, flinken Beinen und einem geübten Gedächtnis, welche die Herzen der Gäste, besonders die Bier-Herzen der Dreiquartelprivatiers höher schlagen«[25] ließen.

Ein Prototyp dieser Münchner Kellnerin war Hedwig Forster. Als sie im November 1927 als eine der zwei ältesten Kellnerinnen des »Hofbräuhauses« im November 1927 mit 77 Jahren verstarb, meldeten die Statistiken der Presse, dass sie in ihren 37 Dienstjahren 1,3 Millionen Maß Bier ausgetragen habe, oft zehn volle Krüge, in jeder Hand fünf, jeder 2,74 Kilo schwer. Wahre Schwerstarbeit – und das bis ins hohe Alter von 72 Jahren.

Hedwig, 1850 geboren, fing im »Hofbräuhaus« im Jahr 1891 an, bediente also noch im alten Gebäude (siehe auch Abb. S. 37), das heutiger Bezeichnungsweise nach in der Ledererstraße im Anschluss an das sogenannte Zerwirkgewölbe[26] stand. Das Bier wurde noch in einem eigenen Sud-

Innenhof des alten »Hofbräuhauses«. Fotografie von Georg Pettendorfer, 1895.

Die zwei ältesten Kellnerinnen im Innenhof des »Hofbräuhauses«, Platzl 8: Hedwig Forster (links) und die »dicke Sophie«. Ausschnitt aus einer Fotografie von Georg Pettendorfer, 17.10.1921, koloriertes Glasdiapositiv, 9 x 12 cm.

Die »dicke Sophie« (rechts) mit einer Kollegin im Innenhof des »Hofbräuhauses«. Fotografie von Georg Pettendorfer, 12.1.1921. Die drei Kellnerinnen wurden von Pettendorfer jeweils vor dem gleichen Hintergrund stehend abfotografiert. Valentin »opferte« also bei der Wahl seines Glasdiapositivausschnitts den gesamten architektonischen Raum.

haus in unmittelbarer Nähe gebraut und der Liter, kredenzt im Steinkrug mit Zinndeckel, kostete 24 Pfennige. Hedwigs Gäste waren überwiegend männlich, sie servierte mit den anderen Kolleginnen adrett und züchtig in bodenlanger – damals noch weißer – Schürze. Der Arbeitstag begann um 7 Uhr früh und endete um 1 Uhr nachts, der Lohn belief sich auf 50 Pfennig täglich – ohne Trinkgeld keine Überlebenschance, wobei die Kellnerinnen auch noch Salz, Pfeffer, Zündhölzer und Zahnstocher selbst finanzieren mussten.

Mit wachsendem Tourismus und steigenden Gästezahlen auch und besonders im beliebten »Hofbräuhaus« entschloss sich Prinzregent Luitpold, das Bier an der Inneren Wiener Straße in Haidhausen (heute Gastwirtschaft »Hofbräukeller«) sieden zu lassen. Daher konnten 1896 anstelle des Sudhauses und eines benachbarten Verwaltungsgebäudes eine Schwemme sowie ein sich anschließender großzügiger Gastbereich samt Biergarten im Innenhof errichtet werden. Stattliche 3845 Quadratmeter im Stil der Neorenaissance, dem architektonischen Dernier Cri der Jahrhundertwende. Am 22. September 1897 wurde mit einem Festzug und weiteren Feierlichkeiten das neue »Hofbräuhaus« eröffnet. Hedwig schleppte von nun an Getränke und Speisen durch bunt bemalte »historische« Gewölbe, wahlweise auch im großen, 700 Gäste fassenden Festsaal hoch unter dem Dach unter den Augen der »Patrona Bavariae«.

Die treue Hedwig wurde zu einer Institution. So mancher Stammgast – unter ihnen, im Zeichen der neu gewonnenen Emanzipation nach der Revolution 1919, jetzt vermehrt Frauen – wollte ausschließlich von ihr bedient werden, auch wenn in Zeiten der Inflation in den 1920er-Jahren für eine Maß Bier 3200 Mark gezahlt werden mussten. Zu ihrer Kollegin, der »dicken Sophie«, sind keine Lebensdaten recherchierbar. Eine weitere Fotografie von Georg Pettendorfer zeigt sie 1921 zusammen mit einer Unbekannten.

Der »Bräusrosl«-Wirt

KARL FETSCHER

Schon Ende des 14. Jahrhunderts ist in den Büchern der Stadt die Brauerei mit den zwei gekreuzten Hacken als Wahrzeichen verzeichnet. 1793 konnte der Brauer Joseph Pschorr durch das Einheiraten in die Familie Hacker sein Bierimperium bedeutend erweitern. Dem Gründer der Hacker-Pschorr-Brauerei kam nicht nur als einzigem der vielen Münchner Brauer die Ehre zu, als Porträtbüste in die Ruhmeshalle hinter der Bavaria einzuziehen, er trug auch als Großvater von Komponist Richard Strauss zur musikalischen Geschichte der Stadt bei.

Eines der zwei Festzelte der Brauerei Hacker-Pschorr auf dem Oktoberfest ist

Karl Fetscher, o. J.

10 Jahre Bräurosl auf dem Oktoberfest, mit den Porträts von Karl Fetscher (Mitte), Kapellmeister Emil Kaiser und Kapellmeister Jakob Peuppus (rechts). Ansichtskarte, 1911.

die »Pschorr-Bräurosl«. Sie zog 1864 noch unter dem Namen »Zum Bayrischen Oberland« als idyllische kleine Almhütte getarnt die Besucher an. Flankiert von künstlichen Bäumen und mit einer zweistöckigen Bauernhausfassade verblendet, wurde hier das Pschorr-Bier ausgeschenkt. Bald wurde das Ganze für die expandierende Erfolgsbrauerei jedoch zu klein und das Bierzelt erhielt 1901 nicht nur ein anderes Aussehen, sondern auch einen anderen Namen, inklusive einer neuen Marketingstrategie. Architekt und Hofbaurat Eugen Dollinger motzte die Almhütte zu einem neubarocken Landhaus auf, hinter dem sich – wie üblich – die riesige Zeltkonstruktion verbergen konnte. Zu Ehren der Tochter des Brauereibesitzers Pschorr wurde über dem Eingang in einem geschweiften Wandfeld das Bild der »Bräurosl«, wie sie auf einem Ross zum Abendtrunk durch den Brauhof reitet, angebracht. Und dort prangt sie heute noch. Im Andenken an sie, die mit einer gekonnten Jodeleinlage für die richtige Stimmung im Zelt sorgte, wird auch heute noch mit einer hauseigenen Jodlerin der Bierumsatz angekurbelt. Die »Bräurosl« wurde unter der Ägide von Karl Fetscher, der das Festzelt von 1910 bis 1913 leitete, zu einem der erfolgreichsten Wiesnbetriebe vor dem Ersten Weltkrieg.

LORENZ KERRN

Über den Komiker und Wirt von »Kerrn's Sängerhalle« am Bavariaring liegen keine biografischen Daten vor. Karl Valentin beschrieb ihn in seinem Lichtbildervortrag unter der Nr. 50 wie folgt: »Als Geschäftsreklame fuhr er des öfteren mit seinem Hochrad durch die Stadt München zur allgemeinen Heiterkeit. Eine drastische Wirkung bekam die Sache dadurch noch, dass neben ihm auf einem kleinen Zweirad ein Zwerg fuhr, ein Mitglied von seiner Gesellschaft, mit dem er allabendlich komische Duette sang.«

GEORG WITT

Die Lebensdaten des Festwirts liegen nicht vor.

Georg Witt, o. J.

Anmerkungen

1 Bei Valentin, Lichtbildervortrag, Nr. 64, in der falschen Schreibweise »Schottenhammel«.

2 Tonnenförmiger grauer, glasierter Krug aus Steingut. Wegen seiner gut isolierenden Eigenschaften bleibt das Bier länger kühl und der Kohlensäuregehalt länger bestehen.

3 Ein Ausschnitt dieser Fotografie liegt unter der Sign. DE-1992-FS-NL-KV-1837 in der Sammlung »Münchner Originale«.

4 Bei Valentin, Lichtbildervortrag, Nr. 43, in der Schreibweise Pappa Kern.

5 Siehe Koll, An jedem Eck a Gaudi, S. 31.

6 Gemeint ist »Papa Geis«, siehe S. 54.

7 Gemeint ist Anderl Welsch, siehe S. 58.

8 Bei Valentin, Lichtbildervortrag Nr. 59, in der Schreibweise Hans Steurer. In Obermenzig wurde er 1955 mit der falschen Schreibweise »Steirerstraße« geehrt.

9 Valentin, Lichtbildervortrag, Nr. 16.

10 Zitiert nach: Wilhelm, Hermann: Die Münchner Bohème. Von der Jahrhundertwende bis zum Ersten Weltkrieg, München 1993. S. 104.

11 Mühsam, Erich: Die Gäste der Kathi Kobus, in: Mühsam, Erich: Unpolitische Erinnerungen, München 2003, S. 116.

12 Schreibweise falsch – statt des Personalpronomens »sie« müsste das Reflexivpronomen »sich« (si) stehen.

13 Bei Valentin im Lichtbildervortrag unter der Nr. 35 mit dem falschen Vornamen Hermann und der falschen Schreibweise Strebel.

14 Henze / Heizmann: Karl Valentins Selbstbiographie, Sämtliche Werke, Band 7, S. 107.

15 1915 wurde die Cenovis Nährmittelwerke GmbH als Bierhefe- und Malzfabrik in München gegründet.

16 Valentin, Lichtbildervortrag, Nr. 36.

17 Andere Quellen nennen den 26. Februar 1939 als Todestag. Siehe https://www.naturmed.de/blog/allgemein/geschichte-des-verlages-mueller-steinicke/ [zuletzt geöffnet am 7.3.2019].

18 Valentin, Lichtbildervortrag, Nr. 14.

19 Junker, August: Der Stolz von der Au. Couplet. Münchner Blut Abteilung A 41, München o. J.

20 »Volksgarten zur ›Rosenau‹«, in: Henze / Heizmann: Karl Valentins Selbstbiographie, Sämtliche Werke, Band 7, S. 27.

21 Karl Valentin, in: Münchner Neueste Nachrichten, 13. Juni 1937.

22 Ebd.

23 Henze / Heizmann: Karl Valentins Selbstbiographie, Sämtliche Werke, Band 7, S. 25f.

24 Valentin, Lichtbildervortrag, Nr. 60.

25 Bauer, Richard: Zu Gast in München 1982, S. 20.

26 Es ist das zweitälteste, aus dem 13. Jahrhundert stammende Gebäude der Stadt. Den Namen erhielt es, weil hier das bei den Hofjagden zerlegte Wild verarbeitet wurde. (»Zerwirken« bedeutet enthäuten, zerlegen, zubereiten.) Heute wird das unter Denkmalschutz stehende Gebäude gastronomisch genutzt.

UNTERNEHMER

Wer ko, der ko!

FRANZ XAVER KRENKL

»Wohl die bekannteste Persönlichkeit Altmünchens [...]. Er verkörperte den Typ des Urbayern mit ›echt goldenem Münchner Herzen‹. Seine originellen Einfälle, die alle von derber Gradheit zeugten, geben in tausend Variationen Kunde von dem nicht nur im Volke, sondern auch bei Fürstlichkeiten beliebten Manne.«

Franz Xaver Krenkl. Fotoreproduktion eines Ölgemäldes von Ferdinand Wagner d. Ä. um 1840, das sich im Besitz von Karl Valentin befand, ehe er es 1929 an das Münchner Stadtmuseum verkaufte. Koloriertes Glasdiapositiv, 9 x 12 cm.

Ob Franz Xaver Krenkl wirklich so aufmüpfig war, dass die SPD München-Süd einen nach ihm benannten Preis für Zivilcourage so notorischen Nein-Sagern wie Hans Well und Konstantin Wecker verliehen hat, soll einmal dahingestellt sein. Jedenfalls sind zahlreiche Anekdoten überliefert, die den gelernten Bäcker und erfolgreichen Lohnkutscher als frühen Sprecher eines frisch, frei, frechen Münchner Bürgertums erscheinen lassen. Eine Legende war er schon zu Lebzeiten.

Gewiss ist immerhin, dass er am 15. November 1780 als viertes von insgesamt 17 Kindern eines Kleinuhrenmachermeisters in Landshut geboren wurde. Als Soldat der Kavallerie während der Napoleonischen Kriege muss er wohl die Liebe zu Pferden entwickelt haben. Seit 1806 in München sesshaft und gut bürgerlich mit einer Bäckerstochter verheiratet, betätigte sich der Niederbayer zunächst als Wirt des »Neusiglgartens« am Wittelsbacherplatz, ehe er 1813 die staatliche Konzession als Lohnkutscher erhielt. Sein lang gehegter Berufswunsch ging jetzt in Erfüllung. Krenkl gründete ein Lohnkutschereigeschäft und wurde Rosshändler – was besondere Gerissenheit voraussetzte. Selbst dem königlichen Marstall und dem Adel verkaufte er am Ende Rösser aus eigener Zucht, vorzugsweise ungarischen und englischen Geblüts, und wurde damit zum Wegbereiter der bayerischen Vollblutzucht.

Krenkl war auch beim ersten »Huldigungsrennen« der Bayerischen Nationalgarde für das frisch verheiratete Paar Kronprinz Ludwig von Bayern und Prinzessin Therese von Sachsen-Hildburghausen mit von der Partie. Am 17. Oktober 1810, auf einem Parcours unter dem Sendlinger Berg – erst im nächsten Jahr wanderte das Rennen von der Vorstadt auf die Theresienwiese – errang er zwar nur den dritten von 30 Plätzen mit seinem Pferd, startete aber in den folgenden Jahren dann eine neue, rasante Karriere als Rennmeister. Schon beim dritten Rennen, 1812, belegte eines seiner Pferde mit weitem Abstand den ersten Platz. Solche Siege gelangen Rössern aus dem Krenkl-Stall dann noch weitere imposante dreizehn Mal auf der Theresienwiese während des Oktoberfests. Krenkl wurde zum bewunderten, erfolgreichsten Teilnehmer dieser Rennen. Zu jedem der äußerst populären »Rennats« – die Tribünen auf der Theresienwiese fassten 40 000 Zuschauer – erschien der Rennmeister stolz in Frack, weißer Hose, weiß-blauer Schärfe, Stulpenstiefeln und Zylinder. Galoppiert ist der nicht eben sportliche Mann allerdings nicht selbst. Das machten für die Pferdebesitzer die sogenannten Rennknaben, die selten namentlich genannt wurden, später jedoch eine schmucke Uniform bekamen, die der heutigen Jockey-Bekleidung ähnelte: Kappe, blaue Jacke mit Kordeln, schneidige Reithosen. Gut reiten alleine genügte allerdings nicht, sie mussten auch ein gutes Führungszeugnis des Dienstherren oder des Lehrers vorweisen.

»Franz Xaver Krenkl im 80ten Lebensjahre hoch zu Roß«. Lithografie von Benno Adam, 1859.

Münchens Zeitungen ernannten den

schnellen Franz Xaver zum »Löwen der Rennbahn«. Noch berühmter als seine Reiterfolge waren jedoch seine kecken Sprüche. Auch heute noch wird diese eine Geschichte, auch wenn sie nicht wirklich verbürgt ist, immer wieder gern zitiert: Als Bürger Krenkl einmal mit seiner Kutsche im Englischen Garten die Equipage von König Ludwig I. überholte, was verboten war, soll er diesem zugerufen haben: »Majestät, wer ko, der ko!« Und derlei Respektlosigkeiten, bekannt als »Krenkliaden«, hatte er immer und überall parat, je derber und spöttischer, umso lieber. Kein Wunder, dass Krenkl auch ein leidenschaftlicher Liebhaber des Münchner Volkstheaters war. In Johann Schweigers Auer Vorstadttheater (siehe S. 152) war er Stammgast. Aber es mussten ausschließlich heitere Stücke mit einem sicheren Happy End für die Liebenden sein, sonst drehte er schon bei der Kasse wieder am Absatz um. Wie tragisch, dass sein letztes Stündlein dann auch ausgerechnet in einem Theater am 23. Juli[1] 1860 geschlagen hat. Nach einer Pferdeauktion in Stuttgart besuchte der 80-jährige kunstbegeisterte Pferdehändler dort abends eine Komödienvorstellung und erlitt einen tödlichen Schlaganfall.

In späteren Jahren erweiterte Krenkl seinen nahe dem Centralbahnhof angesiedelten Betrieb zu einem frühen Taxiunternehmen, ja er wurde zu einem veritablen Reiseveranstalter. Mit seinen Gespannen kutschierte er nicht nur Fremde durch die touristisch erwachende Residenzstadt, er fuhr wohlhabende Münchner sogar bis zum Schiffshafen Triest, von wo aus

Franz Xaver Krenk . Ausschnitt aus einer anonymen Lithografie, 1874.

»Und die Götterdämmerung is no net aus!« Franz Xaver Krenkl. Ansichtskarte nach einem anonymen Gemälde, o. J.

Start des Pferderennens zur Eröffnung des Oktoberfests 1913.
Fotografie von Josef Paul Böhm, 1913.

sie nach Griechenland, des dorthin beorderten Königs Otto wegen, weiterdampften. Und als guter Bürger erwies er sich bei der Choleraepidemie von 1854, als er die Toten auf den Haidhauser Friedhof karren ließ. Allein 3000 Münchner raffte es in diesem Jahr an der schrecklichen Krankheit dahin. Krenkl ist auf dem Alten Südlichen Friedhof begraben Im Sockel des Grabsteins befindet sich folgende Inschrift:

Franz Xaver Krenkl
26.9.1883 – 9.5.1942
Reitlehrer

Es handelt sich hier offenbar um den Enkel gleichen Namens, der es beruflich nicht ganz so weit gebracht hat wie sein berühmter Großvater. In München zeigt heute eine kleine Steinbüste am Karlstor das bayerische Urviech mit Schnurrbart und steifem Hut. Allerdings kam ihm diese Ehre nicht sofort zu, zunächst pflegte die Stadt an dieser Stelle das Memoriam an vier andere Münchner Originale. Erst 50 Jahre nach Errichtung der vier Steinbüsten, 1907, wurde das Konterfei des »Ewigen Hochzeiters« (siehe S. 248) und des Flinserlschlagers (siehe S. 200) durch die Büsten von Krenkl und dem Hofnarren Prangerl (siehe S. 20) ausgetauscht.

Der »Wurzelsepp«

JOSEF NEUMEIER

»Ein alter Tiroler[2], der mit seinem selbstgebrannten Enzianschnaps und mit seinem einen Meter im Durchmesser grossen Riesenhut, besonders während des Oktoberfestes eine aufsehenerregende Gestalt gewesen ist.«

»Eine etwas seltsame, absonderliche Person, ein komischer Kauz«, so definiert ein Wörterbuch den Begriff »Wurzelsepp«. Für ein anderes Lexikon ist dieser Typus »ein alter Bayer, der klischeeentsprechend Lederhosen trägt und gern jodelt«. Dem »Wurzelsepp« begegnet man vornehmlich in Bayern und Tirol. Er läuft nicht nur als solcher herum, stellt sich im Münchner »Hofbräuhaus« auch mal gern zur Schau, sondern ist sogar ein Markenzeichen. Läden für Kräuter, Tees und Schnaps, Gasthäuser, Hotels, Moorbäder und Brotsorten führen gern diesen anheimelnden Namen – grüner Hut und weißer Bart sind unumstößliche Wiedererkennungswerte. 1900 kommt sogar der indianernarrische Karl May mit einem Heimatroman unter diesem Titel heraus. Wer aber war der Urvater aller Wurzelseppen?

Diese Antwort wird wahrscheinlich nicht mehr zu geben sein, aber was den Bekanntheitsgrad anbelangt, hat es wohl eindeutig der »Wurzelsepp« Josef Neumaier, geboren 1830 in Trautenberg in der Oberpfalz, zur Nummer 1 gebracht. Über 35 Jahre soll Neumeier ein Standl auf der Wiesn gehabt haben, wo er selbstgebrauten, scharfen Enzian ausschenkte – dem Gerücht nach in dem immer wieder selben Stamperl, unausgespült.

Hochprozentiges war neben dem Bier- und Weinausschank ein beliebter Umtrunk auf dem Oktoberfest und man erhielt es seit Ende des 19. Jahrhunderts in vielen kleinen, auf dem ganzen Festgelände verstreuten Buden. Die Palette war breit: Liköre, Branntwein, Schnäpse jeder Art. Besonders auffällig präsentierte sich 1913 ein Standl mit einem überdimensionierten Hut à la »Wurzelsepp« als Dach. Ausgeschenkt wurde hier der berühmte »Blaukranz-Enzian« des jüdischen Unternehmers Lazarus Eberhardt. Seine Destillerie war die bedeutendste deutschlandweit, beworben mit wunderschönen Reklamemarken, auf denen Verse des bayerischen Schriftstellers Georg Queri illustriert wurden mit farbenfroh-plakativen Motiven von Paul Neu.

Scharf wie sein Schnaps waren auch die gebirglerischen Sprüche des Neumeier Josef. Sie hatten auf dem Oktoberfest ebenso viel Anziehungskraft wie später die des Vogel-Jakob. Von Höflichkeit allerdings keine Spur. Einmal habe der »Wurzelsepp« der Dame eines Offiziers, auf deren Geheiß er das Stamperlglas auswaschen sollte, mit den Worten »Do hoscht dei Gwasch« einen vollen Kübel Wasser über den Kopf geschüttet. Josef Neumeier, der außerhalb der Wiesnsaison seine Ware in Steingutflaschen in der Stadt feilbot, ist in Westerham im Chiemgau verstorben.

Der »Wurzelsepp«. Fotoreproduktion eines Ölgemäldes, koloriertes Glasdiapositiv, 9 x 12 cm. Die Vorlage zu Valentins Sammelobjekt stammt von Josef Widmann und porträtiert den »Wurzel-Sepp« und den »Herrn Professor« (siehe »Pfui-Teifi«-Professor, S. 254). Ölgemälde, Stadtmuseum München, um 1910.

Verkaufsbude der Enzianbrennerei L. Eberhardt auf dem Oktoberfest 1913.

Die Hochstaplerin

ADELE SPITZEDER

»Um das Jahr 1880 rum hatte sie in München in der Karlstrasse eine Volksbank. Sie bezahlte so enorme Zinsen, dass jeder vernünftige Mensch vorher schon einen Bankkrach voraussah. [...] Es war für die damaligen Witzblätter ungeheures Material und mehr alte Münchner sind heute noch im Besitz von schaurigen Bilderbögen und Flugblättern aus dieser Zeit.«[3]

Adele Spitzeder. Koloriertes Glasdiapositiv, 9 x 12 cm.

Mit einem Haufen Schulden, sechs Hunden und einem schäbigen Koffer kam die am 9. November 1832 in Berlin geborene Adelheid Spitzeder im Jahr 1869 von Zürich nach München. Ein genialer Trick verhalf der verkrachten Schauspielerin hierorts zu rascher Karriere. Sie bot Leuten auf der Straße für Geldeinlagen bis zu 25 Prozent Zinsen an, die sie tatsächlich schon nach zwei Monaten bar auszahlte. Bald drängten sich Kleinbürger und Arbeiter aus den östlichen Vororten im Spitzenhotel »Deutsches Haus«, Sophienstraße 1, wo die Dame Spitzeder residierte, und brachten ihr Geld. Davon wiederum zahlte sie die Zinsen.

Loch auf, Loch zu – eine Methode, die schon damals als Wechselreiterei galt. Die Kunde von der wundersamen Geldvermehrung verbreitete sich bald rasant auch draußen auf dem Land. Bauern verkauften nun ihren Grund und Boden, um die goldenen Gulden in Säcken nach München zu karren und dort wachsen zu lassen. 1869 gründete Madame Spitzeder zusammen mit ihrer damaligen Lebensgefährtin Emilie Stier eine Bank. Sie hatte dafür ein eigenes Haus in der Dachauer Straße erworben und an die Wand pinseln lassen: »Tue Recht und scheue Niemand.«[4] Flink wurde dann noch das Gasthaus »Wilhelm Tell« nebenan gekauft, wo die lange wartenden Kunden meist gratis bewirtet wurden. Im schwarzen Kleid oder Schlafrock thronte die Hochstaplerin in einem mit Heiligenbildern behängten Raum und rauchte kubanische Zigarren, am Hals baumelte ein mit Brillanten besetztes Bischofskreuz, neben ihr lag das Strafgesetzbuch zur Einsicht auf. »Das Fräulein Adele«, das kaum lesen und schreiben konnte, unterzeichnete die Wechsel täglich nur zwischen 13 und 14 Uhr. Ein livrierter Diener musste die Tinte mit Sand bestreuen. Der Name des Einzahlers und die Summe wurden einfach in einer Kladde eingetragen, das war die ganze »Buchhaltung«. Dann steckte die »Banquière« das Bargeld in eine Truhe oder den Speiseschrank. Offiziell eingetragen war die Bank nicht, im Volksmund hieß sie aber bald »Dachauer Bank«. Täglich kamen 300 bis 500 Leute, um die Abenteurerin geradezu flehentlich zu bitten, ihr Geld anzunehmen. Die ließ sie stundenlang warten und wurde dabei oft ungnädig: »Kalbsköpfe«, soll sie

Hotel »Deutsches Haus«, Sophienstraße 1, 1885.

ausgerufen haben, »ich sage Euch rundheraus, daß ich keine Sicherheit für Euer altes Geld gebe! Ich habe euch Pack nicht gerufen! Ihr könnt euch alle zum Kuckuck scheren!« Dies kam gut an, gerade bei den kleinen Leuten, die Adeles »Ehrlichkeit« schätzten und ihr nun erst recht ihre Ersparnisse hinterherschleppten. Vierspännig fuhr die Frau, immer in Begleitung ihrer Geliebten Rosa Ehinger, hinaus aufs Land, wo sie mehrere »Gütchen« besaß und sich als »Engel der Armen« feiern, ja bekränzen ließ.

Am Ende besaß die Spitzeder Grundstücke in ganz Bayern, 17 Häuser, eine Gemäldesammlung, neun kostbare Schmuckstücke und vier Zeitungsagenturen, die ihr durch nicht zurückgezahltes Leihgeld zugefallen waren. Obendrein soll sie Journalisten anderer Blätter durch Zuwendungen zu günstigen Berichten animiert haben. Außerdem eröffnete sie am 23. September 1872 die erste »Münchener Volksküche«[5], die von 6 Uhr früh bis 20 Uhr billige Kost – täglich drei Ochsen – für den »Mittel- und Arbeiterstand« feilbot. Sie übernahm 64 Patenschaften und will Klosterschulen, bedürftige Studenten, verwundete Soldaten und Giesinger Schulkinder unterstützt haben, wie sie in ihrem Lebensbericht behauptete. Wie auch immer, richtig rentabel wurde die Benefizeinrichtung durch den hohen Bierkonsum der Gäste, da dieser – wenn auch billiger als sonst in der Stadt – an die Spitzederin entlohnt werden musste.

Das ging drei Jahre gut. Erst im Oktober 1872 häuften sich die Warnungen durch Magistrat, Polizei und seriöse Zeitungen; der Erzbischof zürnte in einem Hirtenbrief über den »Tanz ums goldene Kalb«. Dadurch aufgeschreckt, kündigten 60 der 30 000 Gläubiger an einem einzigen Tag ihr Geld und die »Dachauer Bank« brach zusammen. Am 12. November 1872 versammelte sich eine aufgebrachte Menge vor dem Haus der Spitzeder und sie wurde unter dem Vorwurf des Betrugs verhaftet – ihr Hund Daisy sowie eine Schachtel Zigarren begleiteten sie in den Arrest. Zu diesem Zeitpunkt verfügte Adele noch über ein Vermögen von 1,97 Millionen Gulden. Demgegenüber ermittelte man Schulden in Höhe von 8,1 Millionen, wovon die Einleger keinen Kreuzer zurückerhielten. Am 21. Juli 1873 wurde Adele Spitzeder wegen betrügerischen Bankrotts vom Appellationsgericht München zu drei Jahren Haft verurteilt, die sie nicht im Zuchthaus, sondern aus gesundheitlichen Gründen im Gefängnis in der Baaderstraße absaß. Danach versuchte sie im Ausland noch einmal Engagements als Schauspielerin zu erhalten. 1878 veröffentlichte sie ihre im Gefängnis verfassten Memoiren (»Geschichte meines Lebens«) und versuchte, in München gar wieder ins Bankgeschäft einzusteigen. Das zog aber ihre sofortige Verhaftung nach sich, da sie keine Zulassung vorweisen konnte. Nun ließ sie das mit dem Geld sein und trat unter dem Künstlernamen Adele Vio als Volkssängerin auf und konnte – unterstützt von Freunden – ein finanziell sorgloses Leben führen. Am 27. Oktober 1895 erlag sie in München einem Herzschlag. Begraben wurde die Frau, die ganze bayerische Gemeinden finanziell ruiniert hatte, am Alten Südlichen Friedhof unter dem Namen Adele Schmid: Ihre Familie hatte posthum die Namensänderung erwirkt.

Der Verleger

KASPAR BRAUN JR.

Kaspar Brauns Biografie steht im Schatten seines berühmten Vaters gleichen Vornamens. Dieser durchlief eine exzellente Ausbildung zum Zeichner, Maler und vor allem Holzstecher und gründete 1839 eine »Xylographische Anstalt«[6] in München. Vier Jahre später fusionierte diese mit dem Verlag des Buchhändlers Friedrich Schneider aus Leipzig, der sein Handwerk bei der Druckerei Friedrich Pustet in Regensburg erlernt hatte. Ab 1845 brachten die beiden kreativen Unternehmerköpfe das humoristische Wochenblatt »Fliegende Blätter« heraus. Diese spießten locker und liebenswürdig auf, was die Titelvignette präsentierte: Da kringelten sich Spießer, Bürokraten, alte Jungfern, Narren und ein Kasperl, der Seifenblasen hervorbrachte. Das Zehngroschenblatt wurde zum ersten großen Witz- und Satireblatt Deutschlands und ein Erfolgsschlager des Verlags Braun & Schneider. Es folgten weitere bahnbrechende Zeitschriften, unter anderem der Vorläufer der »Gartenlaube« und der Prototyp unserer heutigen Comics. Nicht wenige Schreiber und Zeichner mit spitzer Feder und bekannten Namen zählten zu den Mitarbeitern, beispielsweise Franz von Pocci, Carl Spitzweg, Moritz von Schwind, Ludwig Steub, Victor von Scheffel, Felix Dahn, Clemens Brentano, Lothar Meggendorfer oder Franz von Kobell. Mit unternehmerischem Gespür verlegten Braun und Schneider auch die von Wilhelm Busch eingereichte »Bubengeschichte in sieben Streichen« – die später zum weltweiten Bestseller avancierenden »Max- und Moritzgeschichten«. Kaspar Braun starb am 29. Oktober 1877 in München und wurde auf dem Alten Südlichen Friedhof beigesetzt.

Aus der Ehe mit der Freisinger »Revierstochter« Maria von Effner stammten neun Kinder, von denen Kaspar – geboren am 3. Juli 1851 in München – mit nur 26 Jahren die Nachfolge als Geschäftsführer des väterlichen Verlags antreten sollte. Zusammen mit Julius Schneider, dem Sohn des

Kaspar Braun jr. als Faschingspräsident, o. J.

alten Kompagnons seines Vaters, lenkte er die Geschicke von »Braun & Schneider« höchst erfolgreich weiter. Mit geschätzten 10 Millionen Goldmark Vermögen[7] gehörte der auch auf dem Immobilienmarkt erfolgreich agierende Verlagsjuniorchef um 1914 zur absoluten wirtschaftlichen Elite Bayerns. Kaspar erhielt sogar 1918 den Titel eines Geheimen Kommerzienrats und damit das »von« verliehen. Im Jahr 1896 wurde zwar die Xylografische Anstalt geschlossen, der Verlag mit Sitz in der vornehmen Brienner Straße aber konnte weitergeführt werden. Die »Fliegenden Blätter« erlebten sogar – trotz der starken Konkurrenz durch das Satireblatt »Simplicissimus« – noch das Jahr 1944. Kaspar Braun jr. sollte dies nicht mehr möglich sein, der zweifache Familienvater starb am 13. November 1935 in München.

In Erinnerung ist Kaspar Braun aber nicht nur wegen seines höchst erfolgreichen verlegerischen Unternehmertums geblieben, sondern auch wegen seines – ererbten? – Hangs zu Humor und Narretei. Dieser war sicherlich mit die Antriebsfeder, dass sich der vielfache Millionär am 20. Januar 1893 zum Präsidenten einer von einem Münchner Kaminkehrermeister gegründeten »Carnevalsgesellschaft« wählen ließ. Heute ist diese unter dem Namen »Narrhalla« quasi zum Synonym des Münchner Faschings geworden. Großzügige Spenden von Münchner Brauereien und anderen »Guttätern« ermöglichten ein Jahr darauf die Organisation eines großen Faschingsumzugs[8], Antiquitätenhändler August Humpelmayr wurde als Prinz Gustl I. zum ersten Münchner Faschingsprinzen inthronisiert und Präsident Braun jr. stiftete den ersten Prunkorden, der im Rahmen eines Narrenabends an fünf Personen innerhalb der Gesellschaft verliehen wurde. Heute erhalten den jeweils künstlerisch individuell gestalteten Orden alljährlich Freunde des Münchner Faschings, Gönner und Sponsoren oder »Honoratioren des öffentlichen Lebens«.[9] Seit 1973 verleiht die »Narrhalla« auch jährlich einen Karl-Valentin-Orden. Damit werden Personen geehrt, die die »humorvollste bzw. hintergründigste Bemerkung im Sinne von Karl Valentin« geäußert haben. Ordensträger Nr. 49 wurde 2019 der »patentierte Volks-Rock'n'Roller«[10] Andreas Gabalier, der es, laut »Narrhalla«, in vermeintlicher Anlehnung an den großen Volkssänger Karl Valentin verstünde, »volkstümliche Musik mit Stadionrock zu verbinden«.

Der Volksbelustiger

HUGO OERTEL

»Einer der unternehmungslustigsten Männer Münchner Vergnügungsstätten [...]. *Motto: So etwas kommt nicht wieder!«*[11]

Er wollte den Bürgern der bewegten Gründerzeit, wie er in einer Eingabe an die Königliche Polizeidirektion München verhieß, für jedermann erschwingliche Volksbelustigungen aller Art bieten. Seine ausgetüftelten Projekte gehörten seinerzeit zu den größten Attraktionen in Europa. Dieser umtriebige Mann war Künder und König einer neuen Unterhaltungsindustrie.

Am 6. August 1858 in Hohenmölsen in Sachsen-Anhalt als österreichischer Staatsbürger geboren und am Leipziger Konservatorium ausgebildet, verdingte sich Hugo Oertel zunächst als Impresario einer Zigeunerkapelle, als Zitherspieler bei einer der damals weltberühmten »Tyroler« Sängergruppen, als Obersteward auf Ozeanriesen der Llyod-Gesellschaft und als Manager einer der zu diesen Zeiten unglaublich boomenden, exotischen »Völkerschauen«, die durch ganz Europa tingelten.

1886 landete er mit 28 Jahren im kosmopolitischen München, wo er erst einmal eine »Zigarren-Agentur und Kommissionsgesellschaft« gründete. Damit konnte er offensichtlich so viel Geld verdienen, dass er sich schon ein Jahr später den Kauf des Café-Restaurants »Monachia« in der Herzog-Wilhelm-Straße 33 leisten konnte. Hier begann er Varietévorstellungen zu etablieren. 1890 verkaufte er das Anwesen für gute 460 000 Mark und war damit finanziell in der Lage, erster Pächter des im Mai unweit des heutigen Romanplatzes eröffneten »Volksgarten Nymphenburg« zu werden. Oertel sollte ihn – mithilfe der finanziellen Möglichkeiten des Besitzers, des schwerreichen Grundstücksspekulanten Heinrich Theodor Höch – zum größten Vergnügungspark im Deutschen Reich machen. Konzipiert für bis zu 30 000 Besucher auf einer Fläche von 60 000 Quadratmetern, lockten 34 gastronomische Betriebe mit Tausenden von Plätzen und intimen Separees sowie Völkerschauen, Luftschaukeln, Schießbuden, Phonographen, eine Ritterburg, eine Tropfsteinhöhle, eine Rodelbahn und ein 40 Meter hoher Aussichtsturm mit »Ascenteur«, von dem man einen wunderbaren Blick auf das nahe Schloss Nymphenburg hatte. Hinaus fuhr, winters wie sommers, ab Stiglmaierplatz Münchens erste Dampftramway. Oertels Ideenreichtum schien nicht zu versiegen.

Anfang April 1892 wandte sich Oertel jedoch von seinem »Volksgarten« ab und neuen Varietéplänen zu. Er kaufte das Varietétheater »Blumen-Säle« in der Blumenstraße 29 – immerhin war er damit Direktor eines 1200 Personen Platz bietenden Etablissements. Aber nicht genug damit. Zwei Jahre später trieb es ihn schon wieder zu einem neuen Vergnügungsprojekt und Oertel pachtete das einzige fest errichtete Zirkusgebäude Münchens, den »Circus Bavaria«. Hochgestecktes erklärtes Ziel – ganz im Sinne einer modernen Ansicht vom Zirkus als Gesamtkunstwerk à la Roncalli – war, traditionellen Zirkus mit Varieté zu verbinden, dargeboten von hochrangigen Künstlern und Artisten.

Aber noch immer nicht genug. Der ehrgeizige Hugo Oertel ersteigerte das in Konkurs geratene »Deutsche Theater« in der Schwanthalerstraße 13 und wollte es zum vornehmsten und populärsten Varietéhaus der Stadt machen. Dazu riss er die Stuhlreihen im Parkett heraus, stellte Tische und Stühle auf, erlaubte das Rauchen und senkte die Eintrittspreise. Seine Faschingsbälle wurden weit über Bayerns Grenzen hinaus berühmt. Auch wenn Oertel es geschafft hatte, das marode Theater auf einen wirtschaftlichen Kurs zu bringen, sein Konzept mit 400 Angestellten, einer eigenen Ballettgruppe, einem Hausorchester und einer kompletten Gastronomie vor Ort

Hugo Oertel. Abgeklebter Ausschnitt aus einer Autogrammkarte mit Unterschrift Oertels, Glasdiapositiv, 9 x 12 cm.

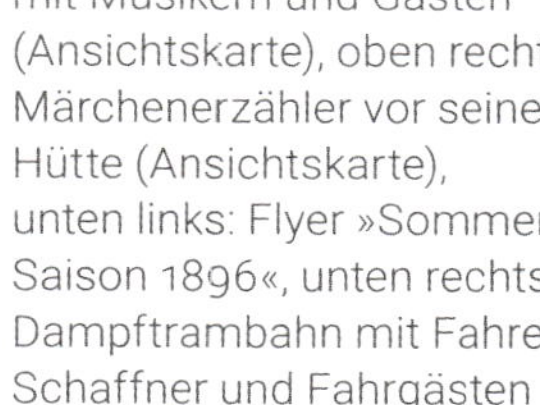
Typische Bildcollage von Ka Valentin auf gelbem Karton: oben links: Musikpavillon mit Musikern und Gästen (Ansichtskarte), oben rechts Märchenerzähler vor seiner Hütte (Ansichtskarte), unten links: Flyer »Sommer-Saison 1896«, unten rechts: Dampftrambahn mit Fahrer, Schaffner und Fahrgästen (kolorierte Ansichtskarte), 1895 / 1896.

Raubtier Käfige

Gartenrestaurant

großer Garten Restauration

Gartenrestaurant mit Musikpavillon

Handbeschriftete Bildcollag von Karl Valentin: oben links: Raubtierkäfige, oben rechts: Gartenrestaurant, unten links: großer Garten Restauration, unten rechts: Gartenrestaurant mit Musikpavillon, 1895.

Gaststätte »Blumen-Säle« mit Mitarbeitern und Gästen, Blumenstraße 29. Ansichtskarte, 1905.

scheiterte dennoch. Zu teuer, zu aufwendig. Im Juni 1900 wurde das »Deutsche Theater« wieder versteigert.

Doch der Unternehmer aus Leidenschaft gab nicht auf. Strohmänner pachteten für Oertel – dem aufgrund eines Offenbarungseides beim Konkurs des »Deutschen Theaters« die Hände gebunden waren – abermals den guten alten Volksgarten in Nymphenburg. Am 1. April 1901 suchte er um die Konzession für dessen fantastische Erweiterung an. Vorgeführt werden sollten jetzt »Völker, Karawanen, artistische und gymnastische Produktionen eventuell auch mit Ballonfahrten verbunden«[12]. Des Weiteren Dressuren, Gesangs- und deklamatorische Vorträge und Singspiele. Außerdem wollte der Herr Direktor weitere Karussells, Schaukeln, Schaubuden aufstellen. Und schließlich plante er eine »Velocipedrennbahn«, Blumenparterres, einen von einer Alm herabspringenden Wasserfall und einen große See mit Inseln; Wasservögel sollten ihn umschwirren, »Thierhäuser und Aquarien«[13] umsäumen.

Nach ersten Abrissarbeiten schon geriet der Umbau ins Stocken. Wie sich im Lauf des Jahres herausstellte, hatte der Großgrundbesitzer, eine der damals heftig spekulierenden »Terraingesellschaften«, für den Ausbau des schon wieder veralteten Volksgartens zum modernen Lunapark nie etwas bezahlt, lieber wurden Grundstücke getauscht. Weil die Gage ausblieb, streikten die 36 in Fantasieuniformen spielenden Musiker. Schon im Herbst 1901 wurde das ambitionierte Riesenprojekt wieder abgeblasen.

Stehaufmännchen Oertel wandte sich ungebrochen in seinem Unternehmergeist einer neuen Lokalität zu: 1905 kaufte er das »Café Wittelsbach« in der Herzog-Wilhelm-Straße 32, in unmittelbarer Nachbarschaft seines ehemaligen Varietés »Monachia« gelegen. Der Raum fasste gute 1500 Personen und hatte als ausgewiesenes Nachtcafé ganzjährig bis 3 Uhr nachts geöffnet. Varieté- und Singspielvorstellungen belustigten schon seit den 1890er-Jahren das Publikum. Unter anderem war hier auch Volkssänger Anderl Welsch (siehe S. 58) Direktor gewesen. Aber auch hier stieg Oertel wieder aus.

Ab Ende 1905 bis 1908 war er wieder als Direktor im Volksgarten zugange – Frau und Sohn fungieren als Pächter. Aber erneut kam es zu Familienstreitigkeiten, Oertel ließ sich scheiden und schied aus dem Nymphenburger Vergnügungsunternehmen endgültig aus, um 1909 jetzt ins Kinogeschäft einzusteigen. Am Färbergraben 25 eröffnete er im Gebäude der »Münchner Neusten Nachrichten« das »Central-Theater«. Das weitere Schicksal des Multiunterhaltungsunternehmers Hugo Oertel ist nicht bekannt, nicht einmal sein Sterbedatum.

Der Musikfreund

JOHANN HEINRICH BAUDERER

»Er war ein ganz derber, echter Münchner, mit dem goldenen Herz; aber wehe dem, der ihn in seinem Laden dumm anredete! Ohne ein Wort zu sagen, kroch er hinter seiner Ladenpudel hervor, machte die Ladentür auf und warf den Kunden zur Türe heraus.«[14]

Die Münchner Coupletkunst der Volkssängerei ist untrennbar mit Johann Heinrich Bauderer verbunden. Ohne seine verlegerische Tätigkeit wären viele Texte und Kompositionen heute unwiederbringlich verloren. So aber ist ein Schatz von 429 Kostproben des Münchner Humors aus der Zeit vor 1900 bis 1930 unter dem

Ladenzone Rosental 7, ganz links die Musikalienhandlung von Johann Heinrich Bauderer, 1910.

Titel »Münch'ner Blut«[15] bewahrt und sogar heute noch erhältlich. Die Gruppe »Die Couplet-AG« hat einige Stücke wie »Die Kathi von Obergiasing«, »Gmoa-Hotwolöh« oder den »Ochs von der Hollerdau« daraus wieder hörbar gemacht und unter dem originalen Titel der Bauderer-Reihe im Jahr 2004 auch eine CD veröffentlicht.[16] Von Welsch (siehe S. 58 über Seidenbusch (siehe S. 52) bis Karl Valentin haben sie alle bei Bauderer ihre Werke verlegt. Letzterer hat 1930 mit dem Rezept zum »Russischen Salat« die letzte Nummer der Reihe herausgebracht.

Viel Biografisches ist über diesen Musikfreund nicht mehr zu finden. Geboren 1867 in München, besaß er seit 1897 ein Musikalien- und Druckgeschäft im Rosental 7 und war neben seiner Verlegertätigkeit Instrumentenbauer, Dichter, Komponist und Unterhaltungskünstler. Er sorgte nicht nur für die Verbreitung der (eigenen) Couplets, sondern vergab geschäftstüchtig außerdem Aufführungslizenzen und klagte gegebenenfalls gegen Urheberrechtsverletzungen. Auch Karl Valentin trat in einem Verlagsvertrag vom 27. August 1927 mit Heinrich Bauderer diesem »zugleich für meine Erben und Rechtsnachfolger [...] das unbeschränkte und seitens der Firma weiter übertragbare Urheberrecht einschließlich des Aufführungsrechtes und des Rechtes der Wiedergabe durch mechanisch-musikalische Musikwerke an meinem Werke Versteigerungen (Was alles versteigert wird)«[17] für ein Couplet ab.

Johann Heinrich Bauderer starb 1941 und wurde auf dem Münchner Nordfriedhof begraben. Die Stadt hat ihn 1955 mit einer Straßenbenennung in Pasing-Obermenzing geehrt.

Das »Schlüsselfräulein«

THEKLA FOAG

»In der Blumenstrasse betreibt sie den Verkauf von altem verrostetem Gelump.«[18]

Der Vater, ein Münchner Schlosser, sei einst wegen dem »Flitscherl« Lola Montez auf die Barrikaden gegangen, erzählte sie gern ihren Kunden. Wichtiger aber war wohl doch, dass er der am 10. Juni 1868 geborenen Tochter Thekla den Umgang mit allerlei Schlössern und Schlüsseln beigebracht hat. Geheiratet hat die Blondine nie, obwohl es an Kandidaten im Laufe der Jahre nie gemangelt hatte, war sie doch als Hausbesitzerin auch eine gute Partie. Aber so erhielt sie ihren Ruf als »Schlüsselfräulein«.

In der Blumenstraße 14 / Ecke Sebastiansplatz konnte man ihren »Laden« finden, der eigentlich weniger ein solcher als vielmehr ein Hausdurchgang war. »Schlüssel, Altmetalle und Tandlerei«, so hatte sie offiziell ihr Gewerbe registrieren lassen, das sie dort in drangvoller Enge betrieb. Weil drinnen gerade mal ein Hocker Platz fand, stand die Thekla meistens vor dem Laden, der, hinten abgetrennt, nach vorne zur Straße hin mit einer großen Flügeltür abzuschließen war. Im Übrigen schaute es ähnlich aus wie an einem dieser Brückengeländer, die mit kleinen Vorhängeschlössern voll behängt sind. Und wenn die zierliche Frau mit einem Riesenschlüsselbund vor einer versperrten Tür auftauchte, dann klimperte es gewaltig. Der Service dauerte aber nicht lange. Das winzige Geschäft war nicht nur Werkstatt, sondern auch eine Art Fundbüro. Wo immer ein Schlüssel verloren ging, die Thekla fand immer passenden Ersatz in ihren eisernen

Thekla Foag vor ihrem Laden.
Links Fotografie von Georg Pettendorfer, 1915.
Unten: Koloriertes Glasdiapositiv, 9 x 12 cm, nur einen Ausschnitt zeigend und damit bewusst den Fokus ausgerichtet auf die Person, das »Original«.

Schätzen, die sie täglich putzte und ölte. Meist genügte ihr schon ein Blick auf ein mitgebrachtes Schloss, beispielsweise das von einem Fahrrad. Bei Bedarf feilte sie halt den Bart ein bisschen nach. Manches wusste sie dabei zu erzählen über die oft sonderbare Herkunft ihrer vielen Tausend Sperrapparate. Für das glückliche Zusammenfinden von Schloss und Schlüssel verlangte sie in der Regel »a Zwanzgerl«, und wenn einem die 20 Pfennig drückten, dann durfte er sich einfach mit einem alten Schlüssel bedanken. Die Begegnung mit einem Original war's allemal wert. Thekla Foag starb am 21. Januar 1942 in München. Dass sie neben dem Handel mit Schlüsseln ihren Lebensunterhalt offensichtlich auch als Unterhaltungssängerin bestritt, ist in der Literatur weniger bekannt.[19]

Der »Millionenbauer«

LORENZ HAUSER

»Über diesen Mann könnte man tatsächlich Bücher schreiben! Er besaß um das Jahr 1895 ein Vermögen in bar und Immobilien von 40 Millionen Mark. Von Ismaning bis herunter nach Perlach gehörten ihm alle Grundstücke, die er von seinem Vater geerbt hatte.«[20]

Lorenz Hauser. Gerahmtes Porträtbild, koloriertes Glasdiapositiv, 9 x 12 cm, o. J.

Der »Strohmaierhof«, Winthirstraße 4–6 in Neuhausen, 1905.

Sein Leben war kurz und eine einzige Legende. Am 9. Mai 1869 im Dorf Neuhausen bei München geboren, erlernte Lorenz Hauser in Lenggries das Metzgerhandwerk. Als 19-Jähriger übernahm er 1892 den väterlichen »Strohmaierhof« (so benannt nach seinem Vorbesitzer) in der Winthirstraße 4–6. Weil Neuhausen 1890 in die Residenzstadt eingemeindet worden war, stiegen die Grundstückspreise steil an. Der findige Jungbauer verkaufte sein Erbe Acker für Acker, Wiese für Wiese. Er spekulierte wild, auch mal durch Tausch und Zukäufe. Immerhin umfasste sein Grundbesitz insgesamt rund 1 Million Quadratmeter.

Die Spekulation schwemmte nur so das Geld der Münchner Terraingesellschaften und Privatiers in den Bauernhof. Binnen weniger Jahre war Hauser ein vielfacher Millionär, er tat sich sogar schwer, seine täglichen Zinseinnahmen zu verbrauchen. Das viele Geld wollte der Ökonom aber keinesfalls sparen, investieren oder sonst wie sinnvoll anlegen. Seine Lebensmaxime hieß vielmehr – und die verkündete er gern und laut: »'s Geld muaß unter d' Leit.«

Das seltsame Schauspiel einer unglaublichen Vergeudung begann mit einem Hobby, auf das Hauser gekommen war, nachdem er aufgehört hatte, Bauer zu sein. Er kaufte teure Rennpferde und beteiligte sich an hohen Wetten. Ganz München kannte den Hauser Lenz inzwischen unter dem Spitznamen »Millionenbauer«. Darauf war er stolz, sein Protzen kannte keine Grenzen. Er warf Geldscheine aus der Kutsche, ließ sie auf Frauen regnen, zündete sich damit Zigarren an. In den vornehmsten Lokalen feierte er Orgien und zerlegte im Vollrausch schon mal die Einrichtung. Champagner trank er aus dem Maßkrug oder ließ wahlweise mit dem Edelgetränk den Fußboden scheuern.

Mehrmals wurde der bizarre Bonzenbauer wegen groben Unfugs oder Ruhestörung zu Geldstrafen gerichtlich verurteilt; dergleichen erledigte er aus dem Gilettascherl. Der nie verheiratete Mann regte sich auch nicht auf über die Alimente, die die er für seine unehelichen Kinder zahlen musste. Ebenso großzügig übernahm er Patenschaften für junge Firmen und er bereiste gerne die Welt.

Der Clou aber war das Schlösschen, das er sich 1899 für eine ½ Million Mark direkt

»Hauser-Schlösschen« in Karlsfeld, 1905.

am Würmkanal in der Allacher Straße von den Architekten Max Knörnschild und Franz Rank errichten ließ. Angelehnt an nichts Geringeres als Schloss Neuschwanstein hatte es einen fünfstöckigen Turm, eine neuromanische Laurentius-Kapelle, einen mittelalterlichen Wehrgang, Separees und eine Dependance für die Dienerschaft. Höhepunkt der Exzentrik: Das Erdgeschoss des Kutscherhauses sollte Hausers preisgekrönten und heiß geliebten Rennpferden das adäquate Ambiente bieten. Sämtliche Boxen wurden daher mit kostbaren Delfter Kacheln ausgefliest. Wer ko, der ko. Ähnlich wie König Ludwig II. fuhr der Lenz dort achtspännig zu seinem Jagdschloss vor, feierte mit Freunden intime Feste und ließ sich schließlich nur noch selten sehen. Der Rohbau des Dornröschentraums wurde zweimal eingerissen, weil er dem Bauherrn nicht passte.

Am Ende musste er aber die Immobilie noch zu Lebzeiten an den k. u. k Kammerherren und Rittmeister der Reserve Graf Alexander von Boos zu Waldeck und Montfort verkaufen. Wenn man Valentins Recherchen glauben darf, dann wurde Hauser schließlich sogar unter »Couratel« gestellt, nachdem er in einer Kunstausstellung die wertvollsten Bilder zerstochen habe und seinen Sekretär einen Scheck über 100 000 Mark »für a Neus« habe ausstellen lassen.

Lorenz Hauser, »Millionenbauer« und Münchner Original, war längst vollkommen verarmt, als er nur 49 Jahre alt am 15. Juli 1918 an der grassierenden Spanischen Grippe starb. Laut Valentin wollte er sich vor ihr durch Alkohol schützen und stürzte eine halbe Flasche Cognac, hinunter, was zu einer Herzlähmung geführt habe. Er bekam ein unscheinbares Grab auf dem Winthir-Friedhof, dem kleinsten Friedhof in München, das von MAN-Lehrlingen gepflegt wird. Der »Strohmaierhof« indes, wo das Millionenmärchen begonnen hat, wurde längst abgerissen, an seiner Stelle entstand das Postamt 19, von dem auch nur noch die Schalterhalle übrig geblieben ist.

Das »Hauser-Schlösschen« (oder auch »Allacher« beziehungsweise »Karlsfelder Schlössl«) ging noch durch mehrere Hände. 1942 kaufte es BMW, 1955 übernahm es MAN. Die Maschinenfabrik renovierte das schwerbeschädigte Gebäude und ließ es in ein – nicht öffentliches – Gästehaus umbauen, wobei versucht wurde, möglichst den Urzustand des architektonischen Kleinods wieder herzustellen, unter anderem wurden wertvolle Deckengemälde freigelegt. Eine kleine Ausstellung zeigt Handschriftliches vom Bauherrn und signierte Postkarten von dessen Weltreisen, auch ein Ölgemälde des Hauser Lenz prangt über einem Sofa.

Der abgebildeten Fotografie von Lorenz Hauser ist der Sammler Valentin hartnäckig nachgejagt. So wandte er sich im November 1932 gleich zweimal in einem Anschreiben an Josef Regnat, um in Erfahrung zu bringen, ob der »Herr Journalist Michel wegen des Fotos vom Hauser Lenz noch nichts hören hat lassen«.[21]

Kreillers Plempl

JOHANN NEPOMUK KREILLER

Der »Maximiliansbräu« an der Ismaninger Straße 2 in Haidhausen galt einmal als schönster Münchner Bierkeller. Doch das dort erzeugte Getränk stand weniger in der Gunst der Münchner, sie nannten es abfällig »Kreiller-Plempl«. Die 1874 gegründete Brauerei war durch etliche Hände gegangen, bis sie 1892 von dem in Trostberg geborenen Johann Nepomuk Kreiller übernommen wurde. Dieser »Realitätenbesitzer« versuchte neben dem Bierbrauen sein Glück mit Grundstücksspekulationen und er hatte ein Faible für das gerade in Mode kommende Fahrrad. So beherbergte er in seiner Brauerei die erste Münchner »Velocipedfahrschule«.

Nachdem der Bierausstoß auf durchschnittlich 14 000 Liter im Jahr gesunken war, wurde die Maximiliansbrauerei samt Gasthaus mit Biergarten und Tanzpavillon

Johann Nepomuk Kreiller, o. J.

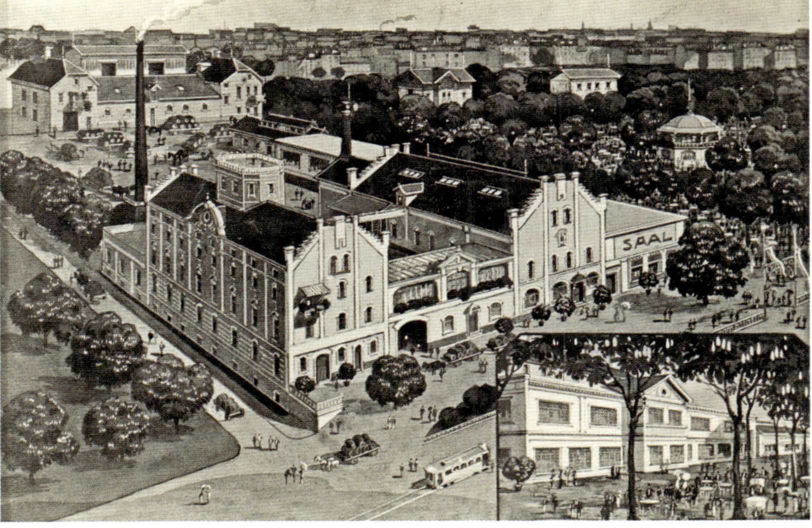

Firmengelände der Maximiliansbrauerei, Ismaninger Straße 2 aus der Vogelperspektive und Gaststätte. Vermutlich fotografiertes Plakat mit zwei zusammenkopierten Ansichten, 1900.

im Wendejahr 1900 geschlossen und alles abgerissen. Die im Heimatstil errichtete Villa des Brauereiehepaars Johann Nepomuk und Antonie Kreiller in Berg am Laim an der seit 1918 nach den beiden benannten Kreillerstraße 25 steht hingegen heute noch. Sie ist umgeben von einem kleinen, mit Rosen und alten Bäumen bestandenen und durch Kinderspielplätze bereicherten Park (Behrpark). Eine Bürgerinitiative hatte 1984 die Grünanlage vor einer geplanten Bebauung retten können. Heute finden hier auf einer Freilichtbühne sogar Theateraufführungen statt. Von Johann Nepomuk Kreiller stammen noch ein Wasserdenkmal und ein kleines Gewässer, das seinerzeit als Tränke für Rehe und Hirsche diente.

Der Feuerwerkereibesitzer

HEINRICH BURG

Karl Valentin war ein großer Feuerwerkfreund. Dies belegt unter anderem sein umfängliches Stück »Das Brilliantfeuerwerk«, dessen Lehre lautet: »Ja, ja, es riecht nicht alles gut, was kracht.«[22] Die Szene spielt in der Rosenau, einem beliebten Volksgarten an der Schleißheimer Straße (siehe S. 94ff.). Doch auch im Volksgarten Nymphenburg und an etlichen anderen Orten Münchens wurden zum allgemeinen Volksvergnügen prächtige, blitzende, krachende Feuerspiele gezündet und in bunten Farben abgeregnet, viel öfter jedenfalls als in unserer Zeit. Hergestellt und getestet wurden die nötigen Sprengkörper von Heinrich Burg. Ab 1858 verzeichnen ihn die Adressbücher der Stadt München als »licensierten Kunstfeuerwerker«[23] mit häufig wechselnden Wohnsitzen. 1885 verkündet eine Geschäftsanzeige ihn als »privaten Kunst-Feuerwerks-Meister« mit »Laboratorium und Verkaufslocal«[24] auf der sogenannten Feuerwerksinsel.

Heinrich Burg, o. J.

Burg experimentierte also mit dem brandgefährlichen Stoff in abgeschiedener, menschenleerer Lage auf dem südlichen Zipfel der heutigen Praterinsel (Alpines Museum). In kleinen Holzbuden lagerte und verkaufte er dort die hergestellte Pyrotechnik. Nach dem Tod von Heinrich Burg im Jahr 1886 übergab die »Feuerwerksmeisterswitwe« Magdalena Burg das Geschäft an ihren Sohn Michael Heinrich. Wenn auch ausführlichere Lebensdaten von Heinrich Burg unbekannt sind, so hat ihm doch immerhin der Schriftsteller Michael Georg Conrad in seinem Roman »Was die Isar rauscht« (1888) literarisch ein Denkmal gesetzt: »[...] rechts die Feuerwerksinsel, wo der kleine, dicke, originelle Heinrich Burg haust, der täglich um die nämliche Stunde mit seinem tief ins Gesicht gedrückten Schlapphut wie ein wandelnder Champignon über den Steg der Überfälle[25] schreitet, um in geheimnisvollen, zwischen Büschen versteckten Laboratorien in Gestalt von alten, verwitterten

Blick vom rechten Isarufer gegen Westen zur Feuerwerksinsel mit den Bretterbuden der Feuerwerkerei Burg und dem Wehrsteg, 1863.

Bretterhäuschen seiner pyrotechnischen Zauberkunst obzuliegen […].«[26] Conrad und Burg waren Nachbarn, sie wohnten beide in der Quaistraße – seit 1888 Teil der Steinsdorfstraße – gegenüber der Feuerwerksinsel.

Der Feuerwerkereibesitzer jr.

LUDWIG BURG

Das Unternehmen von Michael Heinrich Burg firmierte nach dem Tod seines Vaters 1886 unter dem Namen »Heinrich Burgs Nachfolger« und zog drei Jahre später von der Feuerwerksinsel in die Äußere Balanstraße 85 nach Haidhausen um. Bald stand auch ein stattliches Steinhaus für die Firma zur Verfügung, aber bis die Bretterbuden für den Verkauf und die Unterbringung der Feuerwerkskörper im Garten verschwanden, sollten es noch eine Weile dauern.

Nicht nur der Schriftsteller Conrad, auch Karl Valentin war von den Feuerwerkskünsten der Firma Burg fasziniert. Schon als Kind – so berichtet er in seinen Erinnerungen – habe er in Haidhausen Knallfrösche »oder gleich ganz große Kanonenschläge«[27] besorgt und diese zum Gaudium

Ludwig Burg, 1870.

Ludwig Burg.
Atelieraufnahme, 1900.

Blick in den Garten der Feuerwerkerei Burg mit Feuerwerksgeräten und Pyrotechnikern, Äußere Balanstraße 85, 1895.

an Drachenschwänze angebunden und alles mit einem Knall in der Luft zur Explosion gebracht. »Am liebsten hätten wir unseren Schullehrer auch noch dazu hingehängt, aber das war leider nicht möglich.«[28] Gleich mehrere Bilder von den Besitzern und den Fabriksanlagen in Haidhausen haben Eingang in seine Sammlung gefunden, aber leider ohne weitere Beschreibung.

Ab 1910 verzeichnen die Adressbücher der Stadt einen Ludwig Burg als Geschäftsführer der in eine GmbH umgewandelten Feuerwerkerei. Er muss diese mehr als zehn Jahre äußerst erfolgreich geführt und vergrößert haben, wie eine Abbildung des Firmengeländes aus dem Jahr 1920 belegt. Warum die »Priviligierte Kunst-Feuerwerkerei« im Inflationsjahr 1923 dann aber doch zwangsversteigert werden musste, ist nicht bekannt. Bekannt ist nur, dass sie vom Kunst-Feuerwerk-Fabriksbesitzer Fritz Sauer, dessen Großvater das explosive Handwerk einst bei Heinrich Burg erlernt hatte, ersteigert wurde. Sauer stellte im Zweiten Weltkrieg Leucht- und Signalmunition her – und gleich danach Ofenanzünder aus Patronenhülsen. Die schwäbische Familienfeuerwerkerei mit Sitz in Gersthofen ist die älteste noch existierende Feuerwerkerei in Deutschland. Von Ludwig Burg sind keine weiteren Lebensdaten bekannt.

Heute kommen die Feuerwerkskörper größtenteils aus China. Der Münchner Stadtrat diskutiert über Verbotszonen für große Feuerwerk-Events. Viele Bürger beklagen nämlich den Lärm, die anfallenden Müllberge, den Stress für Tiere und den Anstieg von Feinstaubwerten. Silvester 2018 wurden viele Münchner durch Feuerwerkskörper teilweise schwer verletzt und die Feuerwehr musste besonders oft ausrücken.

Betriebsgelände Feuerwerkerei Burg, Äußere Balanstraße 85, aus der Vogelperspektive, 1920.

Der Hotelier

GREGOR TREFLER

Lebensdaten und nähere Angaben zur Vita des Hoteliers Gregor Trefler sind nicht bekannt. Belegt ist hingegen, dass er 1889 in der Sonnenstraße 21 seine Restauration »Hotel Trefler« eröffnete. Hier war alles geboten, was die Vergnügungssucht der Münchner stillen konnte: In einem »Concert-Saal« mit umlaufender Empore waren die Granden der Münchner Volkssänger- und schauspielerszene wie etwa Konrad Dreher (siehe S. 156) und sein Freund Xaver Terofal zu beklatschen. Im sogenannten Kneiphof konnte im Schatten einer mittelalterlichen Burgkulisse unter freiem Himmel auf schön gedeckten Tischchen fein getafelt werden und in einem »Concert-Garten« spielten unter schattigen Bäumen die stadtbekanntesten Kapellen auf. Ein Plakat aus dem Jahr 1900 belegt »Jeden Mittwoch Ball-Chic, jeden Sonntag große Redoute«. Ab 1901 war das »Trefler« Heimat des Kabaretts »Lyrisches Theater – Münchner Überbrettl« und jeden Dienstag Treffpunkt des 1897 gegründeten Karl-May-Clubs München. Der berühmte Namensgeber des Vereins höchstselbst hatte einst hier im »Burghotel« genächtigt.

Gregor Trefler, o. J.

1903 kaufte Brauereibesitzer und Wiesnzeltinhaber Hans Wagner das Hotel. Er gab ihm seinen Namen und ließ den Theater- und Konzertsaal modernisieren. Hier begann 1915 mit der Szenerie »Tingel-Tangel« (aus der dann später die »Orchesterprobe« wurde) der unaufhaltsame Aufstieg von Karl Valentin und Liesl Karlstadt und der Komiker brachte es in den zwei nachfolgenden Jahren hier sogar zum Direktor des Kabaretts »Wien-München«. Am 21. Oktober 1934 eröffnete Karl Valentin im Keller des »Hotels Wagner« sein wenig Erfolg beschiedenes »Panoptikum«, samt Heiterkeitsmuseum, Folterkammer und »Höllen-Café«.

Anmerkungen

1 Valentin nennt in seinem Lichtbildervortrag unter der Nr. 76 als Todestag den 26. April.
2 Hier irrt Valentin (Lichtbildervortrag Nr. 69). Der Standlinhaber auf dem Oktoberfest war waschechter Oberpfälzer.
3 Valentin, Lichtbildervortrag, Nr. 75.
4 Spitzeder, Adele: Geschichte meines Lebens. Der große Münchner Bankskandal 1872, München 1996, S. 70.
5 Ebd., S. 163ff.
6 Im 19. Jahrhundert Bezeichnung für ein Atelier, in dem Holzschneidekunst ausgeübt wurde.
7 Das entspricht heute etwa 300 Millionen Euro.
8 Die Faschingsumzüge wurden bis auf wenige Unterbrechungen während der Kriegszeiten durchgeführt, 1970 aber wegen mangelnder Beteiligung eingestellt.
9 www.narrhalla.de/orden [zuletzt geöffnet am 7.3.2019].
10 www.narrhalla.de/karl-valentin-orden [zuletzt geöffnet am 7.3.2019].
11 Valentin, Lichtbildervortrag, Nr. 38.
12 Weisser, Jürgen: Zwischen Lustgarten und Lunapark. Der Volksgarten Nymphenburg (1890–1916) und die Entwicklung der kommerziellen Belustigungsgärten, München 1998, S. 160.
13 Ebd., S. 161.
14 Valentin, Lichtbildervortrag, Nr. 9. Trotzdem weder Fotografie noch Dia im Stadtarchiv vorliegend.
15 Der Titel leitet sich wahrscheinlich vom berühmten Johann-Strauß-Walzer »Wiener Blut« (komponiert 1871) ab.
16 Die Couplet-AG: Münchner Blut, Audio-CD, Lawine (Sony Music), 2004.
17 Vgl. dazu: https://edoc.ub.uni-muenchen.de/12554/1/Preis_Claudia.pdf [zuletzt geöffnet am 17.3.2019].
18 Valentin, Lichtbildervortrag, Nr. 6.
19 Vgl. http://bmlo.de/s3772 [zuletzt geöffnet am 2.3.2019].
20 Valentin, Lichtbildervortrag, Nr. 54.
21 Bachmaier, Helmut / Faust, Manfred (Hg.): Karl Valentin. Dokumente, Nachträge, Register, herausgegeben auf der Grundlage der Nachlaßbestände des Theatermuseums, der Universität zu Köln, des Stadtarchivs und der Stadtbibliothek München sowie des Nachlasses von Liesl Karlstadt, Sämtliche Werke in neun Bänden, Band 9, München / Zürich 2007, S. 107.
22 Valentin, Karl: Brilliantfeuerwerk, München 1938.
23 http://www.mdz-nbn-resolving.de/urn/resolver.pl?urn=urn:nbn:de:bvb:12-bsb10378720-4 [zuletzt geöffnet am 10.3.2019].
24 http://daten.digitale-sammlungen.de/~db/0009/bsb00096298/images/ [zuletzt geöffnet am 10.3.2019].
25 Praterinsel und Feuerwerksinsel waren durch einen begehbaren Wehrsteg miteinander verbunden, ehe dieser 1888 abgerissen und die Überfälle zugeschüttet wurden.
26 Conrad, Michael Georg: Was die Isar rauscht. Münchner Roman, 2 Bände, Band 2, Leipzig o. J., S. 145.
27 Henze / Heizmann: Karl Valentins Selbstbiographie, Sämtliche Werke, Band 7, S. 45.
28 Ebd.

ATHLETEN

Der Münchner Herkules

HANS BECK

München hat eine solide Tradition im Kraftsport, was nicht nur der Sonderfall des »Bayerischen Herkules«, des Steyrer Hans (siehe S. 73), beweist. Viele hervorragende Gewichtheber und Ringer – die meisten beherrschten beide Sportarten – lieferten sich nicht nur lokale, sondern auch internationale Wettkämpfe. Keine Geringeren als der groß gewachsene König Ludwig II. und sein Nachfolger, der alte Prinzregent Luitpold, stifteten Ehrenpreise. In München waren um 1900 zahlreiche »Athleten-, Kraftsport- und Stemmklubs« eingetragen, die üblicherweise in den Gasthäusern und Bierhallen der Stadt trainierten. Als Amateure oder Profis zeigten sie ihre Künste und maßen ihre Kräfte auch auf Jahrmärkten und Zirkusarenen.

Hans Beck in Muskelprotzpose. Koloriertes Glasdiapositiv, 9 x 12 cm.

Die führende Rolle unter den Ringern in München um 1900 hatte Hans Beck inne. Geboren am 2. Juni 1862 im niederbayerischen Achdorf bei Landshut, wurde er durch das Militär in die Landeshauptstadt verschlagen.

Der stämmige Wirt der Gaststätte »Zum Ewigen Licht« in der Wälsungenstraße 1 in Neuhausen – nicht zu verwechseln mit dem Wirtshaus »Ewiges Licht« am Marienplatz – konnte hier optimal mit dem 81-Liter-Bierfass sein Krafttraining betreiben. Beck eroberte sich mit seinen Leistungen schnell den Ruf des »Münchner Herkules« und trainierte unter anderem Profiringer wie Michael Hitzler (siehe S. 138), Zoller, Plonnen, Bödermann und Welsch.[1] Die Namen der Sportler waren damals so bekannt wie heute die der Fußballkönige, trotzdem sind ihre Spuren nur sehr schwer nachzuverfolgen. Neben seinen persönlichen, großen Erfolgen als Gewinner der Deutschen Meisterschaft im Gewichtheben 1895 und 1897, dem Europameistertitel im Gewichtheben 1896 sowie dem Gewinn der Weltmeisterschaft im Fassheben kam Beck der große Verdienst zu, die engstirnigen Münchner Vereine 1893 dazu bewegt zu haben, dem

Hans Beck mit Ehefrau, 1901.

Deutschen Athleten-Verband (DAV) beizutreten, auch wenn dessen Vorsitzender ein Rheinländer und kein Bayer war. Damit stieg die Popularität des Ringersports weiter an und man konnte den faden Beigeschmack der Zirkusattraktion endlich abschütteln. 1895 wurde ein Bayerischer Athletenverband gegründet, der Disziplin und Ordnung in die Ringersportlandschaft brachte. Sein Vorsitzender wurde Jakob Dirscherl vom SC Armin München, ein Verein, der heute noch besteht. Der Oktoberfestwirt und Münchner Herkules Hans Beck starb 1935 mit 73 Jahren.

Josef Fischer auf seinem Fahrrad. Koloriertes Glasdiapositiv, 9 x 12 cm, Ausschnitt aus einer Atelieraufnahme, 1900. Wiederum klebt Valentin für den Lichtbildervortrag die Fotografie so ab, dass der Ausschnitt das Augenmerk auf die dargestellte Person lenkt – die ursprüngliche kompositorische Ausgewogenheit der Fotografie ist für ihn irrelevant.

Der Radlpionier

JOSEF FISCHER

»Der erste Langstreckenfahrer auf dem Zweirad, mit dem ersten Luftreifen ›Pneumathik‹ genannt.«[2]

Am 26 Mai 1869 gründete der Maschinentechniker Conrad Gautsch in München einen der ersten Fahrradclubs der Welt. 1886 bekam dieser »Münchener Velociped-Club a. V.« die erste, 500 Meter lange Profiradrennbahn der Welt: auf dem Schyrenplatz in Untergiesing, neben dem ersten, noch heute existierenden Freibad der Stadt. Bis es aber so weit war, mussten die Hochradfahrer ihre tagsüber verbotenen Wettkämpfe in den Isarauen austragen. Auch wenn man daher früh aufstehen oder den Feierabend dafür opfern musste, die Rennen erfreuten sich immer größerer Beliebtheit bei den Münchnern. Sogar Damen schwangen sich zum Ärgernis der Polizei in den Sattel und die Presse berichtete erregt über die Frau des Besitzers der ersten Münchner Velozipedfabrik, als diese durch die Maximilianstraße geradelt war, »in einem geblümten leinenen Rock, durch den die stampfenden, das Vehikel in Bewegung setzenden Beine sich jedem, so er darauf erpicht war, leicht präsentierten. Ohne Scham, stolz wie eine Amazone, ließ die holde Donna sich männiglich mustern.«[3]

Am 15. August 1894 – inzwischen verzeichnete das Stadtadressbuch zwölf »Bicycle- und Velozipedisten Clubs«, unter anderem mit so schönen Namen wie »All Heil«, »Panther« oder »Adler« – erlebte eine kolossale Menschenmenge auf dem Schyrenplatz in Untergiesing ein höchst spektakuläres Rennen. An den Start gingen: Der Wildwestreiter Samuel Franklin Cowdery[4], der sich, die leichte Namensverwechslung billigend in Kauf nehmend, als Sohn des berühmten Buffalo Bill – alias William Frederick Cody – gerierte, mit diesem aber keineswegs verwandt war, und mehrere Radrennfahrer, darunter

Klubhaus des »Münchener Velociped-Clubs a. V.«, Schyrenstraße 4, mit Klubmitgliedern auf Hochrädern im Vordergrund, 1892.

Das 1890 eröffnete Restaurant-Café »Noris«, »Radler-Heim« und Badeanstalt (Norisbad), Leopoldstraße 41. Von links nach rechts: Fluher und Roth, Brunner junior, sein Vater Felix Brunner, Josef Fischer, Hofmann und Rucker. Ansichtskarte, 1897.

die Lokalmatadore Josef Fischer aus dem Münchner Westend, der als der damals beste Straßenrennfahrer der Welt galt, sowie Heinrich Roth[5], Münchner Europameister im Hochradfahren. Auf einer Länge von insgesamt 50 Kilometern sollte das ungleiche Rennen zwischen Ross und Stahlross ausgetragen werden, auf der mit Sand aufgefüllten Innenbahn der reitende Amerikaner, auf der Außenbahn mit den überhöhten und damit hohe Geschwindigkeit zulassenden Kurven die Radfahrer auf Nieder- und Hochrädern sowie Tandems. Unter den Augen von Tausenden wechselte der exzellente Kunstreiter Cody artistisch ohne anzuhalten auf sechs Pferde, doch es nützte alles nichts. Nach sieben Stunden – verteilt auf zwei Tage – hieß der Sieger Josef Fischer. Der Radrennfahrer konnte für seinen herausgefahrenen Vorsprung die stattliche Siegesprämie von 1500 Mark einstreichen, die in 150 Zehn-Mark-Stücken »aus funkelndem Gold«[6] ausbezahlt wurde. Cody, der Buffalo-Bill-Imitator, gab wenige Monate nach diesem spektakulären Rennen am Schyrenplatz sein Schaustellerleben auf und widmete sich der Aviatik.

Josef Fischer, der umjubelte Sieger des Duells am Schyrenplatz, wurde am 20. Januar 1865 in Atzlern im Bayerischen Wald geboren und stammte aus ärmlichen Verhältnissen. Er war, wie so viele aus dieser Region, auf der Suche nach Arbeit in der Landeshauptstadt gelandet. Während seiner Schmiedelehre kam Fischer in Kontakt mit dem Radsport und feierte bald eine Reihe von Rekordsiegen. 1892 war er Erster beim Landesrennen München–Coburg mit einer bewältigten Strecke von 300 Kilometern. Die 587 größtenteils alpinen Kilometer zwischen München und Mailand schaffte er 1894 in knapp 30 Stunden. Nur eine Stunde mehr brauchte er ein Jahr zuvor von Wien nach Berlin, obwohl er wegen einer Verletzung nur den rechten Fuß benutzen konnte. Als man ihm bei der Ankunft einen Sitzplatz anbot, sagte er: »Danke, i hab gnua gsessen.« Allerdings rumorte nach dieser Distanzfahrt auch

Internationales Radwettfahren des »Münchener Veloziped-Clubs a. V.« am Sportplatz Nymphenburger Straße, 1895.

erstmals ein Dopingverdacht – von Weißwein mit Whisky war die Rede. 1896 kürte man ihn zum Sieger des ersten Rennens Paris–Roubaix. Fischer blieb 119 Jahre lang, bis 2015, der einzige deutsche Radsportler, der dieses 280 Kilometer lange Traditionsrennen für sich entscheiden konnte – mit beeindruckenden 30 Kilometern pro Stunde auf einem schweren Stahlrad ohne Gangschaltung. Immerhin bekam er für die Plagerei das Siebenfache eines damals durchschnittlichen Monatslohns. 1903 ging Fischer bei der ersten Tour de France an den Start und belegte Platz 15. Enttäuschend für ihn; er beklagte sich anschließend bitter, dass einige Wettkämpfer streckenweise mit der Eisenbahn gefahren wären.

Nach dem Rücktritt vom aktiven Radsport arbeitete er als Chauffeur für adlige Kunden in Paris. Beim Ausbruch des Ersten Weltkriegs musste Fischer das »Feindesland« verlassen. Er kehrte nach München zurück, um 1916 nach Mainz zu ziehen, wahrscheinlich mit seiner zweiten Ehefrau, die er zwei Jahre zuvor in London geheiratet hatte. Hochbetagt starb Josef Fischer am 8. März 1953 in München. Die Stadt zählte zu diesem Zeitpunkt 100 000 Radfahrer – aber auch schon 70 000 Automobile. Das Grab der Radlerlegende ist nicht mehr auffindbar, aber ein Pflasterstein beim Radstadion von Roubaix trägt zur Erinnerung an den glorreichen ersten Sieger dieses Traditionsrennens seinen Namen. Das 2016 eröffnete Fahrradmuseum in Arnschwang, Landkreis Cham, widmet sich in einer Sonderausstellung dem Leben des Radhelden vom Bayerwald.

Die Radrennbahn am Schyrenplatz ging übrigens Bankrott. Karl Valentin berichtet in seinen »Jugendstreichen«, dass er mit seinem ersten geschenkten Radl wochentags auf der Bahn üben konnte, weil sie aus diesem Grund offen stand. »Dort wurde in einem Tempo gejagt, dass ich mich heute noch wundere, dass wir nicht die galoppierende Schwindsucht bekommen haben. Die Manege hat eben doch eine mächtige Anziehungskraft, – und ganz besonders für mich.«[7]

Der Türkenbesieger

MICHAEL HITZLER

Geboren am 13. August 1870 im schwäbischen Oberbechingen, bestritt Michael Hitzler als Ringer zahlreiche Showkämpfe im In- und Ausland. Mit 1,68 Meter und 100 Kilogramm gehörte er zu den Leichtgewichtlern. Er rang, wie damals bei den Berufsringern üblich, ausschließlich im griechisch-römischen Stil, der fast nicht zu vermuten, seinen Ursprung allerdings in Skandinavien hatte. Dabei ist es untersagt, die Beine einzusetzen und Griffe unterhalb der Gürtellinie anzubringen. Sein Trainer war der berühmte »Münchner Herkules« Hans Beck (siehe S. 132). In der Landeshauptstadt wurden um 1900 viele professionelle Ringkämpfe im »Circus Bavaria« ausgetragen und entzündeten eine große Begeisterung für diese Sportart. An die 40 Vereine schossen aus dem Boden. Viele Ringer und Gewichtheber suchten aber auch ihr Glück in Übersee. Im November 1903 erhielt Hitzler ein lukratives Angebot, im Kasino von Buenos Aires in Argentinien aufzutreten. In 100 Tagen soll er dabei 153 Ringer besiegt haben. Nebenher verdiente er sich noch ein Zubrot als Lehrer im Sportclub Gimnasia Esgrima. Es folgten Auftritte in Brasilien, unter anderem in Rio de Janeiro, wo er in 26 Tagen 24 Amateure und sieben Profis besiegte. 1904 kehrte er wieder nach Europa zurück. Hitzler trat nie in einer Liga als Sportler auf. 1912 ist sein letzter Kampf belegt.

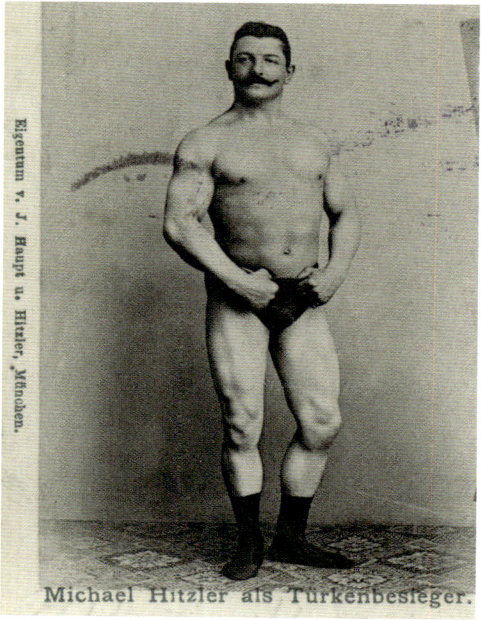

Ringer Michael Hitzler als »Türkenbesieger«, was sich wahrscheinlich auf das Herkunftsland eines seiner Gegner bezog, o. J.

Das Weltoriginal

MAX DUFFEK

Max Duffek, am 8. August 1877 in Abensberg geboren, hat sich selbst diesen tollen Titel verliehen: »Weltoriginal«. Schon mit 20 Jahren hielt es ihn nicht mehr in der niederbayerischen Provinz und er wurde Gehilfe in einer Münchner Konditorei am Stachus. Aber weil ihn auch das schnell langweilte, betätigte sich der talentierte Turner und Musiker nebenher bei privaten Festivitäten als Akrobat und Alleinunterhalter. Duffek machte seine Sache so gut, dass er bald den bürgerlichen Beruf an den Nagel hängen und aus dem provinziellen München hinaus in die Welt ziehen konnte, um als Varietékünstler seinen Lebensunterhalt zu verdienen. Engagements in Deutschland, Europa und schließlich den USA folgten.

Gesichtsakrobat Max Duffek, hier den indischen Gott Daruma darstellend, o. J.

Max Duffek

Max Duffek. Zeitungsausschnitt, o. J.

Eine Reihe von Fotografien zeigt den schnurrbärtigen Mann in vielen Gestalten und Aktionen. Grimassen schneidend, sich schlangenartig verbiegend und gleichzeitig Flöte spielend, aber auch wie er im Handstand einer Militärpatrouille voranmarschiert, auf Rollschuhen mit einem Automobil um die Wette rast, auf einem Ziegen-Equipagewagen fährt oder wie er sich auf einem Teppich und auf einer Bratpfanne durch die Straßen schleifen lässt. Man sieht ihn hüpfen, tanzen, springen, klettern, schwimmen, surfen, rodeln, radeln, rudern. Und immer wieder reiten, zum Beispiel auf einem Alligator oder einem Nashorn. Duffek hatte gewettet, dass er »in einer Million verschiedener Fortbewegungsarten« die Welt umrunden werde. Derlei Wetten gehörten vor dem Ersten Weltkrieg zum Volksvergnügen, beson-

Max Duffek, wenige Monate vor seinem Tod. Fotografie von Georg Schödl, 17.3.1949.

Max Duffek in der Künstlerecke seines »Weltreisemuseums«, Hochstraße 41, 7.2.1931.

ders in Amerika. In Washington gewann der »Max of Munich« 500 Dollar mit einem spektakulären »walk down«: Er bewegte sich auf seinen Händen – im normalen Straßenanzug mit Krawatte und steifem Hemdkragen – die 910 Stufen eines 169 Meter hohen Obelisken in New Almaden, Kalifornien, hinab und brach unten bewusstlos zusammen. Fotoreporter waren natürlich wie immer zur Stelle.

Von 1909 bis 1914 verstand Duffek es, mit immer ausgefalleneren Aktionen die Aufmerksamkeit der Presse auf sich zu ziehen und seine akrobatischen Talente findig in klingende Münze umzusetzen. Ganz Marketing-Mensch im modernen Sinn war er dabei immer mit hohem Wiedererkennungswert gleich gekleidet mit karierter Knickerbockerhose und Schiebermütze sowie einem T-Shirt mit seinem Namenszug. Den Ersten Weltkrieg überstand Duffek – inzwischen verheiratet und Vater von zwei Töchtern und einem Sohn – im Ausland, ohne zum Militär gehen zu müssen. Danach wurden dem Weltenbummler die körperlichen Strapazen seiner Auftritte zu viel. Die Wettgelder und Gagen langten für den Kauf eines Häuschens in München, gleich neben dem viel besuchten Salvatorkeller in der oberen Au. In der Hochstraße 41 richtete der 44-Jährige 1921 ein Museum ein mit der Aufschrift »MAX DUFFEK – DAS WELT-ORIGINAL«. Hier hängte er seine Mitbringsel aus aller Welt auf und sonstige kuriose Gegenstände, die er in eigener Werkstatt anfertigte. Vom Haifischzahn und verwelkten Lorbeerkranz über seine chinesischen Essstäbchen bis zur Schlangenhaut und den »Geldresten«, die von seinen Reisen übrig geblieben waren, konnte gar so manches gegen ein kleines Entgelt bestaunt werden, ähnlich wie bei Karl Valentin. Zusammen mit ihm und Liesl Karlstadt spielte der Sensationsdarsteller im Übrigen 1932 in der von Max Ophüls verfilmten Oper »Die verkaufte Braut« von Friedrich Smetana – Karl Valentins erstem Tonfilm. Während des Zweiten Weltkriegs gingen die Einnahmen aus dem Museum immer weiter zurück, Duffek verdiente jetzt als Busfahrer den Lebensunterhalt für seine Familie. Im August 1949 riss ihn ein Unfall aus seinem abenteuerlichen Leben: Der 72-Jährige wurde beim Radeln in der Regerstraße von einem Lastwagen erfasst. Nur wenige Trauergäste folgten der Beisetzung des Münchner Originals im Perlacher Friedhof am 3. September 1949. Das »Weltreisemuseum« in der Au samt seinen Raritäten war schon 1944 durch einen Bombenangriff zerstört worden.

Die Radllegende

THADDÄUS ROBL

»Der berühmteste Rennfahrer Deutschlands.«[8]

Wenn sich Münchens Verkehrsstrategen heute gern als »radlfreundlich« gerieren, könnten sie sich auf eine große Tradition berufen: Lange vor 1900 gab es hierorts zahllose Vereine und Anlagen für »Velocipedisten«. Jeder musste eine Fahrprüfung ablegen und bekam ein Nummernschild für sein nicht ganz ungefährliches Gefährt. Oft erschienen sie im Polizeibericht und – vor allem die Radlerinnen mit ihrem fesch-frechen Sportgewand – in den Satireblättern (siehe auch Josef Fischer, S. 135). Das Radl diente den Alt-Münchnern natürlich nicht nur als Sportgerät, son-

Radrennbahn Milbertshofen, 1928. Links oben Porträt von Thaddäus »Thedy« Robl.

dern etwa auch für Ausflüge ins Umland, gern zur Kugleralm in Oberhaching-Deisenhofen. Außerordentlich volkstümlich waren die 1907 als Dienstleistungsfirma entstandenen »Roten Radler«, die einmal zum Stadtbild gehörten. Ihr Name bezog sich aber gar nicht auf deren politische Ausrichtung, sondern auf die Farbe der von einer Studentenkorporation übernommenen Uniform der Dienstmänner, die hauptsächlich Gepäck ab Centralbahnhof auf Zwei- oder Dreirädern transportierten. Diese ersten »Fahrradkuriere« waren zeitweise so populär, dass sogar Ludwig Thoma seinen »Münchner im Himmel« über sie granteln ließ. Weniger bekannt ist, dass München einmal die Hauptstadt des deutschen Radsports war. Regelmäßig fanden auf etwa zehn ausgebauten Arenen – die in Milbertshofen war die größte und schnellste im Reich – organisierte Rennen statt, auf dem Oktoberfest erstmals sogar schon 1893. Ein Jahr später trat in den »Radlerclub Isarau« ein 18-jähriger Jüngling ein, dem keineswegs beschieden war, unter dem Namen Thaddy[9] Robl eine Sportlegende zu werden.

Am 22. Oktober 1876 in Kleinaschau bei Garmisch unter der Zugspitze geboren, wurde Thaddäus als Kind von einer spinalen Kinderlähmung befallen. Er war schwer gehbehindert, sodass ihn die Mutter mit Handwagerl oder Schlitten in die Schule nach Garmisch bringen musste. Aber mit einem zähen Willen ausgestattet, lieh er sich das Hochrad des Vaters, um – zuerst heimlich, dann auf Anraten des Arztes – seine Muskeln zu trainieren.

1888 zog die Familie nach München, Vater Robl erhoffte sich hier bessere Verdienstmöglichkeiten als Pflasterer. Sein Sohn – so der Plan – sollte den gleichen Beruf ergreifen und wurde in eine Steinsetzerlehre geschickt. Aber der Junge hatte anderes im Sinn. Gegen den Willen seiner Eltern fuhr er in seiner Freizeit Straßenrennen, um dann am Ende gar Berufsrennfahrer zu werden. Er liebäugelte mit dem sogenannten Stehersport, bei dem die Radrennfahrer im Windschatten schwerer, hubraumstarker Schrittmachermaschinen auf extra gebauten Bahnen hohe Geschwindigkeiten fahren konnten. 1900 hatte es Robl geschafft: Er war zum absoluten Steherstar avanciert und viele Radfirmen boten sich als Sponsoren an. Der Beginn einer glorreichen Sportlerkarriere, denn Robl lockte mit seinen Rennen bald Tausende an – nur Boxkämpfe und Pferderennen standen um 1900 genauso hoch in der Zuschauergunst, von Fußball war noch keine Rede … Er ge-

Radrennfahrer Thaddäus Robl auf seinem Rad bei einem Rennen in Brandenburg; Verletzungen nach einem Sturz in Magdeburg, 1900.

wann zahlreiche Steherrennen (mit bis zu 91,893 km / h) ebenso wie Fernfahrten (über 500 Kilometer von Moskau nach St. Petersburg). Sogar in Australien drehte er seine schnellen Runden. Der bayerische Radler wurde mehrfacher Europameister und Weltmeister – durch härteste, kämpferische Disziplin und Tollkühnheit. Robl sammelte Stürze und dementsprechende Verletzungen wie andere Briefmarken, seine Haut war wohl an jeder Stelle einmal abgeschürft. Eine Sonderausstellung im Deutschen Museum zeigte eine Fotografie aus dem Jahr 1903 nach einem schweren Sturz. Am nächsten Tag, beim Pfingstrennen von Magdeburg, riss er sich während der Fahrt sämtliche Verbände vom Leib – und gewann blutüberströmt das 50-Kilometer-Rennen. Thaddys Kommentar: »A Hund muaßt sei.«

Die damals schon hohen Prämien machten ihn zum Spitzenverdiener. Im Winter 1910 kaufte Thaddy, inzwischen wegen seines luxuriösen Lebensstils auch als (unverheirateter) Dandy weltberühmt und von Frauen umschwärmt, vier motorisierte Flugapparate, Doppel- und Eindecker. Sie kosteten ihn ein Vermögen. Am 18. Juni desselben Jahres startete er bei einer Flugschau nahe von Stettin mit einem seiner Doppeldecker, obwohl die Veranstalter wegen Böen gewarnt hatten. Aus 20 Metern Höhe stürzte er auf dem Kreschower Feld ab und brach sich das Genick. Die Leiche wurde aus den Trümmern seiner Maschine geborgen und nach München überführt. Thaddäus Robl war das erste zivile Todesopfer in der Geschichte der deutschen Motorfliegerei. Am 26. Juni 1910 wurde er, nur 33 Jahre alt geworden, unter großer Anteilnahme auf dem Alten Südlichen Friedhof[10] beigesetzt. Robl hinterließ einen Berg von Schulden und Freunde und Fans sammelten, um seine verwitwete Mutter finanziell zu unterstützen. Die Stadt unterhält das Grab bis heute und hat dem herausragenden Sportler in der Lerchenau eine Straße verehrt.

Der Klettermax

FRANZ ADLMAYER[11]

»Er bestieg zum 90sten Geburtstag des Prinzregenten Luitpold die höchsten Kirchtürme Münchens von aussen [...].«

Franz Adlmayer hieß der Amateurakrobat, der seinerzeit in München gerne den Klettermaxe machte. Die Fassaden der Gotteshäuser hatten es ihm angetan, gotische Kirchen ließen sich von außen am leichtesten erklimmen. Zum Zeichen seiner Leistung, aber auch um bei der Feuerwehr als Steiger angestellt zu werden, hisste er immer ein weißblaues Fahnentuch an die Turmspitze. So wohl auch – laut Valentin – am 12. März 1911, dem 90. Geburtstag des Prinzregenten Luitpold.

Franz Adlmayer. Ansichtskarte, 1906.

Franz Adlmayer. Fotomontage M. Obergassner, koloriertes Glasdiapositiv, 9 x 12 cm.

Der Begriff »Steiger« hat hier nichts mit einem Steiger im Bergbau zu tun. Vielmehr leitet er sich vom tatsächlichen »Besteigen« von Leitern her, um bei Feuerwehreinsätzen Menschenleben zu retten oder den Brand zu bekämpfen. Bevor es motorisierte oder mechanische Drehleiter gab, mussten die Steiger der Feuerwehren sich mit Leitern begnügen, die schlicht an die Wände angelehnt oder im Gesims eingehängt wurden. Ein mehr als gefährliches Unterfangen, das diesen Männern auch höchste Anerkennung einbrachte. Ganze »Steigerabteilungen« wurden zusammengestellt, deren Mitglieder dann gut organisiert und ausgerüstet mit dem Steigergurt, an dem ein Notnagel, das Steigerbeil, Rettungsleine, Schlauchhalter und Seilbremse zum sanften Abseilen der Geretteten angebracht waren, ihre Einsätze durchführten. Meistens kamen die Steiger aus Bauberufen, in denen man das Arbeiten in schwindelnder Höhe gewohnt war. Maurer, Dachdecker, Zimmerer, aber auch Turner waren gefragt, Letztere aufgrund ihrer guten körperlichen Konstitution.

Die Berufsfeuerwehr nahm Franz Adlmayer tatsächlich in ihren Reihen auf. Er starb jedoch laut Valentin schon ein halbes Jahr später, aber keineswegs bei einem Absturz, sondern im Bett an einer Krankheit.

Der erste Hochradfahrer

JOSEF STÄNGL[12]

»Dem Bilde nach hat es nicht den Anschein, dass er wegen Schnellfahren sich je eine polizeiliche Strafe zugezogen hat. Heute lacht man über so etwas, aber zu jener Zeit staunte man genau so als wie heute über eine technische Neuigkeit.«

»Hotel Oberpollinger«,
Neuhauser Straße 41–45.
Fotografie von Ferdinand Finsterlin, 1880.

Schon 1869 gab es Velozipedclubs in München. Josef Stängl war als einer der ersten – oder gar als der erste? – Hochradfahrer auch Gründungsmitglied eines solchen Clubs. Der Radlbegeisterte war ansonsten honoriger Besitzer des »Café Probst« in der Neuhauser Straße 45. Das erste große Münchner Café mit nobler Weltstadt-Atmosphäre und einer prächtig-opulenten Ausstattung hatte Weinwirt Franz Paul Probst im Jahr 1856 eingerichtet. Es erregte ungemeines Aufsehen bei den Münchnern, die bis dato eher karge Kaffeehausstuben gewohnt waren. Sogar der abgedankte König Ludwig I. soll miesepetrig – neidvoll? – angesichts des ganzen Stucks ausgerufen haben: »Was bleibt dann noch für die Kirche?«[13] Stängl musste allerdings 1903 seine Pforten schließen und gemeinsam mit dem »Hotel Ober-

Josef Stängl auf seinem Hochrad. Atelieraufnahme, Ausschnitt, o. J.

pollinger«, einer Hochburg der Münchner Volkssängerei, dem Neubau des Kaufhauses »Oberpollinger« weichen. Weitere Lebensdaten sind von Josef Stängl nicht bekannt.

Karl Valentin täuschte sich bei der Interpretation der Fotografie: Hochräder waren um 1900 die schnellsten Straßenverkehrsmittel. Dank der minimalen Kraftverluste durch den direkten Antrieb des kugelgelagerten Vorderrads wurden Geschwindigkeiten von über 30 Kilometern pro Stunde erreicht. Eine einzige Tretkurbelumdrehung brachte den Hochradfahrer knapp über 4 Meter weit. Die Hochräder waren zwar bestens als Sport- und Artistikgeräte geeignet, aber im Straßenverkehr bedeuteten sie eine große Gefahr. Wegen der Sattelhöhe drohte den Fahrern sowohl beim Auf- als auch beim Absteigen der Sturz. Oftmals verlor man das Gleichgewicht und flog über den Lenker, was zu schweren, bisweilen sogar tödlichen Kopfverletzungen führte. Daher bevorzugte man ab 1890 das Niederrad. Radrennen wurden jedoch nach wie vor mit Hochrädern bestritten. Gekleidet war man dabei in luftdurchlässige Beinkleider aus Baumwolle oder Leinen, die Oberteile aus Wolle, spezielle Sportanzüge gab es damals noch nicht. Bei den radelnden Damen setzte sich der praktische Hosenrock durch, der bald um Freiheitssymbol der Frauenbewegung wurde. Der Radfahrer und die Radfahrerin waren auch gesetzlich verpflichtet, ab 1898 eine von der örtlichen Polizeibehörde ausgestellte Fahrkarte bei sich zu tragen, wenn sie auf öffentlichen Wegen sich fortbewegen wollten. Gemeinden mit mehr als 50 000 Einwohnern verdonnerten die Velozipedisten sogar zum Anbringen von Nummernschildern an den Fahrrädern.

Aufgrund der großen Velozipedbegeisterung beschloss der Münchner Magistrat 1883, das Festprogramm der Wiesn um eine Velozipedwettfahrt zu erweitern. Organisiert wurde das Ganze von drei völlig untereinander zerstrittenen Veloziped-Vereinen, dem »Münchner Bycicle Club«, dem »Velocipedisten Club Bavaria« und dem »Münchner Velociped Club«. Auf einer Rennbahn von 500 Meter Länge, am Fuße der Bavaria, fanden am 11. Oktober zwei Rennen auf dem in den 1850er-Jahren erfundenen Hochrad statt: ein Eröffnungsrennen über eine Distanz von 2000 Metern und ein Hauptrennen über 10 000 Meter. Der schwierige Parcours – es wurde sogar ein Hügel eingebaut als Hindernis – verlangte einiges an Fahrkönnen ab, sodass immer mehr Profis die Laien ablösten. Im Laufe des Jahres 1890 wurden die zunächst verwendeten Hochräder von Niederrädern abgelöst. 1897 fand das letzte Hochradwettrennen auf dem Oktoberfest statt und zwei Jahre später verschwanden die Velozipedrennen ganz aus dem Festprogramm.

MOTSCHMANN

»Der letzte Hochradfahrer: Er ›raste‹ noch im Jahre 1924 durch die Münchner Strassen im 15 Kilometertempo.«[14] Außer dieser Beschreibung Valentins in seinem Lichtbildervortrag unter der Nr. 31 sind keine näheren Lebensdaten belegt. Das Adressbuch der Stadt München aus dem Jahr 1924 bietet zwei Einträge zum Namen Motschmann: einen Edmund in der Hohenzollernstraße 79 (Musterlager für Keramik) und einen Wilhelm, Kaufmann, in der Senefelderstraße 54. Wer mag das Münchner Original gewesen sein? Das Hochrad feierte allerdings in München 2018 wieder fröhliche Urständ: Am 7. Juli saßen bei der 9. Münchner Radlnacht gleich mehrere Teilnehmer auf dem hohen Ross …

Motschmann, der letzte Hochradfahrer mit seinem Rad. Koloriertes Glasdiapositiv, 9 x 12 cm.

ALOIS SEELOS

Die Lebensdaten dieses Athleten sind nicht mehr feststellbar. In seinem Lichtbildervortrag notierte Valentin unter der Nr. 29: »Stemmte mit zwei Händen 3 Zentner 20 Pfund in die Höhe. Sein Bierrekord ist bis heute ungebrochen. Er trank einmal gelegentlich einer Wette hintereinander in 12 Stunden 52 Liter Bier.«

Der ordensgeschmückte Ringer Alois Seelos. Koloriertes Glasdiapositiv, 9 x 12 cm.

Anmerkungen

1 Vgl. dazu: http://brv-ringen.de/chronik/chronik2.htm [zuletzt geöffnet am 10.3.2019].

2 Valentin, Lichtbildervortrag, Nr. 62. Hier in der Schreibweise Joseph Fischer.

3 Zitiert nach: http://www.hartbrunner.de/fakten/d_fakten_jahr.php?jahr=1884 [zuletzt geöffnet am 3.2.2019].

4 Samuel Franklin Cowdery, geboren am 6. März 1861 in Davenport, im Staat Iowa, war zunächst Büffeljäger, ehe er an den Klondike zog, um nach Gold zu schürfen – ohne Erfolg. Daher schloss er sich einer Wildwest-Schaustellertruppe an und nannte sich von da an »Captain Cody«. Er nahm damit bewusst in Kauf, als Sohn des berühmten William Frederick Cody, Büffeljäger und Kunstreiter aus Iowa und Begründer des modernen Showbusiness, besser bekannt unter dem Namen Buffalo Bill, zu gelten. Cody gab auch die Wildwestreiterei schließlich auf und wurde einer der bekanntesten Flugzeugpioniere Englands. Am 7. August 1913 stürzte er mit einem Wasserflugzeug tödlich ab.

5 Heinrich Roth, geboren 1869, gewann 17-jährig das erste Radrennen von München nach Freising – auf einem 1,37 Meter hohen Hochrad. Mit 1 Stunde und 4 Minuten unterbot er dabei sensationellerweise die Eisenbahn auf derselben Strecke um ganze 6 Minuten. Roth gewann achtmal hintereinander das Oktoberfestrennen, wurde Deutscher und Europameister auf dem Hochrad und fuhr noch als 70-Jähriger Rennen. Er starb völlig verarmt in Haidhausen. Hans Roth, sein Urneffe, erfolgreicher Motorradrennfahrer und heutiger Seniorchef des Sport- und Hotelkomplexes »Rothhof« in Bogenhausen, errichtete die erste Skischanze mitten in München.

6 Wilhelm, Hermann: »Jetzt ist die Zeit und Stunde da, wir fahren nach Amerika«. München und der Wilde Westen. Gelehrte und Abenteurer, Künstlerinnen und Schriftsteller, Buffalo Bill und Karl May, der »Blaue Reiter« und die ersten »Isar-Western«. Über ein vergessenes Kapitel Münchner Kulturgeschichte von den 1840er-Jahren bis zum Ersten Weltkrieg, München 2017, S. 114.

7 Henze / Heizmann: Karl Valentins Selbstbiographie, Sämtliche Werke, Band 7, S. 69.

8 Valentin, Lichtbildervortrag, Nr. 63.

9 Auch in den Schreibweisen Taddy oder Thedy.

10 Hier irrt sich Valentin, der im Lichtbildervortrag unter der Nr. 63 den Ostfriedhof als Grabstelle Robls benennt.

11 Bei Valentin im Lichtbildervortrag unter der Nr. 39 in der Schreibweise Adelmeier.

12 Karl Valentin notiert im Lichtbildervortrag unter der Nr. 77: »Name unbekannt«. Eine weitere, identische Aufnahme im Stadtarchiv (Fotosammlung Ereignisfotografie, Sign. DE-1992-FS-ERG-P-0085, Fotografie von Georg Schödl, um 1895), zeigt aber die dazugehörende Unterschrift der Atelieraufnahme: »Unser Gründungsmitglied Josef Stängl.«

13 Zitiert nach: Riedl-Valder, Christine: Caféhäuser in München. Geschichte(n) aus drei Jahrhunderten, Regensburg 2018, S. 63.

14 Bei Valentin ohne Vornamensnennung. Das Stadtarchiv verzeichnet den Nachnamen Muschmann.

THEATERLEUT

Der Schani von der Au

JOHANN SCHWEIGER

»Das Theater – eine alte Holzhütte – befand sich noch im Jahre 1860 an der Stelle des heutigen Museumskino in der Au, gegenüber des Müllerschen Volksbades am Gasteigberg.«

Johann Schweiger im Nachtwächterkostüm. Atelieraufnahme, o. J.

Johann[1] Schweiger, im November 1804 in Steinweg bei Regensburg geboren, entstammte einer Komödiantenfamilie, ohne die das Theaterleben Münchens im 19. Jahrhundert undenkbar wäre. Die Angehörigen mehrerer Generationen tingelten allerdings ständig zwischen Not, Improvisationskunst und Massenerfolg, Verboten und amtlichem Beistand. Immer wieder wurden die Spielorte gewechselt. Zeitweise betrieben sie vier Vorstadttheater zugleich.

Begründet wurde diese Tradition von Franz Maria Schweiger. Zusammen mit seinem Schwiegervater, dem Marionettenmeister Lorenz Lorenzoni, vagabundierte er durch die Jahrmärkte. Als listig-lustiger Tölpel »Lipperl« begeisterte er das einfache Volk, das im südlichen Bayern von jeher das »Comödispuin« liebte. Schließlich zimmerte Franz am eben frei geräumten Karlsplatz ein eigenes Haus. Die Münchner liebten es, die Chronisten kannten es unter verschiedenen Namen: »Lipperltheater«, »Theater am Anger«, »Schweigerisches Sommertheater vor dem Karlstor« oder einfach »Kreuzertheater«, denn man zahlte 1 Kreuzer pro Akt. 1 Liter Bier kostete 6 Kreuzer.

1814, nach dem Tod von Franz Schweiger, übernahm dessen Sohn Josef das Unternehmen. Er erbte Schulden und sah

»Kil's Colosseum«. Ansichtskarte, o. J.

sich hartnäckigem Druck durch Hofintendanz und Presse ausgesetzt, man sprach von »Hüttenunfug«, von »groben, ungeschliffenen Stücken«. Als der Spielort auch noch der geplanten Matthäuskirche im Weg stand, verlegte ihn die Compagnie 1825 an die Isarbrücke, an den Eingang zur noch nicht eingemeindeten Vorstadt Au. Nach Josefs Tod im Juli 1847 übernahm dessen Sohn Max die Leitung, der bald in der Müllerstraße 43 ein zweites Isarvorstadttheater »Zu den Linden« eröffnete. An dessen Stelle errichtete nach dem Abriss der Schweiger'schen Theaterbretterbude der Münchner Franz Kil im Jahr 1873 das legendäre »Colosseum«, einen riesigen festen Saalbau, in dem das Varieté in Deutschland seine allerersten Schritte unternahm und zu einer der populärsten Unterhaltungsformen wurde.

Jetzt sah auch der bisherige Mitspieler Johann Schweiger, der jüngste Bruder Josefs und damit Onkel von Max, die Zeit gekommen, sich selbstständig zu machen. Er war unter der Regie seines Neffen längst zum Fixstern unter Münchens bereits zahlreichen Comödie-Spielern aufgestiegen. Am 1. Mai 1850 eröffnete er ebenfalls in der Au, im Garten vom »Kaiser-Wirth« in der Lilienstraße, das »Neue Volkstheater in der Vorstadt Au«. Ort der Handlung: in guter alter Familientradition wieder nur eine simple, kostengünstige Holzhütte. 15 Jahre lang, bis 1865, wurde hier Theater gespielt. Heute steht an dieser Stelle das älteste noch existierende Kino der Stadt, die Museum Lichtspiele.

Sofort ging Johann Schweiger auf Konkurrenzkurs zum Neffen Max. Während dieser die Kulissen umbaute und Versenkungen schuf, beleuchtete Johann seine große Bretterhütte mit neuartigem Gaslicht, installierte Logen, Bänke und eine Verwandlungsbühne. Während Max auf deutsche Klassiker setzte, bevorzugte Johann die Stückerl der neuen Wiener Dramatiker Nestroy, Raimund und Schikaneder. Er importierte auch die Figur des zeitkritischen »Staberl«, womit der »Lipperl« gestorben war. Münchens Theaterfreunde hatten nun die Wahl: »Gehn ma zum Schani oder zum Maxl?« Täglich wurden zwei Aufführungen geboten.

Durch Singspiele schuf der Schani eine Art Probebühne für die späteren Münchner Volkssänger. Er engagierte nur Schauspieler, die schöne Töne hervorbrachten. Witz und Ironie waren die Grundtöne der Schweiger'schen Theaterkunst. Lokalpossen hatten oft aktuelle Bezüge und bizarre Titel wie »Künstlerstolz, Nahrungssorgen oder Der Gipshändler«. Der Journalist und Verleger Ferdinand Fraenkel fertigte Parodien auf Richard Wagner: »Der Thannhäuser Tonerl von der Au« oder »Der Sängerkrieg beim Salvatorbier«.

Kein Wunder, dass die Presse jetzt jubelte: »Wir sehen ein Ensemble, wie wir es bei manchem großen Theater vermissen und wie es leider heutzutage, wo jeder auf eigene Faust Komödie spielt, immer seltener wird.« Bei einem solchem Spektakel durfte auch Münchens Kulturprominenz nicht fehlen: Graf Pocci, Wilhelm von Kaulbach, Peter von Cornelius und viele andere.

Gaststätte »Kaisergarten«, Lilienstraße 2, 1892.

»Gärtnerplatztheater« von Süden mit Gartenanlagen und Statuen von Friedrich von Gärtner und Leo von Klenze, 1870.

Doch bei aller Kenntnis vom Komödienspiel, bei aller Liebe zur volkstümlichen Kunst ruinierten sich die konkurrierenden Verwandten allmählich gegenseitig, zumal sie die Preise drückten. Außerdem eröffnete 1865 eine weitere Konkurrenz: das »Actien-Volks-Theater am Gärtnerplatz«. Noch im selben Jahr mussten die beiden Schweiger-Theater schließen. Die Stadt wollte nicht mehr mitspielen, sie kündigte die Konzession. Immerhin wurden Johann und Max Schweiger hohe Abfindungen und Lebensrenten gewährt. Doch das neue Volkstheater schlingerte in eine satte Finanzkrise und musste 1868 sogar kurzfristig schließen. Fünf Direktoren gaben sich in schneller Reihenfolge in diesem Jahr die Klinke in die Hand, aber keiner konnte den drohenden Bankrott aufhalten. Einer von ihnen war der einst so erfolgreiche Theatermann Johann Schweiger. Aufgrund einer schweren Krankheit konnte der Gerufene das Amt nur elf Tage ausführen und starb am 16. März 1869 in München. Sein Grab liegt auf dem Alten Südlichen Friedhof.

Der »Puppen-Papa«

JOSEF LEONHARD SCHMID

Aus ärmlichsten Verhältnissen heraus wurde Josef Leonhard Schmid[2] zu einer Münchner Kultfigur und Respektsperson, die sogar Prinzregent Luitpold auf offener Straße begrüßte. Immerhin war er Begründer des Münchner Marionettentheaters. Alle Welt kannte und schätzte ihn unter dem liebevollen Namen »Papa Schmid«.

In Bayerns Residenzstadt kam der junge Mann, der am 29. Januar 1822 in Amberg geboren wurde, mit dem Wanderranzen auf dem Buckel. Den erlernten Beruf als Buchbinder konnte er wegen seines Lungenleidens nicht ausüben. Deshalb musste er als Tagelöhner niedere Büroarbeit verrichten. In seiner Freizeit bastelte er Krippen- und Kasperlfiguren, um seine Familie zu ernähren. Schließlich wurde er Vereinsaktuar.

Am 10. September 1858 wandte sich Schmid an die Münchner Schulkommission mit der Bitte um Begutachtung seines Plans zur »Errichtung eines ständigen Marionettentheaters für Kinder«. Die Behörden waren jedoch misstrauisch. Weil Schmid scheinbar einen sozialen Gleichheitsanspruch des Kindes postulierte, befürchteten Polizei und Innenministerium

Josef Leonhard Schmid. Ausschnitt aus einer Fotografie von Georg Pettendorfer, koloriertes Glasdiapositiv, 9 x 12. Die persönliche Widmung (»Zur freundlichen Erinnerung am 23. Juni 1901«) von Schmid hat Valentin abgeklebt.

ein »Aufleben klassenübergreifender Unruheherde«.[3]

Zum Glück hatte Schmid zuvor schon den Hofbeamten Franz Graf von Pocci, der sich als »Kasperlgraf« einen Namen machen sollte, für seine Absicht interessieren können, mit seinen Marionetten nicht die gängigen Hanswurstiaden aufzuführen, sondern Stücke, »die nicht bloß unterhalten, sondern auch Sittlichkeit und Religiosität mehr und mehr in den Kinderherzen erwecken und erstarken machen sollten«.

Pocci schaltete sich ein und am 15. November 1858 bekam Schmid endlich eine Spielerlaubnis für ein jedermann zugängliches Marionettentheater. Schon am 5. Dezember konnte er es mit Poccis Stück »Prinz Rosenrot und Prinzessin Lilienweiß oder Die bezauberte Lilie« eröffnen. Die Marionetten fertigte er selbst, und dem Kasperl Larifari verlieh er immer seine Stimme.

Bis zu seinem Tod 1876 verfasste Pocci nicht weniger als 53 Kasperlkomödien, Ritterstücke, Märchenspiele, Prologe und Intermezzi extra für Schmids »Münchner Marionetten-Theater«. Texte von etwa 40 weiteren Autoren bereicherten den Spielplan. Gespielt wurde in wechselnden Häusern, oft in Gastwirtschaften, zuletzt in einer Bretterbude an der Marsstraße, die feuerpolizeilich geschlossen wurde. Dort fiel am 9. April 1900 mit dem Schwank »Kasperls Abschied vom Publicum« der letzte Vorhang.

Nach immerhin 42 Jahren hatten die Münchner ihren »Papa Schmid« und seine Puppen so lieb gewonnen, dass sich die Halbmillionenstadt nicht länger finanziell lumpen lassen wollte. So konnte Direktor Schmid am 4. November 1900 in der Blumenstraße 32 den ersten festen Puppentheaterbau der Welt eröffnen. Entworfen hat ihn der renommierte Architekt Theodor Fischer. Fast unverändert, wenn auch in den 1980er-Jahren renoviert, blieb bis heute dieser charakteristische Block mit Walmdach und Freitreppe, die beiderseits dorische Säulen samt Dreiecksgiebel trägt.

Josef Leonhard Schmid starb am letzten Tag des Jahres 1912 im hohen Alter von 90 Jahren. Kurz zuvor hatte er das Theater seiner Tochter Babette übereignet, die das Haus bis zu ihrem Tod im Jahr 1930 zusammen mit dem langjährigen Mitarbeiter Karl Winkler erfolgreich leitete. Es steht heute unter Denkmalschutz und wird längst nicht mehr nur von Kindern besucht. Und auch sein Grab auf dem Alten Südlichen Friedhof wird, wie der Friedhofsführer verrät, gern von Kindern besucht. Die Stadt hat sich vor ihm mit einer Papa-Schmid-Straße verneigt.

Der Paradebayer

KONRAD DREHER

»Konrad Dreher – Karl Maxstadt und Papa Geis; das war nur einmal das kommt nie wieder!«[4]

Als Sohn eines psychisch kranken Holzbildhauers und einer Stickerin am 30. Oktober 1859 in ärmlichen Verhältnissen in München geboren, war das Glück dem Konrad Dreher zunächst kein bisschen hold. Entgegen jeder Vernunft brach er die Realschule ab und danach auch die Kaufmannslehre, denn schon früh hatte ihn mehr als trockenes Zahlenwerk das Kasperltheater auf der Auer Dult oder das Bretterbudentheater von Max Schweiger in der Isarvorstadt (siehe S. 152) begeistert.

Sein Berufswunsch war Komödiant, wenngleich ihm die besuchte Schauspielschule »auffallende Talentlosigkeit« bescheinigte. Ermutigt durch eine Hofschauspielerin, ergatterte der schmächtige Jüngling mit der langen Nase dann aber doch kleine Rollen in der Provinz. Von dort aus gelang ihm 1878 der Sprung ins neue »Aktien-Theater« am Münchner Gärtnerplatz, wo er, nach dem Debüt als Jules Vernes »Detektiv Fix«, ganz fix in komische Rollen und in die Gunst des Theaterpublikums kletterte.

Konrad Dreher. Fotografie von Georg Pettendorfer mit Unterschrift Drehers, 1926.

Dem Zuschauer aus der Großstadt gefielen die neuen Possen, die vom »echten« Leben und Lieben der kleinen Leute draußen auf dem Land handelten. Dichter wie Franz Prüller, Peter Auzinger (siehe S. 188) und Hermann Schmid, später auch Ludwig Ganghofer sowie die Österreicher Johann Nestroy und Ludwig Anzengruber lieferten die Stoffe, großteils in Mundart verfasst, wie am laufenden Band. Weit über Bayern hinaus wurde nach solcher Selbstdarstellung der »Älpler« verlangt – Bayern war »fashionable« geworden, wie der Schriftsteller Ludwig Steub trocken feststellte. 1880 konnte eine aus 22 Mitgliedern bestehende »Auskopplung« des Gärtnerplatzensembles – unter ihnen auch der junge Dreher –, kurz »Die Münchener« genannt, sensationelle Erfolge feiern. Berlin war zuerst dran, dann Amsterdam, 1889 konnte man sich gar schon eine Amerikatournee mit dem Volksstück »Jägerblut« von Benno Rauchenegger leisten. In New York, Chicago und Philadelphia waren vor allem deutsche Auswanderer begeistert. So wurden die im »Gärtnerplatztheater« inszenierten »Gebirgskomödien« beachtliche Exportschlager, bei denen die Erwartungshaltung ans »typisch Bayerische« immer perfekter mit den passenden Versatzstücken wie Alpenkulisse und Schuhplattler im »originalen« Trachtenkostüm bedient wurde, was letztendlich in einer Art Ausstattungsrevue gipfelte. Und Konrad Dreher war der Paradebayer. Er spielte Hauptrollen, deren Namen allein schon lachen ließen: Zangerl, Schlaucherl, Purzl, Frosch, Loisl,

Gwissenswurm. Alles drehte sich um Dreher. Der bot mit seiner schrulligen Figur und seinem kracherten Dialekt die ganze Fülle komödiantischer Bühnenkunst, vom selbstgedichteten Couplet bis zum Operettensolo, Jodler und Gstanzl inklusive. Eine besonders beliebte Spezialität waren seine Parodien. Goethes »Faust« war vor ihm ebenso wenig sicher wie Wagners »Thannhäuser« (»Die Keilerei auf der Wartburg«), und köstlich parodierte er Sarah Bernhard, die größte Schauspielerin ihrer Zeit. Bei neuen Stücken fragten die Leute immer erst: »Ist der Dreher dabei?«, so behauptete es jedenfalls Ludwig Thoma. 1892, als Dreher das 33. Lebensjahr antrat, erreichte die Gaudi ihren Gipfel. Ein ganzer Waggon brachte ihn, den der Prinzregent soeben zum Königlichen Hofschauspieler ernannt hatte, zusammen mit 21 Kollegen und einem kompletten Kulissendorf in die russische Hauptstadt St. Petersburg.

Im Juli desselben Jahres gründete Dreher zusammen mit dem Schuhplattler und Metzger Xaver Perfall das »Schlierseer Bauerntheater«. Schon die Premiere – natürlich mit »Jägerblut« – war ausverkauft. Danach exportierte das stürmisch gefeierte Laienensemble seinen bayerischen Komödienstadl in ferne Länder, aber auch im »Deutschen Theater« gastierte man. Immer wieder trat Dreher dazwischen mit Solopartien im Münchner »Gärtnerplatztheater« oder im Augsburger »Stadttheater« auf.

Drehers künstlerische Erfolge, bei denen er sich selbst gezielt und marketingmäßig sehr modern zur »Marke« mit einem hohen Wiedererkennungswert stilisierte, gingen einher mit einer erfreulichen finanziellen Lage, die es ihm ermöglichte, sich eine respektable Villa in der Cuvilliésstraße im vornehmen Vorort Bogenhausen zuzulegen. Aber durch die Inflationsjahre nach dem Ersten Weltkrieg verlor er sein in Staatsanleihen angelegtes Vermögen fast vollständig und die Villa musste verkauft werden. Er war gezwungen, noch als 60-Jähriger die Arbeit auf den Brettern, die ihm die Welt bedeuteten, fortzusetzen – was er auch mit großem Erfolg tat. Mitte der 1920er-Jahre war Dreher Mittelpunkt der Münchner Gesellschaft und Freund erlauchter Künstler: Franz von Lenbach und Olaf Gulbransson porträtierten ihn mehrmals, Franz von Stuck formte ihm eine Vignette, Franz Hanfstaengel produzierte Mengen diverser Rollenfotos, Emanuel von Seidl entwarf für ihn ein visionäres Theater »umasunst«.

Und als er 1939 seinen 80. Geburtstag feierte, geschah es dem Operettenliebling Konrad Dreher, dass ihn der Operettenliebhaber Adolf Hitler aus diesem Anlass zum Staatsschauspieler – Ehrensold inklusive – ernannte. Während des Zweiten Weltkriegs wurde der große Schauspieler ins Donau-Ries evakuiert, wo er am 7. Dezember 1944 im Dörfchen Fessenheim bei Nördlingen starb. In Schliersee, einem seiner wichtigen Wirkorte, ist er begraben. Dreher hinterließ ein paar Edison-Rollen mit frühen Tonaufnahmen, winzige Szenen aus Stummfilmen, eine Autobiografie sowie acht Bände mit eigenen Gedichten, darunter der 1894 erschienene Band »Münchner Or'ginale«, in denen er vom Radiweib über den Wagelprotz bis zu Anderl Welsch und Papa Kern »stadtbekannte Figuren«[5] im reimenden Dialekt porträtierte, die Illustrationen dazu lieferte unter anderem Franz von Stuck.

Konrad Dreher war ein Gesamtwerk, das – so der Jubiläumsband über das 150-jährige »Gärtnerplatztheater« – aus heutiger Sicht »zu einem kitschträchtigen Klischee mutierte, das letztlich erstaunlicherweise bis heute besteht«[6]. Die Stadt München ehrte ihn im Stadtteil Hadern mit einer Straßenbenennung. Dort ist auch das Wirtshaus »Konrad Dreher« zu finden – ihn hätts gwiss gfreut.

Konrad Dreher im Theaterstück »Herrgottschnitzer« als Geisbub Loisl.
Atelieraufnahme von Franz Werner, o. J.

Der Tanzlehrer

OTTO PAUL RISCHOWSKY

Das Tanzen wurde ihm quasi in die Wiege gelegt und wen wundert das, hatte der 1868 geborene Otto Paul Rischowsky doch das Licht der Welt im walzerseligen Wien erblickt. Schon mit acht Jahren begann er seine Tanzausbildung und schaffte es in seiner Heimatstadt als Ballettmeister in die kaiserliche und königliche Hofoper. Aber es zog ihn hinaus aus Österreich und über Berlin gelangte er schließlich nach München, wo er sich 1897 selbstständig machte und in der Herrnstraße 23 ein eigenes Privattanzinstitut gründete, in dem er sein Können an die Jugend weitergab. Und er war gefragt. Zahlreiche Mitglieder von Turnvereinen und Burschenschaften führte er nicht nur in die Kunst des Tanzens ein, sondern er erteilte ihnen zudem gesellschaftliche Benimmregeln. Die renommiertesten Verbindungen der Stadt gaben sich bei ihm die Türklinke in die Hand: Studenten der Suevia, Isaria, Franconia, Normannia, Rheno-Palatia, Vandalia, Arminia ... 450 bis 500 Studierende der bayerischen Hochschulen waren jährlich seine Schüler. Gleichzeitig war er auch noch als Ballettmeister an der Ballettschule des Nationaltheaters tätig. Die Einnahmen aus der Tanzschule flossen dermaßen gut, dass der inzwischen mit einer Ballettmeisterin verheiratete Rischowsky es sich 1904 leisten konnte, bei Architekt Max Ostenrieder eine formidable Villa in Weßling im Fünfseenland als Sommersitz in Auftrag zu geben. Hier fand dann wohl auch der eine oder andere gesellige Abend statt – natürlich mit Tanzbelustigung.

Otto Paul Rischowsky mit Ehefrau, o. J.

Jahrelang bemühte sich Rischowsky jedoch trotz dieses Erfolgs umsonst bei der Ludwig-Maximilians-Universität um den heiß begehrten Titel eines Universitätstanzlehrers. Erst 1905 übertrug ihm der Senat diese Funktion, da er wegen des hohen Zulaufs von Studierenden bereits der eigentliche Studententanzlehrer sei und ferner einen hohen Anteil an Damenpublikum aufweisen könne, außerdem, weil während des Unterrichts – im Gegensatz zu anderen Tanzschulen – keine alkoholischen Getränke ausgeschenkt würden. Am 11. Dezember 1912 brach Rischowsky, offenbar während eines abendlichen Kurses, zusammen und verstarb mit nur 44 Jahren. Nach seinem Tod bewarben sich gleich mehrere Münchner Tanzlehrer um die vakante Position des Universitätstanzlehrers, unter anderem ein gewisser Josef »Peps« Valenci. Ohne Erfolg. Erst 1925 erreichte Valenci sein Ziel und der 1892 in Wien geborene und in Rischowskys Ballettschule in die Lehre gegangene Tänzer, durfte ab da diesen Titel tragen. Bereits 1919 empfing er in seiner eigenen Tanzschule in der berühmten Tonhalle in der Türkenstraße 5, dem Kaim-Saal, Tanzwillige jeden Alters. 200 000 Münchnerinnen und Münchnern hat er im Lauf seiner 50 Berufsjahre die Kunst des formvollendeten Tanzes beigebracht und er machte die noch heute bei vielen Bällen als Auftakt gern getanzte Münchner Française populär.

Der erste Vamp

MARY IRBER

»Von vorn besehn bist du die schönste Maid, die je mein Herz aus Liebesnot befreit«, so beginnt ein Bänkellied, das Frank Wedekind seiner »entzückenden Kollegin Mary I.«[7] gewidmet hat. Die Entzückende hieß Mary Irber. Sie soll Vorbild für Wedekinds umschwärmten Weibsteufel »Lulu« gewesen sein. Wedekind textete noch ein weiteres Gedicht auf sie unter dem sprechenden Titel »Marys Kochschule«: »Schließlich öffnest du die Brust mir / Und transchierst mein dampfend Herz, / Weidest dich an seinem Pochen, / Wie's zerrissen und zerstochen / Und in Stücke sprang vor Schmerz.«[8] Das entzückende Weib hatte wohl auch andere Seiten ...

Mary Irber war der erste Vamp auf deutschen Bühnen und ein typisches Beispiel für die Unterhaltungsmaschinerie der Gründerzeitjahre, was Frauen anbelangt. Und nicht nur für diese. Frauen hatten eine Zierde des Mannes zu sein und ihm im Heim und am Herd zu dienen. Und wenn sie sich schon auf die Bühne stellen mussten, war es Männersache zu unterhalten, ihre hingegen war es ausschließlich reizend, hübsch anzuschauen und in jedem Fall erotisch zu sein. Als Schlangen- und Cancan-Tänzerinnen, Artistinnen in knap-

Mary Irber, 1905.

Mary Irber. Ansichtskarte, Studio Wagram, Brüssel, 1925.
Auf der Rückseite Grüße für Karl Valentin.

pen Kostümen oder als Soubretten mit verruchtem Liedrepertoire erfüllten sie diese Vorstellungen des hauptsächlich männlichen Publikums in den Varietés um 1900 fast ausnahmslos. Im Theater gaben sie die komische Alte oder die hübsche Naive – Charakterrollen waren dem männlichen Personal vorbehalten. Und sollten sie sich gar für so etwas wie Gleichberechtigung einsetzen oder wie etwa beim Radsport in eine Männerdomäne eindringen, wurden sie mit Sicherheit als unweibliche Emanzen verspottet.

Maria Irber wurde am 6. Juni 1884 im kleinen niederbayerischen Klosterdorf Langenisarhofen als Tochter eines Bierbrauers geboren. Aufgewachsen ist sie jedoch in der Au in München, wo sie auf den wilden, im ganzen Viertel wegen seiner Streiche gefürchteten Buben Karl Fey trifft – zwei Jahre älter als sie. Er berichtet in seinen Erinnerungen: »Übrigens habe ich im gleichen Hausgang, in dem mein Zweikampf mit dem Friseurgehilfen stattfand, auch Bekanntschaft mit der kleinen siebenjährigen Mary Irber gemacht, die mit ihrer noch kleineren Freundin Lily Mooshammer, einer jetzigen Gräfin Eulenberg, zweistimmig zu singen pflegte und von den Leuten, die durch den Tunnel gingen, oft ein paar Pfennige dafür bekam. Nach 1900 war die Irber Mary Deutschlands größte Kabarettistin.«[9]

Im zarten Alter von zehn Jahren trat das Auer Vorstadtkind bereits im Ballett des »Deutschen Theaters« auf, mit 16 debütierte sie als singende Barfußtänzerin und als »lebendes Bild« in einem fleischfarbenen Trikot auf der Bühne der Schwabinger Kleinkunstbühne »Überbrettl«, auf. Ihren Vornamen modernisierte sie zu Mary, im anwachsenden Kreis ihrer Verehrer hieß sie Mizzi. Typisch war es auch für den Geist der Zeit, den Nachnamen der Künstlerinnen zu ignorieren. Selbst Karl Valentin trat »nebst Partnerin auf« und nannte zunächst den Namen von Liesl Karlstadt (siehe S. 165) auf seinen Plakatankündigungen nicht.

Quasi als Beitrag Bayerns zur Belle Epoque bespielte die Irber bald Kabaretts und Vergnügungspaläste, die nach der Jahrhundertwende in München aus dem Boden schossen. Kunst war in diesen weniger gefragt als Gaudi und Sinnenfreude. Nach einem Gastspiel bei den anspruchsvolleren »Elf Scharfrichtern« engagierte 1904 der Impresario Josef Hunkele, der sich den vornehmeren Namen Vallé zugelegt hatte, die in besseren Männerkreisen (unter anderem bei den Rothschilds) geschätzte Mademoiselle als »künstlerische Tänzerin« und Chansonnette für sein gerade frisch gegründetes »Intimes Theater«. Dessen Plakate zeigten viel nackte Haut. Mit von der Partie war auch der Bänkellieder singende und die Irber heiß verehrende Frank Wedekind.

1912 eröffnete das Theaterkabarett »Die Hölle« im Untergeschoss der Tonhalle in der Türkenstraße 5 seine Pforten. Im oberen Stockwerk befriedigten im großen Kaim-Saal die Münchner Philharmoniker die Bedürfnisse des bürgerlichen Bildungspublikums nach klassischer Musik, wahlweise gustierte man auch Theaterstücke wie zum Beispiel Arthur Schnitzlers »Reigen«. Im Keller aber wurde derweilen die schöne Mary zum absoluten Star der Brettlbühne.

Der Schriftsteller Rudolf Schneider-Schelde schildert sie recht liebevoll als ein »sehr schlankes, schwarzhaariges und dunkeläugiges Geschöpf [...]. Sie trug die Haare kurz, gescheitelt und nach den Seiten hin gelockt, es war eine Art weniger von Bubi- als von Pudelfrisur, sie hatte einen reizenden Wuchs, reizende Bewegungen, die elegantesten Kleider und – nach den Aussagen aller, die ihr verfielen – den Teufel im Leib.«[10] Außerhalb der Bühnen indes sei sie das Gegenteil einer »g'schwollenen Größe« gewesen.

Wie die Irber auftrat, geht aus Polizeiakten hervor: »Beine frei bis weit übers Knie, sehr kurzer Rock, den sie beim Singen hinten hochhebt, wobei sie sich wie beim Geschlechtsakt bewegt.« Ein erster, scharfer Striptease. Die Programme unterlagen, natürlich, strenger Zensur, immer wieder wurden Sketche und Songs verboten. Für den vom Rheinland zugewanderten Sittenprediger Armin Kausen war diese Bühne eine »Werkstatt schamlosester Obszönität«. Katholiken gründeten einen »Münchner Männerverein zur Bekämpfung der öffentlichen Unsittlichkeit«.

Doch das Publikum setzte sich aus besten Kreisen zusammen. Sogar Prinzen des Hauses Wittelsbach waren Stammgäste. So kam es erst 1909 zu einem Prozess, der, natürlich, mit Entzug der Konzession endete. Mary Irber aber hatte inzwischen einen solchen Ruf, dass sie das »Deutsche Theater« für ein »Luftballett« und das junge »Gärtnerplatztheater« sogar als Soubrette gewann. Sie gastierte in mehreren Städten Europas. In München trat sie mit ihrem Kinderspielgefährten Karl Valentin auf. Sie posierte auch als Fotomodell, warb für Absinth, ließ sich von großen Malern porträtieren, ließ sogenannte, heute noch auf dem Markt befindliche Boudoir-Karten drucken und massenhaft verkaufen. Mit Sicherheit haben sich einige von diesen auch in Karl Valentins Sammlung erotischer Fotografien befunden, über die Annemarie Fischer-Grubinger, Valentins Geliebte und neben Liesl Karlstadt auch einzige Partnerin auf der Bühne, schreibt: »Seine Pornobilder-Sammlung war sehr interessant, weil sie zugleich ein Stück Sitten- und Kulturgeschichte verkörperte. Es waren Fotos aus allen Jahrzehnten, ›Damen‹ in den verschiedensten erotischen Stellungen und Situationen …«.[11] Bemerkenswert ist an dieser Stelle, dass Mary Irber sich stets selbst vermarktet und nie einen Manager engagiert hat, um zum Beispiel Vertragsverhandlungen zu führen. Selbstbewusst und selbstständig war diese Frau zu einer Zeit, als die Emanzipation in Bayern noch nicht sehr weit fortgeschritten war.

Und nicht zuletzt umgab sich die Diva mit Männern – lange bevor Marlene Dietrich »Männer umschwirr'n mich wie Motten um das Licht« (wobei sie ein »um« zu viel sang). Erich Mühsam war ihr besonders zugetan. Es kam jedoch, wie er 1912 seinem Tagebuch anvertraute, bei den häufigen Begegnungen im »Simplicissimus« gerade mal zum harmlosen Küsschen. Der Literat und Revoluzzer bewunderte diese charmante, »originelle Figur«[12], obwohl sie in seinen Augen gar nichts konnte. Aber dafür würde sie mit »verfeinerter Hurenhaftigkeit«[13] ihre wundervollen Beine bis »hoch übers Knie«[14] zeigen. Mühsam empfand sie (waren dem Fuchs die Trauben zu sauer?) jedoch als unersättliche Nymphomanin: »Ich möchte der Kerl nicht sein, der es ihr besorgen muss.«[15]

Nach dem Ersten Weltkrieg wurde es ruhig um Maria alias Mary oder Lilly oder Mizzi Irber. Sie wohnte in Schwabing, musizierte noch ein wenig, jodelte sogar (das zweite Foto zeigt sie als »Wunderecho der Alpen«) und servierte Gästen selbst gebackenen Kuchen. So erreichte sie ein hohes Alter. Maria Irber starb am 2. August 1962, kurz nach den Schwabinger Studentenkrawallen. Auf dem Ostfriedhof wurde sie beigesetzt.

Die Unersetzliche

LIESL[16] KARLSTADT

Es mutet merkwürdig an, die Schauspielerin Liesl Karlstadt hier in einer Reihe mit Gummihautmenschen, derben Volkssängern oder Hausierern zu sehen. Es stellt sich mit Recht die Frage, ob hier vielleicht eine falsche Zuordnung in die Sparte »Originale« durch die Rekonstruktion der Sammlung Valentin durch das Stadtarchiv geschehen ist.[17] Ohne Zweifel war sie doch für Karl Valentin viel mehr als irgendein Münchner Original. Ohne Zweifel war sie seine unersetzliche Partnerin, eine kongeniale Schauspielerin, war Managerin, Stichwortgeberin, Co-Autorin, Seelentrösterin und auch zeitweise heimliche Geliebte. Er selbst, der berühmte »Vale«, hat die Liesl meist nur als »Fräulein« (»Frl.«) Karlstadt tituliert. In Nachschlagewerken erscheint sie als »Münchner Humoristin« und »Partnerin von Karl Valentin«. Das alles klingt so, als wäre die Karlstadt eine Art Assistentin gewesen, wie sie heute Fernsehmoderatoren zuarbeiten. Auf der anderen Seite ist auch unter den anderen im Stadtarchiv vorliegenden Porträts der Sammlung Valentin kein weiteres Foto von ihr zu finden. Die Abbildungen aus Valentins Sammlung zeigt Liesl Karlstadt wahrscheinlich beim Vortrag von »Das Münchner Kindl vom Rathausturm besucht die unter ihm liegende Stadt«, einem der frühesten Monologe von Karl Valentin aus dem Jahr 1916. Sie verkörpert dabei humorvoll den Mönch aus dem Stadtwappen, der 1905 auf die Spitze des Rathausturms gesetzt wurde: »Ich bin das Münchner Kindl, ein wirklich armer Wurm,// ich steh seit vielen Jahren dort droben am Rathausturm [...].« Das Couplet endet mit den gesungenen Zeilen: »Solang die grüne Isar durch d' Münchnerstadt no geht//Solang der Alte Peter am Petersbergl steht, // Solang uns schmeckt a Rade und a Bier und a Trumm Brot//Verlaß i aa mein München net, und jetzt Pfüat enk Good!!!«[18] In

Liesl Karlstadt als Münchner Kindl mit einem Maßkrug und zwei Rettichen in der linken und einem Gebetbuch in der rechten Hand. Ansichtskarte, o. J.

der Hand hält Karlstadt die genannten bayerischen Urspeisen sowie ein Gebetsbuch.

Elisabeth »Liesl« kam als fünftes von neun Kindern des aus Niederbayern stammenden Bäckers Wellano am 12. Dezember 1892 in der Maxvorstadt zur Welt. Die ärmlichen Verhältnisse ließen sie zunächst brav Verkäuferin lernen. Doch schon als 17-Jährige zog es sie zu den Volkssängern. Ihr großes Vorbild war der Gesangshumorist Karl Maxstadt (siehe S. 60), dem auch der junge Karl Valentin nacheiferte. 1911 traten die beiden zufälligerweise zum ersten Mal gemeinsam auf einer Bühne auf, in der Ludwigsvorstadt im »Frankfurter Hof«. Valentin

Hotel und Singspielhalle »Frankfurter Hof«, Schillerstraße 49. Stark retuschierte Fotografie (Original nicht erhalten) mit aufgeklebten Personen und retuschierten Gebäudeaufschriften, 1910.

Ludwig Fey hatte sich bereits einen Künstlernamen zugelegt und war zu diesem Zeitpunkt schon zum Star avanciert. Etwas herablassend-chauvinistisch gab er ihr dann auch den beruflichen Rat: »Sie, Fräulein, Sie sind als Soubrette aufgetreten [...]. Des is nix. [...] A Soubrette die muss an Busen haben. [...] Aber Sie sind sehr komisch, Sie müssen sich auf das Komische verlegen.«[19] Bald regte er die bislang unter dem Namen Lisl Mackstadt Auftretende auch zu einem anderen, an den verehrten Maxstadt erinnernden Künstlernamen an und am Ende teilten sie sich ja dann ganz partnerschaftlich das »Karl« im Namenszug.

Ein Vierteljahrhundert lang begeisterte, ja beglückte dieses Duo die Menschheit auf Bühnen nicht nur in München, im Radio und in drei Dutzend Filmen. Unvergessen ist Liesl Karlstadt in ihren Paraderollen: als väterlich »misstreuter« Firmling, vorwitziger Lehrbub, irritierte Verkäuferin, aufgeregte Ehefrau und so weiter. In etwa 400 Stücken sollen die beiden Komiker gemeinsam gespielt haben. Eher selten aber stand er, der misstrauische Hypochonder, dieser Frau auch menschlich nahe. Liesl war nicht seine Einzige. Oft wurde da ähnlich gestritten wie auf der Bühne. 1935 verlor sie die Nerven, sprang in die Isar, suchte die Zuneigung eines anderen Mannes, eines braven Chauffeurs – vergeblich.

In den geliebten Bergen fand Liesl Karlstadt endlich Ruhe und Trost. Sie nahm sogar den Vornamen Gustav an, um als »Stabsgefreiter« bei den Gebirgsjägern zu dienen. Zwei Jahre lang durfte sie – sogar in Uniform – Maultiere durchs Wettersteingebirge führen. Nach dem Krieg versuchte der völlig unterernährte, fast vergessene Karl Valentin im »Alten Simpl« noch einmal einen Neustart – zusammen mit Liesl Karlstadt. In der ungeheizten Kleinkunstbühne »Der Bunte Würfel« in Haidhausen verschlimmerte sich Valentins Lungenleiden derart, dass er am Rosenmontag 1948 elend starb. Am 27. Juli 1960 verschied, während eines Urlaubs in Garmisch-Partenkirchen, die in den Nachkriegsjahren vor allem im Filmgeschäft wieder an schauspielerische Erfolge anknüpfende Liesl Karlstadt. Sie wurde auf dem »Prominentenfriedhof« von St. Georg in Bogenhausen beigesetzt, Karl Valentin ruht in Planegg.

Wer mehr über Liesl Karlstadt wissen will, kann auf eine Fülle von eigenen Publikationen und Sekundärliteratur zurückgreifen. Er wird fündig in Spiel- und Dokufilmen. Er kann zeitgenössische Münchner Originale am Liesl-Karlstadt-Brunnen auf dem Viktualienmarkt antreffen. Und nicht zuletzt kann man sich informieren und amüsieren im »Musäum« im Isartor, das dem ursprünglichen Namen Karl Valentin längst den Namen seiner unersetzlichen Partnerin hinzugefügt hat.

JAKOB FISCHBERGER

Zum Statisten Jakob »Jackl« Fischberger sind keine Lebensdaten feststellbar. Im Text zum Lichtbildervortrag heißt es unter der Nr. 27: »Der Fischberger Jackl: (eine kleine drollige Persönlichkeit) Er hatte figürlich das Aussehen eines zehnjährigen Knaben; er hatte aber einen grossen roten Schnurrbart und war schon 50 Jahre alt. Karl Valentin verwendete ihn auf der Bühne zu seinem Stück: ›Die Raubritter von München‹, wo er immer wieder mit der Wache herausmarschierte. Viele Münchner werden sich daran noch erinnern.« Über Valentins Affinität zu Menschen mit ungewöhnlichen Körpergrößen wird später noch die Rede sein (siehe S. 262ff.)

Jakob Fischberger. Nicht-retuschierte Fotografie, o. J.

Jakob Fischberger. Stark retuschiertes (Hut und Bart aufgemalt) und koloriertes Glasdiapositiv, 9 x 12 cm, Reproduktion der Fotografie links.

SCHÖPPL

Die Lebensdaten des Souffleurs am Schweiger-Theater sind nicht feststellbar. Das Bild stammt von Otto Reitmayer, dem Hoffotografen des Herzogs von Anhalt. In der gleichen Serie sind auch die Atelieraufnahmen von Johann Schweiger (siehe S. 152), Lina Schweiger (Sammlung Valentin, Sign. DE-1992-FS-NL-KV-1775) und dem Kapellmeister am Schweiger-Theater Rösner (Sammlung Valentin, Sign. DE-1992-FS-NL-KV-1777) entstanden.

Schöppl.
Atelieraufnahme von Otto Reitmayer, o. J.

JOSEF KOLMANSPERGER[20]

Statist bei Karl Valentin und Liesl Karlstadt. Lebensdaten nicht zu ermitteln.

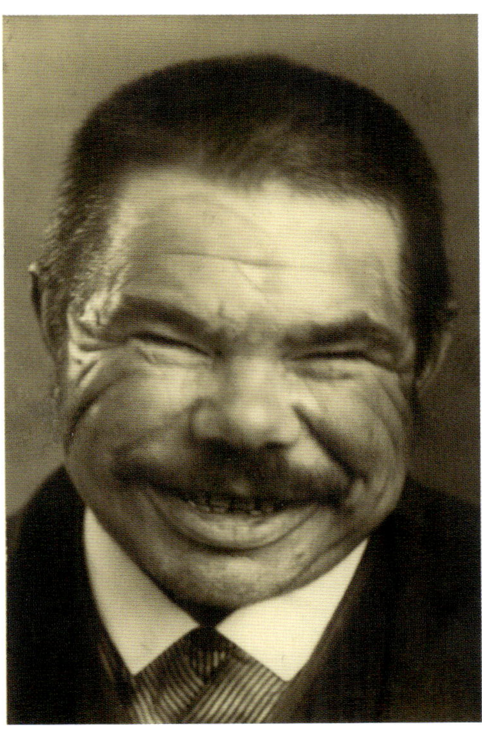

Josef Kolmansperger, o. J.

»PFAFFERL«

Statist bei Karl Valentin und Liesl Karlstadt. Bürgerlicher Name und Lebensdaten nicht zu ermitteln, nur, dass er sehr groß gewachsen war.

»Pfafferl«, o. J.

»Pfafferl« (rechts) eine Fahne haltend mit einem unbekannten Kollegen, o. J.

Pfafferl« (rechts) mit einem unbekannten Kollegen, o. J.

Anmerkungen

1 Bei Valentin im Lichtbildervortrag unter der Nr. 78 mit dem Vornamen Joseph verzeichnet. Er verwechselt ihn offensichtlich mit dessen Bruder.
2 Bei Valentin im Lichtbildervortrag, Nr. 70, in der Schreibweise Papa Schmi[d]. Wahrscheinlich ein Schreibfehler. Bis auf den Hinweis »War der Gründer vom Münchner Marionettentheater« hier kein weiterer Text.
3 Zitiert nach: https://www.deutsche-biographie.de/gnd117499269.html#ndbcontent [zuletzt geöffnet am 12.3.2019].
4 Karl Valentin in einem Anschreiben anlässlich Konrad Drehers 80. Geburtstag, 1939.
5 Dreher, Conrad: Münchner Or'ginale, Stuttgart / Leipzig / Berlin / Wien 1894, S. 6.
6 Frey, Stefan: Dem Volk zur Lust und zum Gedeihen: 150 Jahre Gärtnerplatztheater, Leipzig 2015, herausgegeben vom Deutschen Theatermuseum München S. 40.
7 Wedekind, Frank: Werke in drei Bänden, Band 2, Berlin / Weimar 1969, S. 447.
8 Ebd., S. 448.
9 Henze / Heizmann: Karl Valentins Selbstbiographie, Sämtliche Werke, Band 7, S. 63.
10 Rudolf Schneider-Schelde: Mary Irber, in: Die schöne Münchnerin, herausgegeben von Hanns Arens, München 1969, S. 134–137.
11 Zitiert nach: Glasmeier, Michael: Karl Valentin. Der Komiker und die Künste, München / Wien 1987, S. 70.
12 Erich Mühsam, Tagebucheintrag, 29. August 1912, zitiert aus: http://www.muehsam-tagebuch.de [zuletzt geöffnet am 14.3.2019].
13 Ebd.
14 Ebd.
15 Erich Mühsam, Tagebucheintrag 28. September 1911, zitiert aus: http://www.muehsam-tagebuch.de [zuletzt geöffnet am 14.3.2019].
16 Karl Valentin schreibt sie Lisl.
17 Ihr Konterfei als Münchner Kindl wurde von Valentin auch offensichtlich nicht in seine Lichtbildervorträge zu den Münchner Originalen (siehe Henze / Heizmann: Karl Valentins Selbstbiographie, Band 7, S. 228–242) aufgenommen. Ebenso wenig im Übrigen wie Mary Irber (siehe S. 161).
18 Zitiert aus: Karl Valentin: Gesammelte Werke in einem Band, herausgegeben von Michael Schulte, München 1994, S. 84.
19 Zitiert nach: Dimpfl: Karl Valentin, S. 87.
20 Auch in der Schreibweise Kolmannsberger.

SCHAUSTELLER

Auf geht's!

MICHAEL AUGUST SCHICHTL

»Über diesen Mann könnte man tagelang erzählen. Er war ein Volkshumorist 1. Klasse. Die ihn nicht kannten, sind zu bedauern und die ihn noch gehört und gesehen haben, können nur sagen: ›So ein Unikum kommt nur selten zur Welt‹.«[1]

Michael August Schichtl in Zivil.
Koloriertes Glasdiapositiv, 9 x 12 cm, o. J.

Von allen Schaustellern auf der Wiesn war er wohl der originellste, erfolgreichste und berühmteste. Seine weithin verbreitete Losung »Auf geht's beim Schichtl« war und ist auch heute noch ein Muss für die Oktoberfestbesucher. Viel mehr noch, mit diesem vehementen Ruf krempelt der Bayer allgemein symbolisch die Ärmel hoch und gibt zu verstehen, dass er die Sache jetzt »anpacken« will. Wie so viele heimische Spaßmacher stammte Michael August Schichtl, der auch der Münchner Mundart ungewohnte Wörter abgewann, jedoch gar nicht aus Bayern, sondern aus Tirol, wo seine Vorfahren als Musikanten und »Mechaniker« mit allerlei volkstümlichen Kunststückln umhergewandert waren. Sein Vater betrieb ein »Zoologisches Theater« mit abgerichteten Tieren.

Am 22. November 1851 in München geboren, erlernte Jung-Schichtl das Korbmacherhandwerk, heiratete die Seiltänzerstochter Eleonore und gründete ein Kasperltheater, die Köpfe der Figuren schnitzte er aus Bierfässern. Bald genügten ihm die Auer Dult und andere Volksfeste als Aufführungsorte nicht mehr. 1872 machte er seine erste Bude auf der festlichen Theresienwiese auf. Ein paar Jahre später firmierte er bereits als »welt-

Werbekarte für Michael August Schichtls Varieté mit Porträt Schichtls im Clownkostüm, 1920.

Michael August Schichtl im Clownkostüm. Koloriertes Glasdiapositiv, 9 x 12 cm.

Michael August Schichtl und I. Gg. Kotter (siehe S. 187), o. J.

berühmtes Original-, Spezialitäten-, Künstler-, Zauber-, Geister- & Automatentheater«. Damit übertrumpfte er alle Konkurrenz, auch die seiner eigenen drei Brüder.

Als Schmierentheaterdirektor – roter Frack und Zylinder, weiße Weste und weiß geschminktes Gesicht, riesiger Halskragen, rote Perücke – lockte »Papa Schichtl« auf einer 30 Meter langen Vorbühne die Passanten mit derben Sprüchen: »Hochmögende Stadtleut und Misthaufenprotzen«. Oder: »Wohlriechende Landbewohner, liebe Läuse äh Leute. Stellt's euch ned so lang her, sonst kriagt's zu eire Plattfüaß no an Baumhackl.« Oder: »Bei mir is auf alle Fälle der Schwindel reell.« Manche Publikumsbeschimpfung reimte sich. Dazu schlug der Patron virtuos die Trommel. Mit ebenso gewählten Worten stellte er dann seine wechselnde Truppe vor. Mit im kostenlosen Vorspiel waren immer der kleinwüchsige »Stopsel«, der dumme August in einer Tambourmajoruniform, der den Chef nachäffte, sowie eine vierköpfige Kapelle. Die übrige Truppe wechselte. Es waren Akrobaten aller Art, Magier, Kunstschützen, Geister, Pantomimen, Schönheitstänzerinnen, Wahrsagerinnen, »wandelnde Gemälde«. Tochter Wilhelmine tanzte als »Königin der Lüfte« auf dem Seil. Eine solche »Parade« dauerte eine halbe Stunde. Vielen genügte bereits diese kostenlose Anpreisung. »Da brauch ma gar ned nei geh, der macht heraus mehra Gaudi als wia drinna«, sagte Karl Valentin bei einem Oktoberfestbesuch, »schick di, dass ma ganz vorn hinkemma.«[2] Original-Schichtls Repertoire umfasste bis zu 100 komische bis sensationelle Nummern, woraus jeweils zwölf »Piecen« ausgewählt wurden. An den Haupttagen des Oktoberfestes gab es bis zu 35 einstündige Vorstellungen hintereinander. Höhepunkt war immer die »Enthauptung einer Person auf offener Bühne«. Viel Prominenz aus dem Publikum, bis hin zum Polizeipräsidenten, hat sich für diese Horrorshow unter die Guillotine gelegt, die Köpfe wurden wieder aufgesetzt.

Schichtl selbst aber fiel tot um, als ihn bei der Hochzeit seines Pflegesohnes Pepi mit der Seiltänzerin Lina am 16. Februar 1911 der Schlag traf. Viele Münchner kamen auf den Waldfriedhof, viel Rühmendes hatte der Cooperator bei der Leichenpredigt diesem großen Schausteller, einem der letzten seiner Art, nachzutrauern. Anders als die meisten Kollegen hatte er es geschafft, seine Leute auch über den

Besucherandrang vor der Bude von Michael August Schichtl auf dem Oktoberfest. Von Valentin auf der Rückseite beschriftete Fotografie (beschädigt), 1910.

Winter zu beschäftigen und zu bezahlen. Für sie war er und für seine Nachfolger oder für die alten Münchner ist er heute noch der »Schichtl-Vatta«.

Carl Gabriel. Koloriertes Glasdiapositiv, 9 x 12 cm, o. J.

Der Schaustellerkönig

CARL GABRIEL

»Der König der Münchner Oktoberfeste. Motto: Er hat uns die wilden Völker nähergebracht.«

»Gross-Schauunternehmer« ist auf seinem Grabstein im Ostfriedhof eingemeißelt und er hätte mit Sicherheit auch bestens in die Rubrik »Unternehmer« dieses Bandes gepasst. Der Name Carl[3] Gabriel ist zum Inbegriff geworden für Schaustellerei und Massenunterhaltung – nicht nur in München, wo er das erste Kino der Stadt oder einen Rollschuhpalast nebst einem »Irrgang« mit lebenden Hecken auf dem Ausstellungsgelände der Theresienhöhe errichtet hat. Und nicht nur auf dem Oktoberfest, wo er 30 Jahre lang immer wieder neue, immer noch größere Attraktionen dargeboten hat, oder im ab 1890 boomenden Volksgarten Nymphenburg. Er war generell in seiner Branche immer der Allererste, hatte ein »Näschen« für die Unterhaltungsbranche und ihre Erfordernisse nach immer schneller, immer höher, immer weiter.

Am 24. September 1857 im schlesischen Bernstein geboren, hatte ihn der Vater, ein reisender Zirkusdirektor, zum Mechaniker und Kunstschlosser ausbilden lassen. 1892 stellte Carl Gabriel die Wachsfiguren des Vaters auf dem Oktoberfest in München aus, wo er bald auch wohnhaft wurde. Die Figuren brachte er dann in das »Internationale Handelspanoptikum« ein, das Bildhauer Prof. Emil Eduard Hammer (siehe S. 177) 1894 in der Neuhauser Straße aufgemacht hatte. Hier zeigte Gabriel auch erstmals in München »lebende Fotografien«– initiierte also die ersten Filmvorführungen.

Im Jahr 1902 bekam Gabriel die erste Oktoberfestkonzession. Er durfte eine Wirtsbude mit einem 60-Meter-Parcours für 25 Reitpferde aufstellen, ein »Hypodrom« (siehe auch S. 182, Franz Halmanseger), das bis zum Jahr 2013 auf der Wiesn zu finden war. Ebenfalls 1902 ließ

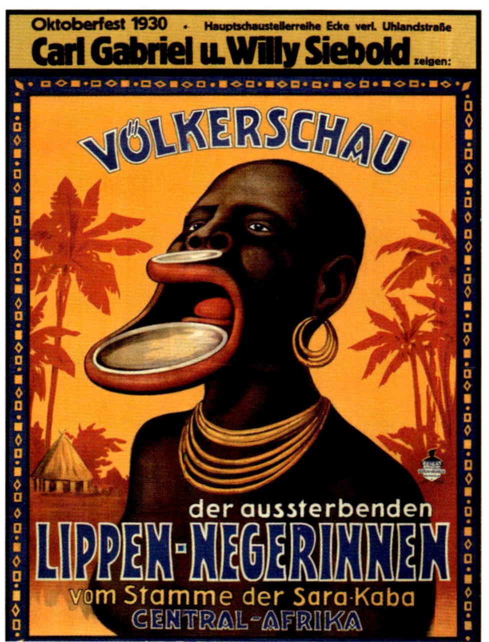

»Carl Gabriel und Willy Siebold zeigen: Völkerschau der aussterbenden Lippen-Negerinnen vom Stamme der Sara-Kaba aus Zentralafrika«, Plakat 1930.

der vielseitige Unternehmer, dem die Vorführung »lebender Bilder« nicht mehr genügte, in einem Garten der Schillerstraße den ersten richtigen Film drehen, mit einer Schlangenbändigerin und einem Kettensprenger, die gerade bei ihm auftraten. Unter dem Firmennamen »The American Bio.-C°.« eröffnete er 1907 in der Dachauer Straße 16 das erste feste Lichtspielhaus im Deutschen Reich. Das Gabriel Filmtheater hat erst im April 2019 seine Pforten für immer geschlossen. 1910 folgte ein ähnlicher »Kinematograph« nahe der Ludwigsbrücke und 1913 ein pompöser Lichtspiel-Palast am Sendlinger Tor. Beide Kinos existieren noch. Gabriel überraschte das Publikum im Jahr 1914 auch mit dem ersten Dreifarbenfilm.

»Als die Münchner noch nicht so verwöhnt waren«, erinnerte er sich einmal stolz, habe er ihnen auf dem Oktoberfest »sensationelle Vorstellungen« geboten. Wobei er sich selbst jedes Jahr neu übertrumpfte. Bis zu fünf Schau- und Fahrgeschäfte betrieb er jeweils auf der Wiesn, 20 schickte er gleichzeitig auf Reisen. Sein riesiges Geschäft wusste er immer gut zu vermarkten. Von den »Illustrierten Münchner Oktoberfest-Nachrichten der Unternehmungen Carl Gabriel's« wurden bis zu 300 000 Stück für 10 Pfennig verkauft; Beiträge lieferte unter anderem der junge Oskar Maria Graf.

Gabriels Innovationen wurden zu Klassikern der Jahrmärkte und zu unglaublichen Publikumsmagneten. Vieles ist heute noch beliebt: der Hexenkessel, das Teufelsrad, die erste Achterbahn Deutschlands (sie kurvte im neuen Ausstellungspark herum), schließlich 1930 die »Steilwand-Todesfahrt«. Andere Supershows von damals finden sich nur noch im Münchner Stadtmuseum oder wurden 2018 in einem Kabinett auf der »Oiden Wiesn« gezeigt. Zum Beispiel die »plastischen Bilder«: eine Gruppe von 20 Damen, die in effektvoller Aufmachung und Beleuchtung klassische Szenen darstellten.

Längst verschwunden sind auch Gabriels eigentlich populärste Veranstaltungen, die heute als schlimmster Rassismus oder Tierquälerei gelten würden. Vor allem die »exotischen« Völkerschauen mit bis zu 200 Personen, die ganze Karawanen von Beduinen nach München holten und noch 1930 »aussterbende Lippen-Negerinnen« genüsslich vorführten. Ebenso haben die »drei dicksten und schwersten Kolossalmädchen«, das »Liliput-Dorf« und ähnliche Sensationen ihre Glanzzeiten – Gott sei Dank – weit hinter sich. Die »Riesen Orang-Utan-Schau« von 1928 krankte allein schon daran, dass viele der aus Sumatra eingeführten Affen erbärmlich eingingen. Am 24. Februar 1931 ist der legendäre, kreative Schaustellerkönig Carl Gabriel in München gestorben.

Der »Wachsprofessor«

EMIL EDUARD HAMMER

»Mitten in seinem künstlerischen Schaffen hat ihn der Tod gerissen«, schrieb eine Münchner Zeitung, als »Deutschlands einziger Universitätsplastiker« im Dezember 1938 starb. Es war das Ende einer eigenartigen Schaustellerdynastie. Schon der in Hohenfels (Oberpfalz) ansässige Großvater hatte von König Ludwig I. das Privilegium eines Hofwachsplastikers erhalten. Dessen Sohn Johann Nepomuk stellte dann lebensgroße Nachbildungen bekannter Menschen her, mit denen er als Schausteller umherzog. Sein Vorbild war die Französin Marie (»Madame«) Tussaud, die Ende des 18. Jahrhunderts die guillotinierten Köpfe von Revolutionären in Wachs geformt hatte. Ein anderer seiner vier Söhne, Emil Eduard, am 3. Oktober 1865 in Regensburg geboren, wollte zunächst als Künstler lieber der ernsthaften Wissenschaft dienen. Er studierte an der Münchner Kunstakademie und bildete sich in Anatomie. Der angesehene königliche Universitätsplastiker fertigte sogenannte medizinische Wachsmodelle, die angehenden Ärzten als Studienobjekte dienten. 1894 hatte er aber doch noch andere Ambitionen und richtete gemeinsam mit dem namhaften Schausteller Carl Gabriel in der Neuhauser Straße 1 auf fünf Etagen ein »Internationales Handelspanoptikum und Museum« ein. Den Zuschauer lockte eine gute Mischung aus Wissenschaft und Geschichtsdarstellung, aber auch reißerischer Grusel und jede Menge Erotik. Folterkammer, Lachkabinett und Irrgarten sorgten für einen grotesk-kuriosen Unterhaltungswert, sogar die ersten Filmaufnahmen wurden hier den Münchnern gezeigt. Personen beiderlei Geschlechts war allerdings der gleichzeitige Besuch des Panoptikums polizeilich verboten. Ein Extrakabinett konnten nur über 18-Jährige betreten. Nach einem Brand musste das Panoptikum 1902 schließen. Die täuschend lebensecht mit Wimpern, Augenbrauen und Haaren ausgestatteten Wachsfiguren – mechanische Uhrwerke im Inneren ließen sie sogar künstlich atmen, die Augen verdrehen und Arme und Beine bewegen – wurden nach Saarbrücken verkauft, wo sie einzelne Schausteller erwarben. Während des Ersten Weltkriegs wurden die Exponate großenteils eingeschmolzen und für Soldaten zu Seife verarbeitet.

Emil Eduard Hammer. Atelieraufnahme von Karl Lützel, München, 1894.

Emil Eduard Hammer modelliert in seinem Atelier ein Selbstbildnis aus Wachs, o. J.

on, beklebt mit Motiven aus Hammers Panoptikum, 1900.

Nach 1918 folgte der international bekannte Präparator Hammer einem Ruf nach Amerika. In New York und Chicago durfte er in großen Krankenhäusern arbeiten. So entstanden erstmals knochengenaue Wachskopien normaler und abnormer oder von Krankheiten befallener Körperteile. Wieder aus Amerika mit einem Professortitel zurück in München, brachte Hammer diese Art Kunst in einem Atelier in der Schwanthalerstraße 59 – die Gegend war damals noch ein kleines Künstlerviertel – zur Perfektion. Karl Valentin besuchte ihn dort manches Mal. In einem Schauraum präsentierte der immer noch einzige Meister der Wachsplastik Deutschlands seine Kunstkörper nicht nur einem sensationslüsternen Publikum und gern der Presse, sondern auch der medizinischen Fachwelt. Seine Werkstatt ergänzte gewissermaßen die 1907 erbaute Anatomische Anstalt, deren Sammlung auf das Jahr 1865 zurückgeht.

Auch Hammer hatte menschliche Organe, wenn auch nur aus Wachs. Einige Exponate gelangten sogar ins Bayerische Nationalmuseum und in andere Staatssammlungen. Eine Vorliebe von ihm waren nachgemachte Schädel Verstorbener. Ob nach dem Original, nach Fotos, Zeichnungen oder nach der Fantasie, geht aus den Archiven nicht hervor. Der gewaltige Kopf eines Thomas Hasler aus Gmund am Tegernsee löste bei Besuchern regelmäßig Schrecken aus; der Mann soll sich infolge eines unglücklichen Pferdetritts zum Riesen ausgewachsen haben. »Das Unterkiefer ist so fürchterlich, dass man es noch nie gesehen hat«, liest man in einem Zeitungsbericht. Professor Hammer modellierte schließlich auch künstliche Ohren und Nasen; sie konnten an der Brille befestigt werden. Eine frühe Methode der Ästhetischen Medizin. Einen Spaß machte er sich daraus, dass er sein eigenes Ebenbild mit dem typischen grauen Spitzbärtchen anfertigte und es mit einem echten Glas Wein in einer Laube postierte; ahnungslose Passanten sollen die täuschend ähnliche Wachsfigur freundlich gegrüßt haben.

Allmählich hatte der Wachsprofessor über 2000 Schaustücke beisammen. Sie dienten 40 Jahre lang Pathologen und andere Wissenschaftlern als Studienobjekte. Hammer gab einem Teil seines Panoptikums vorübergehend den seltsamen Namen »Anahyga«, unter welchem er es durch viele deutsche Städte schickte, bis es 1931 in Dortmund verbrannte. Valentin, dem leidenschaftlichen Sammler und fanatisch Begeisterten alles Skurrilen, war es tatsächlich gelungen, alle Fotografien, die von »Hammers Panoptikum« erhalten geblieben waren, zu erwerben. Ein unschätzbarer Verdienst des archivalischen »Laien«. Nicht genug damit, brachte er den Professor dazu, ihm noch einige am Ostbahnhof in Kisten eingelagerte Restbestände seiner Sammlung, unter anderem das komplette Inquisitionstribunal und die Folterszenen, gegen ein Entgelt zu überlassen. Angereichert mit diesen sowie eigenen gruseligen Objekten eröffnete er dann am 21. Oktober 1934 im Keller des »Hotels Wagner« (ehemals »Hotel Trefler«) in der damaligen Sonnenstraße 24 sein erstes eigenes Panoptikum – inklusive einer Bar mit dem passenden Namen »Die Hölle«. Doch schon nach elf Monaten musste der »Grusel- und Lachkeller« wieder schließen, Schock schien kein Geschäft mehr zu sein. Liesl Karlstadt, die viel Geld in diese abstruse Unternehmung investierte und fast alles verlor, bekam eine Nervenkrise, die schließlich zu einem Selbstmordversuch im April 1935 führte.

Der Ferngucker

HEINRICH HAAS

»Er war der erst[e] ›Gell-Sager‹ in München. Wer um 10 Pfennig in sein Fernrohr hineinsah, dem gab er die astronomische Erklärung: ›Hier sehen Sie den Mond – gell!‹ – [›]Die weisse Scheibe um den Mond ist der Hof des Mondes – gell!‹ [›]Neben dem Mond sehen Sie den Abendstern – gell! Derselbe ist 3 Millionen Kilometer von dem Mond entfernt – gell! Durch das Wandern des Mondes sehen Sie im Fernrohr jetzt mehr die Hälfte des Mondes – gell![‹] usw. Dieses ›Gell-sagen‹ hat sich bis zum heutigen Tag epidemieartig fortgepflanzt, dass manche Menschen bei jedem dritten Wort schon bald ›gell‹ sagen. Man kann es schon bald als ›Gellseuche‹ bezeichnen.«[4]

Heinrich Haas (Mitte) mit Passanten vor seinem Fernrohr am Stachus stehend. Koloriertes Glasdiapositiv, 9 x 12 cm. Unter der Signatur DE-1992-FS-NL-KV-1309 befindet sich in der Sammlung Valentin noch ein Ausschnitt aus dieser Fotografie.

Viel weiß man nicht über Heinrich Haas. Geboren 1874, hat er den Beruf des Optikers erlernt, ausgeübt den des Astronomen. Der Blick ins Weltall aus seinen selbst gebastelten Fernrohren war seine Lieblingsbeschäftigung – und den wollte er auch den Münchnern vermitteln. Heinrich Haas baute daher auf dem Stachus eine erste »Volkssternwarte« auf. Von Mittag bis Mitternacht stand er vor dem Nornenbrunnen. Gegen eine kleine Gebühr durfte jedermann durch sein langes, aufgeständertes, manchmal von einem Buben bewachtes Teleskop den Himmel betrachten. Dazu bekam er einen durchaus sachkundigen Vortrag. Und er bekam sein Geld zurück, wenn eine Wolke die Sterne verdunkelte. Wenn Sonnenflecken gemeldet waren, standen die Sterngucker gern mal Schlange beim »Fernrohrmann vom Stachus«. Er war sicher nur ein kleines Licht in der Reihe der großen Schausteller, die zu diesem Zeitpunkt in München Furore machten, aber er hat sein Geschäft ganz gewiss mit der gleichen, großen Begeisterung betrieben. 1929 ist Heinrich Haas gestorben, er wurde auf dem Waldfriedhof bestattet.

Während des Zweiten Weltkriegs gab es am Stachus noch einmal einen Mann mit einem Fernrohr. Der war im Dachgeschoss des Justizpalastes postiert und hatte die Aufgabe, feindliche Flugzeuge zu beobachten. Gelegentlich guckte er aber auch in offene Fenster, wie er einer Münchner Zeitung berichtete: »Eines Morgens sah ich ein junges Mädchen in unschuldigster Art seine Morgengymnastik treiben ... Es war wie ein Trotzdem: Wir lassen uns das Leben nicht verbieten.«

Der »Herrenreiter«

FRANZ HALMANSEGER[5]

»Alljährlich beim Oktoberfest ist er vor dem Gabriel-Hypodrom der Anreisser.«

Drinnen trabten brave Pferde über Sägespäne, während die Herren Zuschauer am Schaumwein nippten und sich insbesondere über die nicht immer astrein reitenden Damen amüsierten. Draußen drängten sich Oktoberfestbummler vor dem Podium der Schaubude, auf welchem ein Mann mimisch andeutete, was drinnen zu erleben war. Er zog mit leicht abgespreizten kleinen Fingern elegant die Zügel an, vollführte einen vollendeten Galopp, zeigte mit dem Schweigefinger auf dem Mund an, dass auch Intimes geschah, und animierte die Leute mit leicht geneigtem Kopf: »Treten Sie ein, die Pferde sind gesattelt. Alles Glück auf der Erde liegt auf dem Rücken der Pferde.« »Schöne Frauen, hübsche Pferde.« »Aufs Pferd, aufs Pferd!« Und am Schluss seiner Werbevorstellung sprach er kurz: »Zur Kassa rechts.« So ging es 43 Jahre.

Der bei Jung und Alt beliebte »Rekommandeur« des Hippodroms auf der Wiesn hieß Franz Halmanseger. Eigentlich war er Dienstmann Nr. 37 am Münchner Hauptbahnhof. Seine pantomimischen Fähigkeiten hatte der Jüngling, 1884 in Oberalting bei München geboren, schon im Ersten Weltkrieg bewiesen. »Tschaschka, der Vogesenschreck« nannten ihn die Kameraden vom 1. Infanterie-Landwehrregiment. Danach übte er sich als feiner Maxe: Er verdingte sich als Eintänzer im »Moulin Rouge« am Altheimer Eck.

Gleich nach Krieg und Revolution wurde der geniale Schaustellerkönig Carl Gabriel

Franz Halmanseger. Fotografie Hilbinger, München, koloriertes Glasdiapositiv, 9 x 12 cm.

Franz Halmanseger vor dem Hippodrom auf dem Oktoberfest, o. J.

auf den Möchtegerngentleman aufmerksam und engagierte ihn für seine oktoberfestliche »Wirtsbude«, in die er 1902 eine Manege eingebaut hatte. Hinter immer wechselnden Fassaden – Georg Pettendorfer fotografierte das Hippodrom 1912 im Biedermeierstil – konnte man hier an nobel mit Tischdecken eingedeckten kleinen Tischen rund um die Reitbahn sitzen. Serviert wurden Thomasbräu-Export-Bier, Wein und Likör sowie ausgewählte Speisen. Und ganz »noblesse oblige« und entgegen den sonstigen etwas derben Oktoberfestbelustigungen fürs Volk konnte man hier zwischen 25 Pferden wählen und mehr oder weniger elegant seine Runden drehen. Im Hippodrom setzte Gabriel wie sein Schaustellerkollege Hugo Haase mit dem sogenannten Juwelen Palast darauf, den »kleinen Mann« zu moderaten Preisen für einen kurzen Moment Teil einer gehobenen Gesellschaftsklasse werden zu lassen. Mit Erfolg.

Jahr für Jahr stand Halmanseger auf der schmalen Vorbühne des Hippodroms und lockte mit eleganten Bewegungen das Publikum zum Eintritt. Eine Kostprobe und kostenlose Gaudi, die sich kaum ein Wiesngänger entgehen ließ. Was man erlebte, war ein Erinnern an die »alte Schule«. Franz, der Kofferschlepper, spielte den Herrenreiter vom Scheitel bis zur Sohle: Er trug einen roten Frack – angeblich das gute Stück eines wahrhaften bayerischen Prinzen –, weiße Hose, weiße

Das Hippodrom von Carl Gabriel auf dem Oktoberfest, 1912. Fotografie von Georg Pettendorfer, 6.10.1912.

Weste, weiße Chrysantheme im Knopfloch, weiße Handschuhe. Darüber ein schwarzer Chapeau claque, blitzblank wie die Reitstiefel. Mit der silberbeschlagenen Reitgerte ließ er die imaginären Pferdchen springen. Sein eigentliches Markenzeichen aber war das Monokel, das er nie aus dem Auge verlor.

Als er wenige Tage nach dem Oktoberfest von 1962 im Alter von 78 Jahren starb, versuchte es das »Hippodrom« noch mit mehreren Nachfolgern. Doch die Kunstfigur Franz Halmanseger war offenbar unnachahmlich. 1988 wurden die Pferde ohnehin aus Tierschutzgründen aus dem Verkehr gezogen. Ab 2014 bekam das Hippodrom keinen Standplatz mehr auf der Wiesn, sondern nur noch auf dem Frühlingsfest. Anstelle des Hippodroms firmiert heute an der Wirtsbudenstraße ein »Marstall«. Jetzt aber gänzlich ohne Rösser und Rekommandeur.

Der bayerische Fakir

FRANZ SCHMIDBAUER

»Der Verächter des Todes.«[6]

Nur aufgrund schwer auffindbarer Indizien lässt sich ergründen, dass der Mann, der einst als Tom Pirle weit über München hinaus bekannt war, eigentlich Franz Schmidbauer hieß und wahrscheinlich im Oktober 1892 in Freising geboren wurde. »Ein Kind der Straße, nach einer freudlosen Jugendzeit mit vierzehn ins Leben hinaus gestoßen«, hat er selbst 1926, als er sich schon als »Fakir und Berufs-Artist« ausgab, der seriösen »Frankfurter Zeitung« in einem Leserbrief anvertraut.

Was ihn zu diesem ungewöhnlichen Beruf getrieben hat, kann auch nur rekonstruiert werden: Als Soldat war er im Ersten Weltkrieg drei Tage lang verschüttet. Dabei musste er längere Zeit ohne Luft durchhalten. Später, unter dem Künstlernamen Tom Pirle, berief sich der Freisinger auf eine besondere Atemtechnik: Man müsse einfach nur »künstlich atmen«. Aber wie, das hat er nie verraten. Mit einer halben Stunde fing er an, dann trainierte er, bis er maximal zwölf Stunden »atemlos« schaffte. Es reichte für das Kunststück »Lebendig begraben«, wie er plakatierte. Es war eine Sensation auf Märkten und Messen und nicht zuletzt auf dem Oktoberfest.

Außerdem trat Tom Pirle als Entfesselungs- und Hungerkünstler auf. Und als der »einzige bayerische Fakir«, indem er sich unter ein Nagelbrett legte, auf dem die Besucher für ihre 80 Pfennig herumtrampeln durften. Bei seiner Hauptnummer indes bettete sich Tom Pirle in einen schwarz lackierten Eichensarg, den er 2 Meter tief versenken und verschütten ließ. Durch ein luftdichtes Guckloch konnte man den Künstler bei seiner Luft- und Hungernummer betrachten. Mit ins Grab nahm er in der Regel eine Taschenlampe, Papier und Stift. Damit wollte er Langeweile durch Lesen oder Zeichnen vertreiben oder auch, im Notfall, seinen Lieben ein paar Zeilen hinterlassen. Tatsächlich musste er immer mit dem Schlimmsten rechnen. In Altötting wurde er beinahe erdrückt, als 15 Zentner Erdmasse auf den Sarg geschüttet wurden. In Rosenheim wäre er bald ertrunken, als Grundwasser in den Sarg drang. In Dachau wurde er verschüttet, als das Untergestell brach, sodass es höchste Zeit war, ihn auszugraben. Er nannte sich selbst »Verächter des Todes«.

Viel Ungemach erfuhr er auch durch die Behörden. Im Dezember 1926 entdeckte ein Reporter der »Münchner Neuesten Nachrichten« den hungernden Hungerkünstler samt Möbel und Sarg mitten auf dem Paulanerplatz in der Au, nachdem man seine Wohnung wegen nicht bezahlter Lustbarkeitssteuer zwangsgeräumt hatte. 1932 wurde der Schausteller wegen »grober Täuschung des Publikums« für fünf Jahre von der Wiesn verbannt. Und im Oktober 1952 fand ein Reporter der »Abendzeitung« den 60-Jährigen mit Frau, zwei Töchtern und deren Babys wiederum in einer notdürftigen Hütte – künstliches Atmen und Hungern wollten die Leute offensichtlich nicht mehr sehen.

Ein letztes Mal berichteten Münchner Zeitungen 1972 über den 80. Geburtstag von Franz Schmidbauer alias Tom Pirle. Dabei soll dieser noch ein Sektglas mit Reißnägeln geleert und gesagt haben: »Es muaß oam halt a Freid machen.« Wie und wann er dann wirklich gestorben ist und wo er sein endgültiges Grab bekommen hat, das entzieht sich ein weiteres Mal der Chronik.

I[?]. G[eorg]. Kotter, Ausschnitt, o. J.

[I[?] GEORG KOTTER

Wiesnschausteller. 1901 betrieb er zusammen mit Carl Gabriel (siehe S. 175) im Volksgarten Nymphenburg eine Schiffschaukel. Vollständiger Name und Lebensdaten sind nicht zu ermitteln.

Anmerkungen

1 Valentin hat August Schichtl als Einzigem in seinem Lichtbildervortrag zwei Nummern zugedacht: Nr. 57 (Fotografie im Clownskostüm, mit Text) und Nr. 58 (Fotografie in Zivil, ohne Text).

2 Schulte, Michael: Alles von Karl Valentin, München / Zürich 1978, S. 425.

3 In Valentins Lichtbildervortrag (Nr. 17) in der Schreibweise Karl, was auch dem offiziellen Vornamen entspricht. Gabriel schrieb sich später Carl.

4 Valentin, Lichtbildervortrag, Nr. 18.

5 Bei Valentin im Lichtbildervortrag, Nr. 4, in dieser Schreibweise, das Stadtarchiv führt ihn unter Halmannseder.

6 Valentin, Lichtbildervortrag, Nr. 13. Keine Fotografie im Stadtarchiv vorliegend.

SCHREIBERLINGE

Der Volksbarde

PETER AUZINGER

Peter Auzinger. Koloriertes Glasdiapositiv, 9 x 12 cm.

»An allem Edlen stets a Freud / Söller Leut san meine Leut.« So lautete ein Vers in einem seiner unzähligen Gedichte, das der Pfarrer am 6. Februar 1914 bei der Beisetzung von Peter Auzinger auf dem Münchner Ostfriedhof vortrug. Kaum einer hat ein so reines Bairisch geschrieben wie dieser, den eine Zeitung im Nachruf als »Volksbarde« pries. Dabei war er, am 18. Oktober 1836, ganz fern der Heimat geboren, in Athen, als Sohn eines Geologen im Dienst des nach Hellas exportierten Königs Otto von Wittelsbach.

Dank des Vaterlandes gab es dafür nicht. In München konnte sich der erkrankte und daher heimgerufene Vater nur eine kirchliche Armenschule für seinen Buben leisten. Der wurde dann mit 16 Jahren Soldat in einer Pfälzer Festung, wo er auch als Militärtrompeter auftrat. Eine schwere Erkrankung zwang ihn aber, die Musikerlaufbahn aufzugeben. Wieder zurück in München, diente er noch zwei Jahre als Feuerwerker. Nach seiner Entlassung aus dem Heer konnte er endlich seinem langgehegten Traum von einem Schauspielerdasein nachgehen, machte aber nur bittere Erfahrungen auf elenden Schmierentheaterbühnen. Jetzt wandte er sich der Poesie zu. Aber weil man vom Dichten meist nicht leben kann, nahm Peter Auzinger ab 1861 nacheinander verschiedene Sekretärstellen an: beim Reichsrat Freiherr von und zu Franckenstein, bei der Gesellschaft Museum, beim Gewerbeverein und beim Kuratorium des Maximilianeums, bis er 1860 als Kanzleirat ins Kultusministerium einrückte. Auf diese Weise konnte er auch seine Lyrik in gehobenen Kreisen bekannt machen. Als einer seiner Bewunderer und Förderer erwies sich der liberale Minister Johann von Lutz, der 1886 am Sturz von König Ludwig II. beteiligt war.

Er wurde als der »Auzinger Päda« mindestens so stadtbekannt wie die späteren Volksdichter Ludwig Thoma und Ludwig Ganghofer. Die meisten seiner Gedichte und Theaterstücke verfasste er in bairischer Mundart, ohne dabei in die Derbheit zeitgenössischer Humoristen zu fallen. Das gefiel sowohl einem besseren Publikum wie auch den Kritikern. Sein Charakterbild aus den bayerischen Bergen »Da Büchs'nfranzl« (1878) stand viele Jahre lang auf dem Spielplan des Theaters am Gärtnerplatz. Mit seinen hochdeutschen Gedichten reüssierte er hingegen nicht so sehr. Irgendwann aber überkam ihn, der sein Leben lang zwischen Staatsdienst und Kunst unterwegs war, die Schwermut. Er war nicht mehr gefragt, er wurde vergessen. Und er lehnte es ab, »den Hanswurscht für d' Leut z' macha«. Es waren nun nicht mehr seine Leut.

Immerhin hat ihn München mit einer Straßenbenennung in Obergiesing geehrt.

Der Preußenfresser

JOHANN BAPTIST SIGL

»Er war ein scharfer Redakteur. Er nahm sich kein Blatt vor den Mund und das kostete ihn viel Geld und Freiheitsstrafen.«[1]

Ob er das Schimpfwort »Saupreuß« wirklich erfunden oder salonfähig gemacht hat, sei mal dahingestellt.[2] Gewiss ist jedoch, dass kein anderer namhafter Bayer (Ludwig Thoma inbegriffen) den Staat Preußen, seine Politiker, seine Militanz, seine Hegemonie dermaßen brutal attackiert hat wie Dr. Johann Baptist Sigl. Nicht selten – das ist in unzähligen Veröffentlichungen nachzulesen – hat er sachlich begründete Kritik zur Gehässigkeit zugespitzt. Die urwüchsige Kraft seiner Sprache verschaffte ihm schon zu Lebzeiten den Ruf eines »Preußenfressers« und eines Originals. Das fand offenbar auch der (von nicht-bayerischen Eltern abstammende) Karl Valentin, als er Sigl als einzigen politischen Publizisten in seine Porträtsammlung aufnahm.

Karikatur von Dr. Johann Baptist Sigl (»Dr. Sigl heisst er, Jud' und Preuss verspeist er«). Glasdiapositiv, 9 x 12 cm, den Ausschnitt einer Ansichtskarte, 1902, zeigend.

»Eine Inkarnation des Bayerntums«, so rühmte ihn ein anderer Preußenfresser: Ludwig Thoma. Fürwahr. Am 27. März 1839 auf der Bergjacklsöde von Ascholdshausen in der Holledau geboren (fünf Geschwister folgten), geriet der Bauernbub Johann Baptist bald in jene Ecke Bayerns, die damals laut Thoma »schwärzer als die Kohle« war. Dafür sorgte schon die Ausbildung: Studium der Theologie und Philosophie, Noviziat bei den Benediktinern von St. Bonifaz, Promotion als Jurist. Weber wollte er eigentlich werden, »aber nie Soldat«. Er wurde aber Journalist – und später auch Politiker. Erst bei der »Landshuter Zeitung«, dann für die katholische »Kreuzzeitung« in Berlin und schließlich beim kämpferischen »Volksboten für den Bürger und Landmann« in München, dem Organ der 1896 gegründeten Patriotenpartei. Diese sogenannten Ultramontanen gewannen zwar bei mehreren Wahlen die absolute Mehrheit im Landtag, gerieten aber wegen der im »Kulturkampf« gipfelnden Schulpolitik in heftige Richtungskämpfe. Als Prediger für den erzkonservativen, radikalen Flügel trat der Redakteur Dr. Sigl in Aktion.

Am 1. April 1869 gründete er in der Münchner Sophienstraße 5 seine eigene Zeitung: »Das Bayerische Vaterland«. Und sogleich begann er einen erbitterten Ein-Mann-Kampf für Bayerns Unabhängigkeit und gegen die Großmacht Preußen. Immer mit geschliffener, beißender, meist aber polternder Polemik. Reichskanzler Bismarck beschimpfte er als »preußischen Räuberhauptmann«, die Krone des neuen Kaisers war für ihn »nur eine vergrößerte preußische Pickelhaube«. Spottverse wie »Ein braver Bayer mag keinen Preußen leiden«, abgeleitet aus dem »Faust«, wurden im Volk für längere Zeit verinnerlicht.

Nebenbei bespöttelte Sigl auch Liberale, Freimaurer, seine Zeitungskollegen, die ihn angeblich einmal »lynchen« wollten, und nicht zuletzt massiv die Juden, die »Preußen der Wirtschaft«. Sogar den Großkapitalisten sagte er den Absturz voraus, wenngleich ihm durch sein lukratives »Vaterland« und ein weiteres Produkt, das humoristische Wochenblatt »Die Bremse«, ein stattliches Vermögen zugewachsen war. Den aktuellen Papst, den Prinzregenten und die Jesuiten verehrte er.

Als Folgen des zentralistischen Einheitsstaats prophezeite Bayerns Kassandra just zur Reichsgründung nicht weniger als »mehr Kriege, mehr Krüppel, mehr Tote, mehr Steuern«. Mehrmals wurde Doktor Sigl als Herausgeber und Schriftleiter wegen Majestätsbeleidigung zu Haftstrafen verurteilt. Allein die Beschimpfung des italienischen Königs brachte ihn ein Jahr in die Festung. 40 Mal kam es zu gerichtlichen Untersuchungen, 105 Nummern der Zeitschrift »Das Bayerische Vaterland« wurden beschlagnahmt, für zwei Jahre deren Straßenverkauf verboten. Trotzdem – oder deswegen – fanden manche Nummern mit bis zu 10 000 Exemplaren reißenden Absatz auf der Straße. Erst 1934 verboten die Nationalsozialisten das Blatt endgültig.

Zusammen mit Dr. Georg Ratzinger, dem Großonkel von Papst Benedikt XVI., gründete der Unermüdliche 1892 den Bayerischen Bauernbund. Für diesen saß Sigl anschließend als Fraktionsloser noch fünf Jahre im Reichstag und im Landtag. Am 9. Januar 1902 starb er in München. Sein Grab befindet sich auf dem Ostfriedhof. Heutigen Separatisten und Populisten dient er als Vorbild.

Der Volksdichter
JOSEF GEORG MITTERER

»Er trank täglich seine 5–6 Mass Bier, rauchte seine 10 Virginia dazu und starb im Alter von 90 Jahren.«

In der Löwengrube wurde Josef[3] Georg Mitterer am 16. Oktober 1847 geboren, sein Vater übte einen jener Berufe aus, die keiner mehr kennt: Er war Leistenschneider[4]. Der Sepp blieb nicht bei demselbigen, sondern war Beamter, erst im Amt für Landvermessung und bis 1911 bei der Königlichen Bayerischen Staatsbahn. Dabei blieb ihm offenbar genügend Zeit, um kleine Gedichte in altbairischem Dialekt zu schreiben. Ein Steckenpferd, das er schließlich zur Vollendung und, zunächst beim literarischen Stammtisch »Die Feder«, zu Gehör brachte. Gern glossierte er, was sich in der großen Stadt und draußen in der Provinz so zutrug. Kleine Kostprobe: »In Chieming im Chiemgau da waschen's grad d'Säu / Da steht a Tourist scho a Stund nebenbei.« Pointe: Der neugierige Preiß wird gleich mitgewaschen. Humor sah damals halt noch ein bisschen anders aus.

Der Mitterer Sepp mit seinem mächtigen schwarzen Bart war ein gefragter Mann. Allerorten, wo Münchner Geselligkeit stattfand, war der Eisenbahnobersekretär a. D. Mitterer dabei. Als Mitglied, Vorständler, Vortragender, Krügelredner. Veranstaltet wurden derlei Heimatabende seinerzeit hauptsächlich vom Verein »Alt-Monachia«, von der Faschingsgesellschaft »Narrhalla« und von verschiedenen Männergesangsvereinen, wie sie im alten München um die Jahrhundertwende blühten. Obendrein war der Sepp ein begeister-

Josef Georg Mitterer in seinem Arbeitszimmer. Fotografie von Georg Pettendorfer, o. J.

Josef Georg Mitterer, o. J.

ter, kundiger Alpinist. Er bewanderte die Alpen bis zu den Dolomiten und beschrieb seine Touren mit genauen touristischen Hinweisen. Vom Karwendel fertigte er sogar ein Relief an. Er gehörte auch dem Vorstand des »Turner-Alpenkränzchens« an.

Ein paar seiner aufgeschriebenen Gedichte – viele gab er aus dem Stegreif wieder – wurden 1896 in dem Bändchen »G'spassige G'schichten« veröffentlicht. Es erlebte noch zu Lebzeiten Mitterers einen riesigen Publikumserfolg und wurde fünfmal neu aufgelegt. Druckfertig war ein weiteres mit dem Titel »Kraut und Rub'n«. 1934 fertigte der bereits hochbetagte Dichter im Auftrag von Karl Valentin einen »Nachruf« auf das berühmte Varieté »Colosseum« an, das zu diesem Zeitpunkt offensichtlich seine besten Jahre gesehen hatte und vor sich hin »staubte«. Gar nicht so abwegig erscheint es, dass Valentin Mitterer auch den Anstoß gab, sich mit der Geschichte Münchens auseinanderzusetzen und diese aufzuschreiben. 700 eng beschriebene Zeilen waren fertig, als der ehemalige Staatsbeamte und Dialektdichter am 3. Mai 1937 im Nymphenburger Bürgerheim an einem Schlaganfall starb.

Der Tiroler

JOSEF STRASSER

»Der Gründer der bekannten Strasser-Herren-Abende. Seine Vorträge ›Schweinernes ohne Kraut‹ kamen nur in Herrengesellschaft in Frage.«[5]

Zwei aus Innsbruck zugewanderte Brüder, Josef[6] und August Strasser, haben in der Westenriederstraße 7 die erste Tiroler Weinstube Münchens aufgemacht. Auf dem Grundstück stand ehemals die von Jean Baptist Métivier 1826 erbaute jüdischen Synagoge, die zu klein geworden und daher abgerissen worden war. Während sich Gustav, genannt Guschdele, um das Geschäftliche kümmerte, beförderte der berühmtere, am 18. April 1851 in München geborene Josef transalpine Kunst dorthin. Er schrieb Gedichte und Geschichten, einige in einer komischen Kombination aus Tiroler-Deutsch und Italienisch. Volks- und Freiheitslieder (»Jetzt woll'n mer den Franzosen entgegen geahn«) wurden von Trommeln und Pfeifen begleitet.

Josef Strasser. Koloriertes Glasdiapositiv, 9 x 12 cm. Im rechten Eck unten wurde der Fotoreproduktion eine gemalte Gitarre hinzugefügt.

Josef Strasser. Ansichtskarte mit einem Porträt von Emil Kneiß, München, 1904. Die Nummer rechts wurde im Stadtarchiv aufgestempelt.

Beliebt waren auch Mandolinenklänge und Zitherweisen, auf die sich der Kunstmaler Karl Knabl spezialisiert hatte, der sich ansonsten mit der Abbildung niederer Volksschichten in seinen Genrebildern sein Geld verdiente.

Strassers eigene und viele andere Texte, immer musikalisch untermalt, gehörten zum Programm des sogenannten Kollegs, das einmal wöchentlich in der »Weinstube« einberufen wurde. »So konnte es nicht fehlen, dass sich beim Strassersepp alsbald eine immer mehr anwachsende Menge von Freunden auserlesenen Humors aus allen Bevölkerungsschichten einfand«, berichtete eine Zeitung aus dem Jahr 1920. Sie bezeichnete das Strasserkolleg im Angerviertel sogar als »vielleicht erstes Münchner Brettl«. Tatsächlich fungierte als dessen »Rektor« der aus bayerischem Uradel stammende Literat Hanns Theodor Freiherr von Gumppenberg, ein Mitgründer des Cabarets »Elf Scharfrichter«. Auch die Schriftsteller Georg Conrad und Oskar Panizza sowie Künstler aller Art kamen regelmäßig zu den »Vorlesungen«, bei denen es laut Valentin mehr als deftig zugegangen sein muss. Von einem »erlesenen Humor« des Strassersepp kann auch der Schriftsteller Georg Queri nicht berichten. In seinem 1912 erschienenen »Kraftbayrisch. Ein Wörterbuch der erotischen und skatologischen Redensarten der Altbayern« nimmt er das Lied vom »Kuhduttn(euter)michl« auf, das von »Unappetitlichkeiten« nur so strotzt und deshalb – so Queri – auch ruhig »überblättert« werden könne. Nichtsdestotrotz oder gerade deswegen zählten Hochschulprofessoren, Korpsstudenten und Offiziere, ja gar ein General a. D. zum geneigten Publikum. Gern wurde improvisiert. Jeder »Hörer« musste sich für 50 Pfennig pro Semester »immatrikulieren«, Gasthörer bedurften einer besonderen Erlaubnis.

Eine Tuscheskizze[7] aus dem Jahr 1899 von Emil Kneiß, dem sogenannten Buzi-Maler, zeigt unter dem Titel »Beim Strasser Sepp« nicht nur das Interieur der Tiroler Weinschänke, sondern illustriert bestens auch die Männerrunde, die sich dort regelmäßig zu Musik und Trank zusammenfand, unter ihnen Ludwig Prell (der Vater von Bally Prell) die Gitarre spielend und Richard Braunbeck (siehe S. 196)[8].

Wegen eines Herzfehlers musste der Strasser Sepp schließlich aufgeben. Er starb am 22. November 1905 und wurde auf dem Münchner Ostfriedhof begraben. Seine Schwägerin und deren Tochter sowie der Kunstmaler Emil Kneiß führten das »Strasser-Kolleg« weiter. 1930 meldete der »Con-Rektor« Michl Ehbauer, der später als Faschingsprinz und durch seine »Baierische Weltgeschichte« bekannt

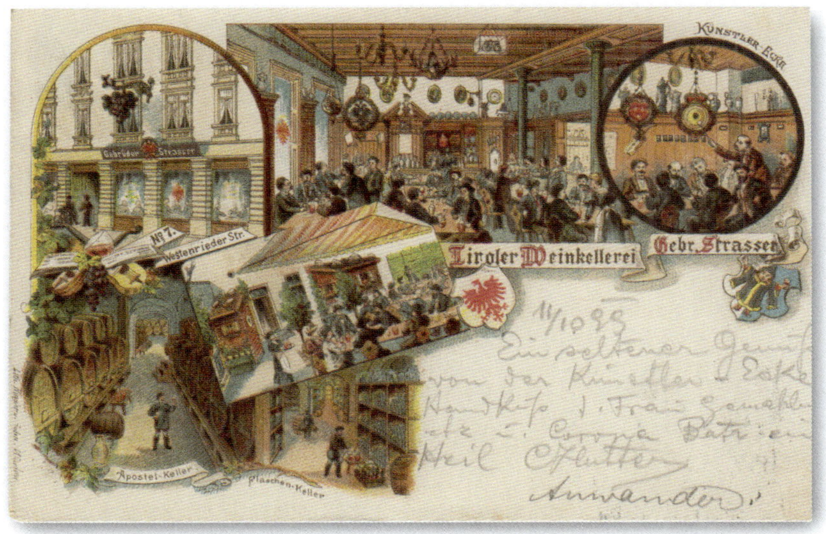

»Tiroler Weinkellerei« der Gebrüder Strasser mit der »Künstler-Ecke«, Westenriederstraße 7. Ansichtskarte, 1899.

wurde, die Schließung des Traditionslokals. Im selben Jahr machte Lion Feuchtwanger die »Tiroler Weinstube« in seinem Schlüsselroman »Erfolg« noch einmal zu einem Mittelpunkt des literarischen und politischen Lebens Münchens. Gemeint war damit allerdings die »Torggelstube« am Platzl. Sie gehört längst zum Gastroreich des Alfons Schuhbeck und firmiert als »Südtiroler Stuben«. Für irgendeine Erinnerung an die Geschichte der Tiroler Strasser-Brüder hat es nicht gereicht.

Lach oder stirb!

JOSEPH BENNO SAILER

Viele Schriftsteller und Journalisten haben erst spät, nach langen Umwegen, ihre Berufung erkannt und sich in diesem eigentlichen Beruf dennoch an die Spitze schreiben können. Einer dieser Spät- und Quereinsteiger war der am 21. Mai 1865 in München geborene Joseph Benno Sailer. Er arbeitete nach der Realschule erst mal in der Eisenbahnverwaltung, bei der Rückversicherung und in einem Baugeschäft, bis er sich – im Alter von 30 Jahren – »dem Schrifttum zuwandte«, wie es seine Brötchengeber von der Presse in einer Geburtstagswürdigung formulierten.

Aber dann legte Benno Sailer gleich gewaltig los. Täglich schrieb er für sämtliche lokalen Zeitungen so ziemlich über alles. Besonders gern gelesen wurden seine Glossen aus dem Gerichtssaal. Nebenbei war er Münchner Korrespondent des »Deutschen Journals« in New York. Kein Magazin ohne Sailer. Allein für die tonangebende »Jugend« lieferte er über 800 Beiträge, für die »Fliegenden Blätter« kaum weniger. Selbst gab er eine Gazette namens »Großmünchen« sowie eine Oktoberfestzeitung heraus.

Und ziemlich jedes Jahr erschien ein

Buch von ihm, sein bekanntestes kam 1923 heraus und hieß »Lach oder stirb! Münchner Humor«. Weitere Titel ließen kenntnisreiche Liebe zu Land und Leuten erkennen: »München wie es isst und trinkt«, »Humoristischer Fremdenführer«, »Aus Berg und Tal«. Aber auch politische Themen waren diesem Topjournalisten nicht fremd. Ausführlich beschrieb er »Die Revolutionstage des Bayernkönigs Ludwig III.« (Als heutiger Kollege, der sich ebenfalls mit diesem Thema befasst hat, kann der Autor dieses Buchs nur den Hut ziehen). In seinem Berufsverband arbeitete er natürlich auch mit.

Doch der Sailer Bene, wie ihn die Freunde nannten, war weit mehr als ein gewöhnlicher Zeitungsschreiber. Seiner Feder entquollen obendrein Hunderte von Gedichten, Chorliedern und – er hat 1893 die »Narrhalla« mitgegründet – Krügelreden. Diese trug er bei allen möglichen Veranstaltungen vor, auch beim Salvatoranstich und bei der Maibockprobe. Der Unermüdliche schrieb sogar Drehbücher für erste Filme, Revuen für den »Märzenkeller«, Operetten fürs »Gärtnerplatztheater« sowie ein Festspiel für das 1924 in Betrieb genommene Walchensee-Kraftwerk.

Eine scheinbare Lappalie beendete seine ungewöhnliche Produktivität, die zu würdigen seine Heimatstadt übersehen hat. Er litt an einer Wunde, die ihm ein rostiger Nagel in die Schädeldecke gerissen hatte. An deren Folgen starb der Schriftsteller und Journalist Joseph Benno Sailer am 25. Oktober 1933 in München. Rechtzeitig noch bevor eine andere, befohlene Art von »Schrifttum« um sich griff.

Joseph Benno Sailer. Fotografie von Georg Pettendorfer, o. J.

Der Sportjournalist
RICHARD BRAUNBECK

»Er glossierte in Gedichtform und Prosa Münchner Geschehnisse in beissender Art; er ist ein hervorragender Krüglredner gewesen, hat sich nun aber – infolge seines Alters – zurückgezogen und lebt heute noch im Bürgerheim in Nymphenburg.«[9]

Als Deutschlands angeblich erster Sportjournalist ist Richard Braunbeck in die Pressegeschichte eingegangen, gleichwohl gab es zu seinen Lebzeiten mehrere Schriftstellerkollegen, die dieser Sparte und hier besonders dem Automobil mit Leidenschaft zugetan waren, unter anderem der Wahlmünchner Otto Julius Bierbaum. Am 6. August 1867 wurde Richard Braunbeck im württembergischen Bad

Richard Braunbeck mit Pinsel in der Hand, o. J.

Start eines »Niederradrennens« im Volksgarten Nymphenburg, 1898.

Rappenau geboren. Sein älterer Bruder Gustav hatte sich in München mit einer Sortimentsbuchhandlung eine Existenz aufgebaut, nebenher war er begeisterter Radkunstfahrer. Richard zog zu ihm, redigierte erst einmal eine Zeitschrift für Buchhändler, dann diverse andere Blätter wie zum Beispiel die »Rad-Welt«, ehe er bei der »Münchner Zeitung«[10] angestellt wurde, für die er fast ein Vierteljahrhundert lang arbeitete. Was das Sportliche angeht, übte sich Braunbeck zunächst im Turnen und – wie sein Bruder – im Radfahren. Das Veloziped begeisterte ihn schließlich so sehr, dass er zusammen mit dem erfolgreichen Münchner Radrennfahrer Hans Hofmann die Leitung der 1897 im Volksgarten Nymphenburg errichteten Radrennbahn übernahm. Mit 333,3 Metern Länge, 8 Metern Breite und einer Kurvenerhöhung von 4,20 Metern entsprach sie höchsten sportlichen Ansprüchen und es wurden zahlreiche Hoch-, Nieder- und Tandemrennen mit internationaler Beteiligung initiiert. Unter zwei gedeckten Tribünen sowie drei weiteren offenen konnten insgesamt 2500 Zuschauer die Sportler anfeuern.

Bereits 1886 machte aber eine bahnbrechende Erfindung des Baden-Württembergers Carl Benz Furore und dem Zweirad Konkurrenz: Mit seinem Patent auf ein Motordreirad wurde die Geburtsstunde des modernen Automobils mit Verbrennungsmotor eingeläutet. Die Begeisterung kannte bald keine Grenzen für diese Erfindung: Automobilrennen, Automobilclubs, Automobilausstellungen, Automobilzeitschriften schossen wie Pilze aus dem Boden. Kein Wunder, dass der sportbegeisterte Richard auch mit diesem Virus angesteckt wurde: Als erster Münchner überhaupt erwarb er ein Motorrad, dem er den liebevollen Kosenamen »Schnauferl« gab. Logisch, dass er von 1901 bis 1908 Schriftleiter im »Allgemeinden Schnauferl-Club e. V.« wurde, dessen Gründungsmitglied und Präsident sein Bruder Gustav war. Nicht ganz so bierernst gestrickt, nannte sich dieser Automobilclub zunächst »Allgemeiner Spargel-Club«. Später wurde der Spargel im Vereinswappen durch einen Einzylinder-De Dion-Motor ersetzt, die Abkürzung ASC konnte man ja pfiffigerweise behalten. Ab 1902 gab es auch die passende, von Bruder Gustav herausgegebene, Zeitschrift »Das Schnauferl«. Richard übernahm zusammen mit seinem Schwager, dem Karikaturisten und als »Buzi-Maler« bekannt gewordenen Emil Kneiß, die Redaktion. Diese erste »Autlerzeitschrift« Deutschlands ist noch heute das offizielle Organ des Allgemeinen Schnauferl Clubs. Carl Benz wurde selbstredend 1925 zu dessen »Ehrenschnauferlbruder« ernannt.

Logisch, dass sich Richard auch eine Benzinkutsche mit vier Rädern anschaffte und bald über Wettfahrten nicht nur als Journalist berichtete, sondern selbst oft an diesen teilnahm. Braunbeck wurde in den folgenden Jahren Chefredakteur der »Allgemeinen Automobil-Zeitung«. Er galt in seinem Metier als Sportjournalist bald weit über München hinaus als erstklassiger Fachmann, sprach oder las in Buchhandlungen ebenso wie in großen Hallen. Oft wurde er zu Kongressen und Fachtagungen gebeten, nicht selten zusammen mit anderen stadtbekannten Zeitungsschreibern wie Hermann Roth (Vater von Eugen Roth), Xaver Müller und Joseph Benno Sailer (siehe S. 195). Seine Vorträge sprühten bei aller Sachlichkeit vor Witz. Von daher war der Pressemann auch als Krügelredner ein gefragter Mann. 1948 verstarb Richard Braunbeck, nachdem er seine letzten Jahre in Nymphenburg, im von der Familie Dall'Armi gegründeten Münchner Bürgerheim, verbracht hatte.

Anmerkungen

1 Valentin, Lichtbildervortrag, Nr. 72.

2 Diese Behauptung könnte sich unter anderem auf eine Notiz aus dem »Briefranzen« stützen, den Dr. Sigl seinen Mitarbeitern zukommen ließ: »Sie fragen, ob man Orpheus ausspricht oder Orphe-us. Natürlich muss es Orpheus heißen. Man sagt ja auch nicht Saupre-us, sondern Saupreuß.« Erinnert ein wenig an Karl Valentins Spruch: »Der Herr Valentin ist nicht der Herr Walentin, sondern der Herr Falentin, denn es heißt ja auch nicht, man hat einen Wogel, sondern einen Vogel.«

3 Bei Valentin im Lichtbildervortrag unter der Nr. 10 in der Schreibweise Joseph.

4 Der Leisten ist ein Formstück, das einem Fuß nachempfunden ist und zur Herstellung eines Schuhs verwendet wird.

5 Valentin, Lichtbildervortrag, Nr. 37.

6 Auch in den Schreibweisen Straßersepp, Strassersepp, Straßer-Sepp

7 Das Bild ist zu finden auf der Webseite http://cassiodor.com/Artikel/3378.aspx [zuletzt geöffnet am 13.3.2019] und in Kurz, Hermann: Der Buzi-Maler. Leben und Werk von Emil Kneiß (1867–1956), München 2018, S. 21.

8 Der Kunstmaler Emil Kneiß war mit Katharina Völker verheiratet, deren Schwestern Magdalena und Emma mit Richard Braunbeck beziehungsweise mit dessen Bruder Gustav verehelicht waren.

9 Valentin, Lichtbildervortrag, Nr. 26.

10 Die Zeitung erschien vom 16. September 1898 bis 31. März 1943.

HANDWERKSLEUT

Der Flinserlschlager

MICHAEL LIEBWERTH

Der Mann, der auf dieser Zeichnung eines unbekannten Künstlers im Vordergrund mit hochgerecktem Besen den Tambourmajor gibt, hieß Michael Liebwerth. Sein Spitzname »Flinserlschlager« kam daher, dass er das Handwerk verstand, kleine Goldplättchen – sogenannte Flinserl – herzustellen, die auf die kostbaren Riegelhauben der Münchner Tracht genäht wurden. Liebwerth war aber offensichtlich weniger wegen seiner heute ausgestorbenen Handwerkskunst als vielmehr

Menschenmengen auf einem Markt, im Vordergrund der Flinserlschlager in Uniform. Fotoreproduktion einer anonymen Zeichnung, o. J.

wegen seiner Spaßetteln eine Lokalgröße geworden. So schrieb eine Münchner Zeitung im Jahr 1899: »Er marschierte oft, einen Stock schwingend, strammen Schrittes an der Spitze der Wachparade. Der Flinserlschlager starb 1888. Im damaligen Auer Gottesacker fand er die letzte Ruhe.«

In der Liste zu Karl Valentins Lichtbildervortrag ist der »Flinser-Schlager« zwar unter der Nr. 79 aufgeführt, aber ein weiterer erklärender Text fehlt. Am 31. Januar 1943 hat Karl Valentin folgendes Anschreiben an Barbara Luise Rett, die Witwe des am selben Tag verstorbenen Schriftstellers Wilhelm Ludwig »Willy« Rett[1], verfasst:

»Karl Valentin
Schriftsteller für Bühne, Film, Zeitung, Rundfunk usw.

München, Mariannenplatz 4

Verehrte Frau Rett!
Soeben lese ich in der M[ünchner]. *Z*[eitung] *die Trauerbotschaft, daß unser lieber Willy Rett nicht mehr unter uns ist – Meine herzliche Teilnahme! Vor 3 Tagen habe ich Ihm geschrieben um ein* Bild *von dem Münchner Original »Flinzerlschlager«, und wartete auf Antwort, die ich nun leider von Willy Rett nicht mehr bekommen kann –*

Mit deutschem Gruß
Karl Valentin«[2]

Stiefel und Uhren

XAVER MAYER

»Der Stiefelputzer am Karlstor: Ein lustiger alter Mann, der sich durch allerlei Tagesneuheuten seine Stammkundschaft festhielt; sein Laden war unter dem nördlichen Karlstor.«[3]

»Der Uhrmacher am Karlstor: Er arbeitete gut und sehr billig. Hatte seine Stammkundschaft. Viele Jahrzehnte betrieb er sein Geschäft unter dem Karlstor.«

Xaver hieß er auf jeden Fall, aber seinen Nachnamen geben die kargen Quellen in unterschiedlicher Schreibweise wieder: Mayer oder Meir. Egal, ganz München kannte den Mann, der tagein tagaus am Karlstor stand und dort – wie Hans Sachs, der Nürnberger Schuhmacher und Poet dazu – mehrere Berufe zugleich ausübte: Er war Stiefelputzer und Uhrmacher dazu. Sogar der Fotograf Georg Pettendorfer hat ihn 1919 ins Visier genommen – vor einer Plakatwand am Karlstor mit der Ankündigung des Stummfilmmelodrams »Arme Thea« (1919) von Carl Frölich und Lotte Neumann.

Mayer, am 26. Oktober 1840 in Dünzelbach (Landkreis Fürstenfeldbruck) in ärmlichen Verhältnissen geboren, verbrachte seine Jugend in Giesing. Er war einer der Ersten, der anbot, Leuten auf der Straße das Schuhwerk zu säubern und zu polieren. Weil dieses neuartige Dienstleistungsgewerbe damals aber noch wenige Kunden lockte, konnte der Putzer viel freie Zeit für

Xaver Mayer. Fotografie Georg Pettendorfer, 1919.[4]

Xaver Mayer. Koloriertes Glasdiapositiv, 9 x 12 cm.

Uhrmacher Xaver Mayer bei der Arbeit. Ausschnitt, koloriertes Glasdiapositiv, 9 x 12 cm.[5]

Stand des Schuhputzers Karl Neher unter dem Karlstor, 1920.

seinen eigentlich erlernten Beruf verwenden: Er reparierte Taschenuhren. Allerdings musste er viele Leute wieder wegschicken, weil er gerade keine Sprungfedern oder Zahnrädchen dabei hatte. Dafür schwang er, als Handwerkszeichen, eine riesige Bürste. Die Schuhcreme rührte er selbst an, vermutlich aus Wasser und Ruß aus dem Ofen. Mit groben Sprüchen aus seinem Heimatviertel machte er Passanten darauf aufmerksam, dass bei »dreckatn Stiefel« der schönste Anzug nichts nütze. So zwang er die Leute geradezu stehen zu bleiben und die Beine zu heben. Die legte der Xaver dann auf seinen langen Schurz und schwärzte und scherzte.

Eben dies brachte ihm Stammkunden ein – und den Ruf eines weiteren Originals vom Karlstor, an dessen Mauern schon vier ältere Münchner Originale verewigt waren. Xaver Mayer oder Meir starb am 4. August 1920, er erreichte immerhin das stolze Alter von 80 Jahren. Seinen Arbeitsplatz im Karlstor übernahm noch im gleichen Jahr der Schuhputzer Karl Neher, wie eine Fotografie aus der Sammlung Valentin belegt.

Der Blitzableitersetzer

HERMANN WEINHART

Der gelernte Spenglermeister und Blitzableitersetzer Hermann Weinhart wurde am 7. November 1850 in München geboren. Er besaß wohl neben seinem Wagemut und dem Talent, absolut schwindelfrei zu sein, großes handwerkliches Geschick, jede Menge Kreativität und eine gehörige Portion Unternehmertum. Bald schon wurden an seine in der Lindwurmstraße ansässige Firma verantwortungsvolle Aufträge vergeben, so unter anderem Ausbesserungsarbeiten am Turm von St. Peter, den er an die 100 Mal besteigen sollte. Es folgten 1890 das beeindruckende Setzen eines Blitzableiters dort oben, am mit 91 Metern höchsten Punkt der Altstadt – wohlgemerkt ohne Gerüst –, ein Jahr später die Reparatur der Turmspitze am Alten Rathaus, die Neueindeckung der Theatinerkirche 1904 und 1912 sowie die umfassende Sicherung des mächtigen Kuppelbaus der Kelheimer Befreiungshalle 1914.

Darüber hinaus war Weinhart viele Jahre aktives Mitglied der Feuerwehr in Sendling, damals die 6. Kompanie der Freiwilligen Feuerwehr München. 17 Jahre lang hatte er dort das verantwortungsvolle Amt des Kompanieführers inne. Er war ein Feuerwehrbegeisterter und im Zusammenspiel mit seiner Leidenschaft für alles Technische erlangte Weinhart bald überregionalen Ruhm durch die Erfindung von innovativen Feuerwehrgerätschaften. Dabei konzipierte der Spenglermeister seine Gerüstevorrichtungen und Leitern nicht nur, sondern stellte sie auch in eigener Werkstatt selbst her. Bald schon wurde der Handwerksmeister als »Hoffeuerwehrgeräthefabrikant« bezeichnet. Die sogenannte Weinhart'sche Balanceleiter, 1881 von ihm erfunden und unter Patentschutz gestellt, ist eine frei stehende, mechanische Schubleiter, die aufgrund ihrer 2 Meter großen Räder ohne großen Kraftaufwand transportiert, aufgestellt und ausgerichtet werden kann. Sie ist auch bei heutigen Feuerwehren noch im Einsatz. Eine Denkschrift über die Entbehrlichkeit von Blitzableitern in Gebäuden mit Wasser- oder Gasleitungen, Vorschläge zur Ausgestaltung des Geländes am versickernden Hachingerbach, Überlegungen zur Nutzung überschüssiger Wärme von Heizungen: Weinharts Ideenreichtum schien nie zu versiegen.

Und ganz nebenbei muss er auch noch

Turm von St. Peter mit Blitzableitersetzern bei der Arbeit in luftiger Höhe. Oben: Porträt des Spenglermeisters Hermann Weinhart. Koloriertes Glasdiapositiv, 9 x 12 cm. Die Vorlage – eine Ansichtskarte – wurde für den Lichtbildervortrag schwarz abgeklebt.

ein angenehmer, humorvoller Zeitgenosse gewesen sein. Als Hermann Weinhart am 2. Dezember 1919 im Alter von 69 Jahren starb, verfasste kein Geringerer als Schriftsteller Joseph Benno Sailer (siehe S. 195) einen überschwänglichen Nachruf auf ihn. Weinhart sei ein Original von trockner, drastischer Eigenart gewesen. »Wer sich mit ihm auf ein Wortgeplänkel einließ, konnte sicher sein, schlagfertig abgeführt zu werden, und es kam dem ›Onkel‹, wie er scherzweise genannt wurde, nicht darauf an, seine Gegner gehörig einzutauchen; [...]. Sein Kraftsprüche und bilderreichen Vergleiche hätten verdient, gesammelt zu werden, als Münchner Sprachdokumente.«[6]

1. Kompagnie der Freiwilligen Feuerwehr München, im Hintergrund alte Spritzenwägen, links eine Balanceleiter. Fotografie von Adalbert Werner (Fotocollage), 28.2.1913.

Josef Robl, der fahrende Sägfeiler von der Au, bei der Arbeit. Atelieraufnahme mit Radl-Requisite, koloriertes Glasdiapositiv, 9 x 12 cm.

Der fahrende Sägfeiler von der Au

JOSEF ROBL

»Ebenfalls ein grosses Original. 1895 baute er sich selbst ein Dreirad und das war eine Sensation, als er mit seiner Maschine im 5-Kilometer-Tempo durch die Münchner Strassen fuhr. Er hatte ausser einem chronischen Schnapsrausch auch einen ebensolchen Schnupftabakrausch, denn er schnupfte nicht weniger als täglich ¼ Pfund ›Schmalzler‹.«[7]

Sägfeiler bei der Arbeit in der Au, Paulanerplatz 6. Fotografie von Georg Pettendorfer, 28.6.1909.

Unzählige Handwerke sind ausgestorben. Seit dem Mittelalter hatten sie das Münchner Stadtbild belebt, hatten ihre kleinen Werkstätten in winkligen Gassen, verkauften ihre Waren auf Märkten oder in Hinterhöfen. Reich wurde keiner. Arbeit gab's genug. Nach und nach wurden sie entbehrlich. Spätestens nach der Industrialisierung und längst vor der Automatisierung wurden sie von Großbetrieben geschluckt oder verdrängt. Zum Beispiel – um allein in der Umgebung der Verkehrsbranche zu bleiben – die Hufschmiede, Gerber, Wagner, Wegmacher, Kraxenmacher, Lokomotivheizer, Kesselflicker, Laternenanzünder …

Viele fleißige Handwerker waren auch mit dem Schleifen und Feilen von Handwerkszeug, Messern und Scheren beschäftigt. Darunter die Sägfeiler. In München hatten diese ihre Arbeitsplätze hauptsächlich unter den Stadttoren, aber auch in den sogenannten Herbergsquartieren der Stadt, wo die ärmlichen Tagelöhner und die Handwerker zu Hause waren. In kleinen, einfachen Häuschen, wie sie heute noch in der Au oder in Haidhausen zu finden sind, wohnten oftmals bis zu zehn Familien dicht gedrängt unter einem Dach. Das für uns heute malerische Aussehen der Häuser darf aber nicht darüber hinwegtäuschen, dass die Menschen hier unter primitivsten hygienischen Umständen hausen mussten. In Seuchenzeiten waren diese Quartiere Brutstätten von Krankheiten. Die Kindersterblichkeit war extrem hoch.

Die Sägfeiler hielten sich lange in ihrem Beruf. Noch im Jahr 1951 hat der (ebenfalls verschiedene) »Münchener Stadtanzeiger« in der Branchenkartei herausgefunden, dass nicht weniger als 20 Angehörige dieses Standes amtlich gemeldet waren. Messer- und Scherenschleifer haben vereinzelt bis heute überlebt.

Der berühmteste aller Sägfeiler war Josef Robl. Geboren 1850 in Schwimmbach in Niederbayern, suchte er sein Glück in der Residenzstadt und mietete sich 1892 ein kleines Zimmer in der Tegernseer Landstraße 45, wo sich heute eine Bank und eine Versicherung befinden. Dem Zugezogenen indes mangelte es derart an Geld, dass er nur einen Topf besaß, in dem er sowohl kochte, als auch seine Wäsche wusch. Aber er war findig, der Robl Sepp. Er bastelte sich aus altem Glump ein Dreirad. Darauf montierte er einige Gerätschaften und radelte von Obergiesing runter in »d' Stodt«. Laut und langgezogen bewarb er seine Dienste auf Straßen und Plätzen: »Sooog feiln«. Seinen Hauptstandplatz war in der Au. Im Angebot hatte der Mann mit dem alten Hut und dem vom Schnupftabak geschwärzten Schnauzbart auch ein »Hooofa binden«, was bedeutete, dass er Risse im irdenen Haferl durch Abbinden dichtete.

Eine Hundepeitsche hatte der Robl auch immer mit, seit ihm Gassenbuben einmal sein Fahrzeug entwendet hatten und mit ihm in die Auslage eines Konditors gerast waren. Selbiges wurde später nachgebaut für die Münchner Dienstmänner. Letzter Besitzer dieses originellen Radls war der Sammler Karl Valentin, der es in einem Keller unter den »Kammerspielen« lagerte. Im Juni 1944 wurde die ganze schöne Schatzkammer »tadellos ausgebombt« (Valentin 1945). Den Robl Josef hatte es schon im Krieg zuvor, am 4. März 1917, aus dem mühsamen Leben gerissen.

Der Henker

FRANZ XAVER REICHHART[8]

Als Meister des Makabren hatten Karl Valentin die Henker interessiert, um nicht zu sagen fasziniert. So einer erscheint, mit fürchterlichem Blick, im Tonfilm »Im Photoatelier«[9]. Da er partout nicht lachen will, entlockt ihm schließlich der Gehilfe (Karl Valentin) für eine Porträtaufnahme mit einer Babyrassel ein Lachen. Und als unser Humorist im Oktober 1934 sein Panoptikum im Keller des »Hotels Wagner« eröffnete, erschreckte darin – bis zum Verbot durch den Oberstaatsanwalt – eine Hinrichtungsszene mit Guillotine, die von einem echten Henkersgehilfen bedient wurde. Valentins Vater soll mit Bayerns berühmt-berüchtigten Scharfrichter Franz Xaver Reichhart befreundet gewesen sein, ihm könnte der Fuhrunternehmer Johann Valentin Fey sogar Hilfsdienste geleistet haben. Henkersgehilfen, auch Schinderknechte genannt, wurden oft aus dem Beruf der Fuhrunternehmer rekrutiert.[10]

Franz Xaver Reichhart jedoch entstammte, wie die meisten Angehörigen seines Handwerks, einer Familie von Wasenmeistern. Das waren Leute, die Tierkadaver entsorgten und nicht nur aufgrund des Geruchs ihrer Arbeit wie Aussätzige außerhalb ihrer Gemeinden wohnten. Am 17. Januar 1851 wurde Reichhart im Dörfchen Mühlthal (Oberpfalz) geboren. Für sein ab dem Jahr 1894 als beamteter Scharfrichter ausgeübtes Handwerk diente ihm eine eiserne Fallschwertmaschine aus Baden, also die in der Französischen Revolution vom Arzt Dr. Joseph-Ignace Guillotin erfundene und nach ihm benannte Guillotine. Vom Schwungbeil waren die bayerischen Rechtspfleger abgekommen, nachdem ein aus der Familie Reichhart stammender Henker damit auf dem Münchner Rindermarkt ein Blutbad angerichtet hatte. Der Nachfolger jedoch nahm für sich in Anspruch, in den bayerischen Gefängnissen, überwiegend in München in Stadelheim, die Todesurteile immer »schnell und human« vollstreckt zu haben.

In seinen Tagebüchern, die im Bayerischen Staatsarchiv liegen, bittet Franz Xaver Reichhart die Leser um ein »freundliches Gedenken an den Nachrichter Bayerns«[11] und schildert genau 43 seiner sogenannten Fälle. Einer der ersten und der bekannteste war am montäglichen 21. Februar 1902 in Augsburg die Hinrichtung des Räubers Mathias Kneißl, dessen Schlusswort am frühen Morgen seines letzten Tages zur Legende wurde: »De Woch fangt scho guat o.« Eine Bitte um Gottes Gnade findet sich indes auf der Marmortafel einer Kapelle, die der tiefgläubige Katholik 1913, nach 20-jähriger Henkersdienstzeit, bei seinem Heimatdorf Falkenstein erbaute (sie ist heute in einen Panoramaweg eingebunden). Abgesehen davon, dass er in guter jahrhundertealter Scharfrichtertradition für jeden Hingerichteten auf eigene Kosten eine Seelenmesse lesen ließ.

Mit den Nerven zerrüttet, gab Franz Xaver Reichhart 1924 sein blutiges, aber durchaus auch lukratives Handwerk auf. Mit 70 Jahren und zum zweiten Mal verwitwet »vererbte« er das Amt quasi seinem Neffen Johann Reichhart. Der wäre lieber Metzger geblieben, vollstreckte dann aber, in den Fußstapfen seines Onkels und als Letzter seines Standes, nicht weniger als 1165 Todesurteile: in der Weimarer Republik, in der blutigen Zeit des Nationalsozialismus (seine bekanntesten Opfer waren die Geschwister Hans und Sophie Scholl) und noch in der Besatzungszeit, als in Landsberg 43 Kriegsverbrecher hinzurichten waren, auf Anweisung der Amerikaner durch Erhängen.

Franz Xaver Reichhart, der Onkel des letzten bayerischen Henkers, starb am 12. Juli 1934 in einem Altersheim der Stadt München, hoch betagt, aber nervlich zerrüttet. Sein Vermögen vermachte er der katholischen Kirche, die jedoch die für 99 Jahre vorausbezahlten Seelenmessen ohne Kommentar bald einstellte. Die Todesstrafe wurde in der BRD 1949 abgeschafft, in der DDR wurde sie bis 1981 vollstreckt.

Franz Xaver Reichhart (links) mit Gehilfen neben seiner Fallschwertmaschine. Koloriertes Glasdiapositiv, 9 x 12 cm.

Sägfeiler am Sendlinger Tor

N. N.

»Er hatte noch vor zirka 15 Jahren dort seine Arbeitsstätte.«[12]

Im Jahr 1892 beschloss der Magistrat mit Mehrheit den Abbruch des Sendlinger Tors. Das südliche Stadttor der alten Stadtmauer Münchens und Gegenstück zum nördlichen Schwabinger Tor, das König Ludwig I. erst 1817 niederlegen ließ, stand der Verkehrsplanung im Weg und bedurfte außerdem wieder mal gründlicher Sanierung. Damals kursierte der Witz: »Das Sendlinger Tor *kann* ja nicht abgerissen werden, weil der Sägfeiler einen unkündbaren Vertrag hat.«

Die Sägfeiler waren seit dem Mittelalter unerlässliche Handwerker, da nur sie die Sachkenntnis und Erfahrung mitbrachten, Sägeblätter wieder anzuschärfen. Traditionell zogen sie »ambulant« über Land oder in den Städten von Haus zu Haus, eine hölzerne Sitzbank, auf der ein Schraubstock für die Sägeblätter angebracht war, mit sich tragend sowie verschiedene Sägfeilen. Nötig waren diese Dienste allemal, da es galt, jede Menge Brennholz zu spalten und zu zersägen, eh es in den Kellern gelagert wurde.

Die Sägfeiler zogen entweder als Hausierer durch die Stadtviertel und aufs Land hinaus, um ihre Dienste anzubieten, oder sie hatten feste Standplätze, so zum Beispiel am Sendlinger Tor oder auch am Isartor.

Tatsächlich versagte die königlich bayerische Regierung der Stadt die Abbruchgenehmigung für das Sendlinger Tor, erlaubte ihr aber, 1906 die drei ursprünglichen Torbögen durch einen einzigen, weit gespannten Bogen zu ersetzen, damit die elektrische Straßenbahn hindurchfahren konnte. Auch wurden an der rückwärtigen Torhofmauer kleine Läden eingebaut. Über den dortigen Sägfeiler ist nichts weiter bekannt.

Sendlinger Tor mit der Abbildung eines Sägfeilers (rechts oben) auf einer sogenannten Mondscheinansichtskarte, 1899.

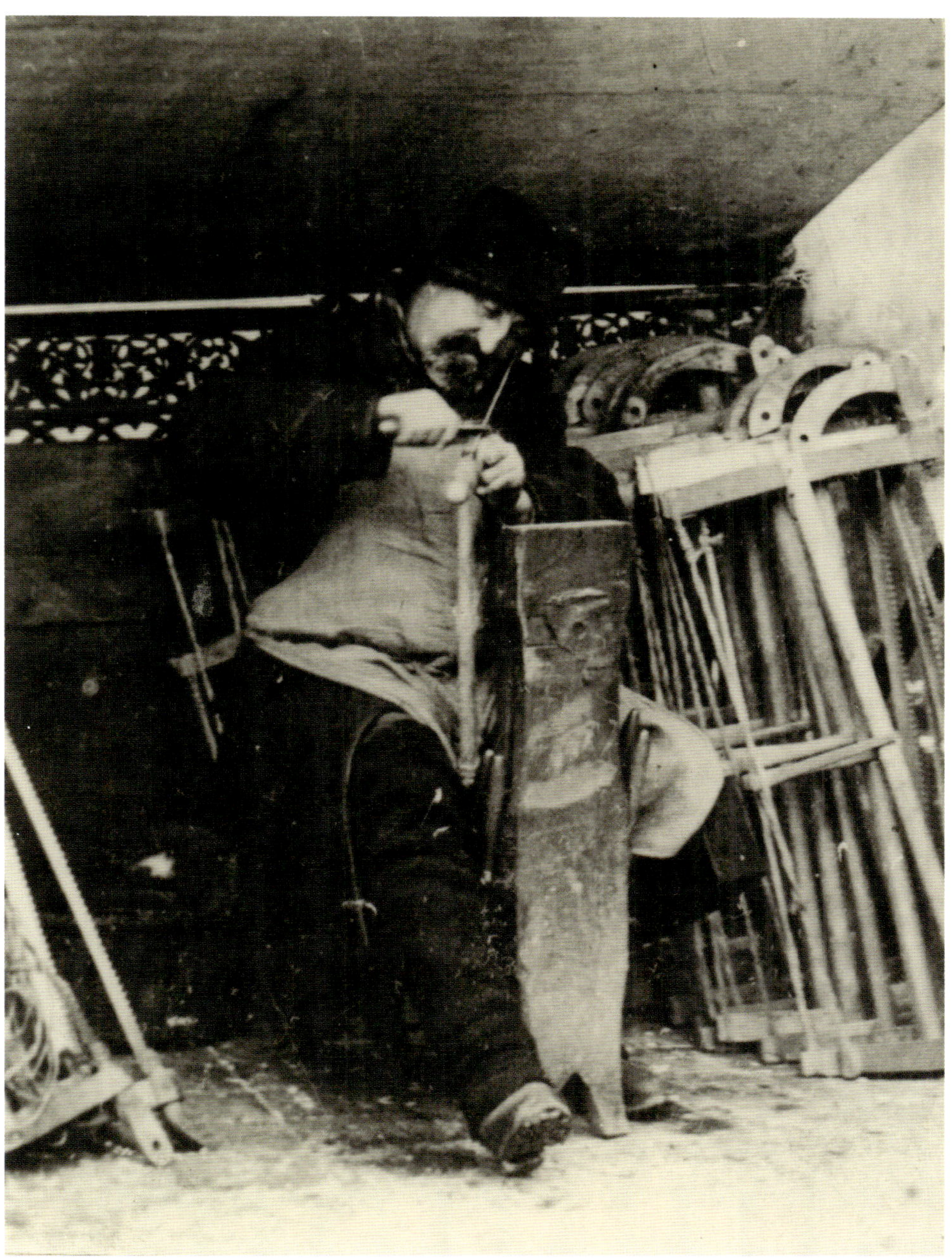

Sägfeiler vom Sendlinger Tor, o. J.

Sägfeiler vom Isartor

DESCHERMAYER[13]

Sägfeiler vom Isartor. Koloriertes Glasdiapositiv, 9 x 12 cm.

Ein Sägfeiler pflegte seine Kunden am Isartor mit Grobheiten zu begrüßen: »Deschermayer hoaß i – und eahna Sag werd net a so pressiern.« Sprachs und warf die zu bearbeitende Säge auf den Haufen der bereits angenommen Werkzeuge. Mit kritischem Blick durch die Nickelbrille folgte noch ein brummiges »höchste Zeit!«. Seiner Kundschaft war es wurscht, als Metzger waren sie Grobes gewöhnt und sie waren froh, wenn er ihre Knochensägen wieder schärfte. Auch ein Doktor soll bei ihm selbige abgeliefert haben. Pünktlich wie die Maurer holte seine Frau um 16 Uhr seinen Sägbock und den Hocker ab und Deschermayr zog sich zu einer verdienten Halbe in sein ganz nah gelegenes Stammlokal, den »Sternecker Bräu« im Tal 54–55, zurück. So sagt es jedenfalls die Überlieferung zu diesem Münchner Original. In diesem Fall wird er dann bestimmt auf den einen oder anderen NSDAP-Parteigenossen der ersten Stunde getroffen sein, da hier im »Sternecker« Anfang der 1920er-Jahre die erste Geschäftsstelle der Partei eingerichtet worden war.

Die Türmer

N. N.

Die Bildunterschrift zur Fotografie aus der Sammlung von Valentins Originalen im Stadtarchiv hält fest, dass es sich hier um die »beiden letzten Turmwächter auf dem Alten Peter« handeln würde.[14] Das ist nicht ganz korrekt formuliert, denn sogenannte Türmer übten hier, im Turm der ältesten Pfarrkirche Münchens, ihr Handwerk noch bis zum 1. November 1901 aus. Die beiden Namenlosen waren aber sehr wohl mit die letzten ihres Standes in München. Zwölf Turmwächter an der Zahl gab es noch bis Ende des 19. Jahrhunderts auf allen großen Pfarrkirchtürmen der Stadt, dann wurden sie sukzessiv durch moderne Feuerwehrverbände ersetzt.

Auf dem Alten Peter hatten die Türmer ihren Arbeitsplatz in luftiger Höhe von 56 Metern, den sie während ihrer Dienstzeit nicht verlassen durften, Zuwiderhandlungen zogen harte Strafen nach sich. Ein kleiner Raum diente als Rückzugsort – er kann heute nachgebaut im Münchner Feuerwehrmuseum besichtigt werden.

Turmwächter von St. Peter an einem Feuerhorn stehend, links Kuppel und Türme der Theatinerkirche, 1860.

Rund um die Uhr wachten hier die Türmer seit 1756 über die Sicherheit der Stadt. Näherten sich mehr als drei Menschen auf einmal den Stadttoren, gab der Türmer durch Stoßen in ein großes, kegelförmiges Feuerhorn ein weithin hörbares, schnarrendes Signal, konnte es sich hierbei ja um den Angriff von marodierenden Banden oder gar um feindliche Truppen handeln. Vor allem ging es aber um den Alarm bei Feuer, das bei den drangvoll eng stehenden und in Holzbauweise errichteten Häusern katastrophale Auswirkungen haben konnte. Brannte es links der Isar, zückte der Türmer eine große rote Fahne, brannte es rechts des Flusses, dann wurde eine grüne gehoben, um so den Einsatzkräften am Boden eine Orientierungshilfe zu geben. 1844 erfand Carl August von Steinheil ein weiteres Hilfsmittel, mit dem Feuer – nach der Sichtung durch ein Fernrohr – besser verortet werden konnte: das Pyroskop. Das Messgerät wurde noch im selben Jahr am Petersturm angebracht.

Im frühen Mittelalter galt der Beruf des Türmers als ehrlos und unehrlich, Kinder von Türmern waren von anderen Zünften ausgeschlossen, erst Mitte des 16. Jahrhunderts erhielten sie durch Reichsgesetze die Möglichkeit, auch ein anderes Handwerk zu erlernen. Heute gibt es am Alten Peter noch immer einen Turmwächter, der ist aber im Hauptberuf Chemie-Ingenieur und wacht auch nicht über die Sicherheit der Stadt, sondern betreut die in Scharen auf die Aussichtsplattform drängenden Touristen aus aller Welt.

Der »Seiler-Wastl«[15]

N. N.

»Ein Künstler in seinem Fach als Sailer. Er fertigte sogar für die Königin Schuhe aus farbigem Spagat, was ihm keiner nachmachte. Diese Tätigkeit konnte er aber nur im nüchternen Zustande ausüben; man musste ihn während diesen Arbeiten in ein Zimmer einsperren, bis er die Arbeit vollendet hatte. Darnach verfiel er wieder dem Alkohol.«

Der Nachname dieses Handwerkers und seine genauen Lebensdaten sind nicht bekannt[16], allerdings ist erhalten, wie der Sebastian gerufen wurde: Seiler Wastl, gemäß seinem Beruf. Überliefert ist auch seine Kunstfertigkeit im Anfertigen von Schuhen und Lederwaren wie Jagdtaschen und Geldbörsen. Ebenso weiß man aber auch von seinem sozialen Absturz. Wohnungslos und alkoholsüchtig versoff er jeden Pfennig, den er einnahm, und verbrachte die Nächte oftmals im

Der Seiler-Wastl. Fotoreproduktion eines anonymen Gemäldes, koloriertes Glasdiapositiv, 9 x 12 cm. In der Sammlung Valentins ist ein weiterer, unkolorierter Abzug davon enthalten: Sign. DE-1992-FS-NL-KV-1369.

Wachlokal der Polizei. Die von Valentin in die Sammlung aufgenommene Fotoreproduktion eines anonymen Gemäldes zeigt den Seiler-Wastl in wohlanständiger biedermeierlicher Gemütlichkeit seine Pfeife schmauchend, im Revers zwei Röschen – er hatte offensichtlich auch bessere Zeiten gesehen, ehe er, aus welchen Gründen auch immer, ins soziale Abseits rutschte.

Der »Parade-Brezen-General«

KASPAR HOFMANN

»Ebenfalls ein Münchner Original, sein Ruf ›Parrrrade-Brrrretzn gefällig?‹ hat ihn zum reichen Mann gemacht. Die Inflation 1921 hat ihm den Reichtum wieder genommen.«[17]

Wann und wo Kaspar Hofmann geboren wurde, weiß man nicht. Sicher ist aber jedenfalls, dass er ein findiger Breznverkäufer im München der 1920er-Jahre war. Er hatte sogar in eigene Werbekarten mit Aufdruck der Geschäftsadresse investiert, um seine Ware besser unter die Leute bringen zu können. Aber nicht nur dies. Auch sein Auftritt als »General«, gekleidet in eine Fantasieuniform mit Epauletten, weißen Handschuhen, Säbel, großem Orden und behängt mit einem Kranz von kleinen silbernen Brezeln, hat ihm die nötige Aufmerksamkeit seiner Kunden beschert und den Verkauf des typischen bayerischen Kleingebäcks angekurbelt. Die Vermarktungsstrategie klappte offensichtlich so vorzüglich, dass sie Hofmann einigen Wohlstand bescherte, ehe ihn die Inflation mit ihren hohen Lebensmittelpreisen ruinierte. So kostete 1921 in München laut Stadtchronik ein Pfund Butter 32 Mark. Im darauffolgenden Jahr hatte man das 15- bis 30-Fache dafür zu bezahlen. Die Münchner litten Not und Hofmann mit ihnen. Der Ruf des Breznverkäufers verstummte endgültig im Jahr 1933.

Kaspar Hofmann. Werbeansichtskarte, Fotografie von Franz Joseph Huber, o. J.

Kaspar Hofmann. Atelieraufnahme von Georg Pettendorfer, koloriertes Glasdiapositiv, 9 x 12 cm.

Anmerkungen

1 Valentin kontaktierte den am 2. September 1884 geborenen Rett des Öfteren, wenn es um Fragen zu Fotografien ging, auf denen er Gebäude oder Personen nicht identifizieren konnte. Rett hatte unter anderem Artikel zur Münchner Au geschrieben und 1914 auch einen Band mit »Münchner Vorstadtsagen« veröffentlicht. Rett war außerdem Schriftleiter der »Münchner Neuesten Nachrichten«.

2 Zitiert aus: Bachmaier / Faust: Karl Valentin. Dokumente, Nachträge, Register, Sämtliche Werke, Band 9, S. 131.

3 In der Lichtbilderliste Valentins werden unter Nr. 48 und Nr. 49 zwei verschiedene Handwerker aufgeführt: ein Stiefelputzer und ein Uhrmacher. Es handelt sich aber hierbei um ein und dieselbe Person, um Xaver Mayer.

4 Ein Ausschnitt aus dieser Fotografie befindet sich in der Sammlung Valentin unter der Sign. DE-1992-FS-NL-KV-1373.

5 Ein weiterer Ausschnitt aus dieser Fotografie liegt in der Sammlung Valentin unter der Sign. DE-1992-FS-NL-KV-1307 vor.

6 »Münchner Neueste Nachrichten« Nr. 506 vom 12. Dezember 1919.

7 Valentin, Lichtbildervortrag, Nr. 47.

8 Das kolorierte Glasdiapositiv von Franz Xaver Reichhart ist Teil der neu aufgefundenen Lichtbilderserie »Bilder berühmter Persönlichkeiten«, findet sich aber nicht in seinem Lichtbildervortrag (siehe S. 286f.).

9 1932, Regie Karl Ritter, Darsteller Liesl Karlstadt und Karl Valentin.

10 Vgl. Ernst, Roland: Der Vollstrecker. Johann Reichhart. Bayerns letzter Henker, München 2019.

11 Vgl. Gromann, Jürgen: Aufzeichnungen eines Scharfrichters. Das Tagebuch des Königlichen Nachrichters von Bayern Franz Xaver Reichhart, Donauwörth 2018.

12 Also bis etwa 1927, laut dieser Angabe aus Valentins Lichtbildervortrag, Nr. 46.

13 Bei Valentin, Lichtbildervortrag, Nr. 45, wird kein Name genannt, sondern nur der Hinweis gegeben: »Näheres unbekannt«. Hannes König vermutet ihn unter dem Namen Deschermayer um 1920 in München. Vgl. dazu König, Hannes (Hg.): G'spassige Leut. Münchner Sonderlinge + Originale vom letzten Hofnarren bis zum Taubenmutterl, gesammelt von Elisabeth und Erwin Münz, München 1977, S. 124.

14 Eine identische Stereoskop-Fotografie zu dieser Abbildung liegt in der Sammlung Valentin unter der Sign. DE-1992-FS-NL-KV-1442 vor. Hier wird als Fotograf Georg Böttger angegeben und eine Datierung auf das Jahr 1865.

15 Bei Valentin, Lichtbildervortrag, Nr. 66, in der alten Schreibweise Sailer.

16 Hannes König vermutet sein Auftreten in München um 1850, womit er ein Zeitgenosse des »Rahmerlmanns« (siehe S. 230) gewesen wäre. Vgl. dazu König, Hannes: G'spassige Leut, S. 128.

17 Valentin, Lichtbildervortrag, Nr. 19.

WELTVERBESSERER

Der »Mäßigkeitsapostel«

ERNST MAHNER

Um die Mitte des 19. Jahrhunderts erschienen europaweit Männer, die ihren Mitmenschen eine radikale Änderung ihrer gewohnten Lebensweise einredeten und alternative Methoden verbreiteten: Hydropathie (Wasseranwendung), Homöopathie, Hygiene. Die Schulmedizin schien in einer Sackgasse zu stecken; sie habe seit dem Altertum keine wirklichen Fortschritte gemacht, verkündete der Heiler Schönlein. Andere Reformer hießen Kneipp, Priesnitz, Schroth, Chabot, Rausse, Munde. Fast überall fanden die Wanderprediger große Scharen von Anhängern, sie stießen aber auch auf Widerspruch, Vertreibung, Verbote.

Ernst Mahner. Fotoreproduktion eines anonymen Drucks, o. J.

Als »Ernst Mahner, Professor der Urhygiene« kam einer jener Heilbringer um 1840 nach München. Der Name war ein Pseudonym, bürgerlich hieß der neue die Askese predigende Prophet vollkommen kontraproduktiv Schlemmer. Er stammte aus Halle und war aus Leipzig ausgewiesen worden. Seine Vorträge über »Urgesundheit« waren immer sehr gut besucht. Das »Münchner Tagblatt« konnte 1847 über Mahner voller Bewunderung mitteilen, »dass derselbe den Beruf übernommen hat, eine für die gesammte Menschheit höchst wohlthätige Reformation in dem Gebiete der Heil- und Gesundheitskunde vorzubereiten«.

Der »graue Pilger«, wie man ihn auch nannte, verordnete den Menschen vor allem Mäßigkeit und Nüchternheit des Geistes und Körpers. Die Zivilisationsverweichlichten sollten nur abends essen, bis zu sieben Tage fasten, Blut und Körpersäfte rein halten. Er verbot den Genuss von Tabak, Alkohol und »gebranntem Wasser«, wobei er in München beim Bier eine Ausnahme machte (und diesem Getränk angeblich auch selbst gerne zugetan war). Regelmäßig sprach er im Gasthof »Zum Paradies« (der heute noch im Lehel existiert). Manchmal schlug er auch im benachbarten Englischen Garten eine Art Altar auf, um sein »Evangelium medicum« zu offenbaren. Aber auch im Biergarten der Menterschwaige wurde er gesichtet.

Allen empfahl er, auf Federbetten zu verzichten und stattdessen auf Strohsäcken zu schlafen sowie regelmäßig zu laufen.

Wie andere Reformer ein halbes Jahrhundert später, verdammte er die damals modische Kleidung. Die »Madamen« würden durch den »Schnürleib« ebenso den Blutkreislauf behindern wie die »Dandys« durch enge Anzüge und »tyrannische Hosenträger«. Selbst trat der Verkünder des »göttlichen Urlebens-Evangeliums« und Erfinder der »Urgesundheitskunde« immer nur in einer schwarzen Samtkutte auf, über der – was seinerzeit noch unüblich war – Haupthaar und Bart wallten.

Von den Ärzten hielt er nichts. Deren Bestreben ziele nicht auf Heilung, sondern auf Verlängerung von Krankheiten. Solche Thesen gingen selbst Kneippianern wie dem Münchner »Wasserdoktor« Dr. Gleich zu weit; in einem langen Zeitungsartikel verriss er den »eigenthümlichen Gesundheitscultus« von Ernst Mahner. Wie es mit diesem weiterging, ist der damaligen und späteren Publizistik nicht zu entnehmen. Gewiss ist, dass der »Mäßigkeitsapostel« gerade in München zahlreiche Nachfolger hatte, meist waren es Zuzügler wie etwa der aus Siebenbürgen stammende Vater der »Alternativbewegung« Gustav »Gusto« Gräser. In den Lichtbildervortrag Karl Valentins hat es der Mahner jedenfalls nicht geschafft.

Der »Kohlrabiapostel«

KARL WILHELM DIEFENBACH

*»Er soll sogar wirklich Gras gefressen haben.
Trotzdem musste er eigentlich frühzeitig in dasselbe hineinbeissen.«*[1]

Das hat dieser Mann nicht verdient: dass ihn die Menschen zeitlebens ausgelacht haben, weil er wie Christus oder die Propheten durch Stadt und Land zog, mit langen Haaren, Leinenkutte, Latschen oder barfuß. Ein Sonderling, gewiss, der Fleischprodukte verschmähte und sich von Körnern, Obst und Gemüse ernährte. Nein, Karl Wilhelm Diefenbach, am 21. Februar 1851 im hessischen Hadamar geboren, war weit mehr als ein Spinner und der allseits verkannte »Kohlrabiapostel«. Er war ein früher Sozialreformer, Urvater der Freikörperkultur, der Hippies und der Grünen. Er lebte mit der Natur. Und er kämpfte für den Frieden in der Welt. Ein Visionär. »Lieber sterben, als meine Ideale verleugnen!«, so ist es in dieser Radikalität wörtlich von ihm belegt.

Karl Wilhelm Diefenbach.
Koloriertes Glasdiapositiv, 9 x 12 cm.

Aber zunächst war der Sohn eines Zeichenlehrers nur einer der zahlreichen Maler, die aus der Münchner Kunstakademie hervorgegangen sind. Franz von Stuck

Auf Karton aufgekle
Collage mit Brustbil
»Dieffenbach« [sic!]
und Zeichnung des
Malers, barfuß mit
Regenschirm, o. J.
Der handschriftliche
Vermerk »Siehe
Rückseite!«
verweist auf einen
dort angeklebten
Zeitungsausschnitt
zu Diefenbachs
Ausstellung »Das
wiedergefundene
Paradies«.

Valentin hat seine Collage zusammengestellt aus einer Ansichtskarte (Diefenbach und Wurzelsepp, 1888) und einer Fotografie des Malers mit seinem Sohn Kurt-Helios, um 1884 (siehe rechts).

DEPONIRT 1888.
Carl Wilhelm Diefenbach.

Der kranke »Meister« Diefenbach leitet in seinem Wiener Atelier seinen Schüler Fidus bei der Entstehung des Frieses »Per aspera ad astra« an, 1892.

und Arnold Böcklin waren seine Lehrmeister. Dann aber wandte sich Diefenbach künstlerisch mit seinen Monumentalwerken ganz dem Symbolismus zu. Von Industrialisierung und Urbanisierung indes wandte er sich ab; in alledem erkannte er die Ursachen von Krankmachung und Verelendung der Massen.

Eine misslungene Operation führte ihn zu solchen Erkenntnissen und damit zu einem neuen, ungewöhnlichen, schon seinerzeit umstrittenen Lebensstil im Einklang mit der Natur. Im Einklang auch mit Eduard Baltzer, der 1867 den ersten Vegetarierverein in Deutschland gegründet hatte, praktizierte und predigte Diefenbach den völligen Verzicht auf tierische Nahrungsmittel. Ausgerechnet vor dem »Hofbräuhaus«, wo der Himmel der Münchner voller Surhaxn und Bier hängt, verdammte er die »Tierfetzen« und den Alkohol. Tiermord bedeute Menschenmord – mithin Krieg. Beim Friedenskongress von 1898 in Wien schloss sich der Münchner Apostel mit der späteren Friedensnobelpreisträgerin Bertha von Suttner und dem Amerikaner Mark Twain zusammen.

Die zunehmend ablehnende Haltung und zahlreiche Anfeindungen des konservativen Münchens samt seinem so ganz und gar nicht weltoffenen Künstlerviertel Schwabing bewogen Diefenbach, 1885 ins noch kaum berührte Isartal hinaus zu ziehen. In einem aufgelassenen Steinbruch bei Höllriegelskreuth kaufte er ein verlassenes Arbeiterhaus und baute – zusammen mit einigen Jüngern – die Kommune »Humanitas« auf. Er lebte gleichzeitig mit mehreren Frauen zusammen und zeugte drei Kinder: Kurt-Helios, Stella und Lucidus. Obwohl er die Ehe als »Zwangsinstitut« ansah, heiratete er die Mutter Magdalena Atzinger, um seinen Kindern den gesellschaftlichen Makel der Unehelichkeit zu ersparen. Alle sprangen nackt in der Wildnis herum. In »adamitischem

Kostüm«, stellte ein Gendarm fest. Wegen Sonnenbadens und damit »groben Unfugs« wurde er 1888 im ersten Nudistenprozess Deutschlands angeklagt. Die »Kleiderseuche«, verteidigte er sich erfolgreich, mache krank.

Danach ging Diefenbach als Künstler auf Reisen. Angesichts der Sphinx-Pyramide in Ägypten entwarf er einen Tempel, der Bildhauerwerkstätten, ein Schwimmbad sowie Schlafräume und eine Gruft für seinen Leichnam aufnehmen sollte. Es blieb bei der bloßen Vision. Auf Einladung des Direktors des Österreichischen Kunstvereins zog der inzwischen verwitwete Maler 1891 mit seinen Kindern nach Wien und gründete im Vorort Ober-St.-Veit eine neue Kommune auf dem »Himmelhof«. Unter den 24 Kommunarden war auch der aus Siebenbürgen stammende Kunststudent Gustav Gräser, dessen Bruder Karl den Monte Verità im Tessin zum vorübergehenden Paradies für Aussteiger aus Schwabing und der übrigen Welt machen sollte.

Die Wiener Kolonie indes ging bankrott. Der autoritäre Führungsstil ihres Meisters – er verlangte unbedingten Gehorsam und kontrollierte die Post – passte den Jüngern nicht mehr. Wie die Münchner begann auch die Wiener Gesellschaft den »Narren und Schnorrer« Diefenbach auszugrenzen und er war ständig Zielscheibe der Skandalpresse. Da er mit seinen Landschaftsbildern nicht den Durchbruch schaffte, kam eine katastrophale wirtschaftliche Lage hinzu, die sogar zur Entmündigung führte. Der 59-Jährige plante, in den Orient zu fliehen, kam aber nur bis Capri, wo er drei Jahre später, am 15. Dezember 1913, plötzlich und qualvoll an den Folgen eines Darmverschlusses starb. Ein Kloster ehrt sein Andenken dort mit einer kleinen Ausstellung. Auch seine Heimatstadt Hadamar zeigt einige seiner Werke. München erinnerte sich erst sehr spät an den malenden »Propheten-Künstler«. 2009 zeigte die Villa Stuck eine umfassende Ausstellung zu Leben und Werk – mit einem sensationellen Erfolg. Die Wiener übernahmen sie 2011 daraufhin in der Hermesvilla. Nach dem unangepassten Aussteiger Karl Wilhelm Diefenbach sind Straßen in München-Solln und in Wien benannt. Und seit 2015 sogar ein Asteroid.

Der »Federlmann«

WERNER

»Hatte seinen Namen dadurch bekommen, dass er alle Taubenfedern, die er am Boden liegen sah, sammelte mit der Begründung, das sei ein Gruß für ihn vom heiligen Geist.«

Man kennt von diesem Münchner Original nur einen Namen – ob es sich dabei um seinen Vor- oder Nachnamen handelt, ist ungewiss. 1853 soll er irgendwo in Franken geboren sein. Werner hatte nicht nur einen komischen Spitznamen, sondern auch einen wohl einzigartigen Beruf: »Naturingenieur« nannte er sich selbst. Das klang jedenfalls besser als Naturapostel, von der Sorte liefen seinerzeit Dutzende in München herum. In der Kreuzstraße im Hackenviertel betrieb er einen kleinen Laden, eine Art Drogerie, wo er zu seinem Sortiment allerlei Gesundheitstipps anbot. Ganz wichtig: Der Mensch darf unter keinen Umständen seine Körpersäfte vergeuden. Beim Zähneputzen zum Beispiel solle er nicht ausspucken, sondern den Speichel runterschlucken.

Wie sein völlig verstaubtes und mit Spin-

Die Originalfotografie zu Valentins Sammelobjekt: »Der Federlmann vor seinem Laden in der Kreuzstraße«, 1905, Valentin-Karlstadt-Musäum.

Nicht retuschierter Ausschnitt aus der Fotografie »Der Federlmann vor seinem Laden in der Kreuzstraße«. Koloriertes Glasdiapositiv, 9 x 12 cm.

Retuschierter Ausschnitt aus der Fotografie »Der Federlmann vor seinem Laden in der Kreuzstraße«, o. J.

nennetzen überzogenes Schaufenster gestaltet war, beschreibt ein zeitgenössischer Kunde so: »Bunte Standgläser mit farbigen Papiereinlagen trugen Etiketten mit lateinischen Namen in verschnörkelten Schriftzügen. Daneben lagen vertrocknete Blätter, undefinierbar, an welchem Stengel sie gewachsen waren. Auch längst verdorbene Eier mit vergrauten Schalen waren ausgestellt.«[2] Im Ladeninneren habe man Hunderte von fetten Kreuzspinnen bewundern können. Der Naturingenieur war nämlich ein Tierfreund und konnte keiner Kreatur etwas zuleide tun. Und ein fanatischer Katholik war er auch. Und die Lutheraner hasste er demzufolge per se. Und wenn man die Lutheraner hasst, hasst man auch die Preußen. Auf Kinder war er auch nicht gut zu sprechen – die Wurzel allen Übels sah er in ihnen. Ein Scharlatan? Ein Wegbereiter des modernen Veganismus? Ein grantiger Spinner? Ein Original? Die Grenzen verfließen hier.

Seinen durchaus gepflegten, wenn auch etwas altmodisch-überkommenen Anzug hatte der hagere Mann mit bunten Flecken benäht. Der flache Strohhut war mit Hühner- und Gänsefedern bestückt, das schulterlange eisgraue Haar mit einem Bändchen zu einem Zopf gebunden. Weshalb man Werner noch einen zweiten Spitz- oder Spottnamen gab: der »Zöpferlmann«. Wann er gestorben ist und wo er begraben wurde – alles liegt im Dunklen.

Der »Christus von Neuhausen«

WOLFGANG RANK

»Er lebte in dem Wahn, er sei heilig gesprochen, verkündete eine neue Religion, wurde aber von den Leuten, denen er seine Weisheit offenbarte, nur ausgelacht.«[3]

Er hatte einen guten Start ins Leben. Wolfgang Rank, geboren am 31. Juli 1888, lernte das Gärtnerhandwerk und sollte einmal die Gärtnerei seiner Eltern in der Merianstraße in Neuhausen übernehmen. Die Lebensbahn war geradlinig vorgezeichnet und schien planmäßig abzulaufen: Nachdem er seinen Wehrdienst absolviert hatte, heiratete er die Tochter eines Handwerkers, ein Sohn und eine Tochter wurden kurz hintereinander geboren. Der Gangerl wie man ihn rief, war Mitglied im Verein der Gärtnermeister Münchens. Die Welt war in Ordnung. Dann brach sie 1914 auch für ihn zusammen. Bei Ausbruch des Ersten Weltkriegs als Gefreiter der Reserve an die französische Front einberufen, erlitt Rank schon nach vier Wochen eine schwere Kopfverletzung, die zunächst zu einer vollständigen Körperlähmung führte. Nach einem Jahr im Krankenhaus und mehreren Operationen erholte er sich wieder und 1915 kam ein Zwillingspärchen zur Welt – ehe seine Frau kurz darauf verstarb und wenig später auch sein gerade geborener Sohn. Die Zwillingsschwester wurde zur Adoption freigegeben. Trotz dieser Schicksalsschläge führte Rank bis 1923 die Gärtnerei seiner Eltern weiter, begleitet von Schwindel- und Ohnmachtsanfällen aufgrund der Kopfverletzung aus dem Krieg.

Dann machte eine Gottesvision ihn zu einem anderen Menschen. Er ließ Bart und Haare wachsen, kleidete sich in eine Kutte, behangen mit Rosenkranz und Holzkreuz, fastete, betete. Mit missionarischem Eifer fing der Gärtner an, Gott und die Welt zu belehren und mit leidenschaftlichen Predigten seine Mitmenschen auf den rechten Pfad der Gläubigkeit zurückzuführen. Sein Haus – 1959 abgebrochen, heute Merianstraße 24 und damit kurioserweise aktuell Sitz des Allitera Verlags – bemalte er aus diesem Grund mit Hunderten von frommen Sprüchen. Weder Spott noch Häme seines Umfelds hielten den bald schon als »Christus von Neuhausen« überall bekannten komischen Heiligen ab, immer wieder öffentlich und »mit glühendem Hass«[4] die moderne Technik zu verdammen. Vor allem aber den Alkohol sah er als Teufelswerk an und er hätte liebend gern die Brauereien Münchens in Bethäuser verwandelt gesehen. Nicht genug damit, auch offene Leserbriefe schrieb er, um die Münchner zu erreichen, und er scheute auch nicht davor zurück, sich mit Briefe an hochrangige Persönlichkeiten des öffentlichen Lebens zu wenden, so an den Papst, Hitler oder den im Exil weilenden Kaiser Wilhelm.

Das Ende des »Christus von Neuhausen« war so wie sein Leben: tragisch. In der Neuhauser Kirche St. Theresia stürzte er so unglücklich auf den Kopf, dass seine alten Verletzungen wohl wieder aufbrachen und es keine Rettung mehr für ihn gab. Als man Wolfgang Rank wenige Tage später am 17. Januar 1932 am Westfriedhof nur 44-jährig zu Grabe trug, zitierte der Pfarrer die Bergpredigt Christi: »Selig sind die Armen im Geiste.« Begleitet wurde er auf seinem letzten Weg von Tausenden von Trauernden. Heute ist er vergessen.

Wolfgang Rank, o. J.

Anmerkungen

1 Valentin, Lichtbildervortrag, Nr. 41.
2 Zitiert nach: König, G'spassige Leut, S. 102.
3 Valentin, Lichtbildervortrag, Nr. 33.
4 Schröther, Franz: Wolfgang Rank – der »Christus von Neuhausen« starb vor 70 Jahren, in: Neuhauser Schriften, S. 51f.

HAUSIERER

Der »Rahmerlmann«

EDUARD BACHMAYER

»War bekannt durch seinen Ausspruch: ›Sie kaffa do nix – Sie kaffa do nix – Sie kaffa do nix.[‹] Durch diese falsche Suggestion machte er fast gar kein Geschäft.«[1]

Eduard Bachmayer, am 19. November 1839 geboren und mit ansehnlicher Erbschaft ausgestattet, war zunächst ein angesehener Münchner Geschäftsmann. Doch der Alkohol hat ihn dermaßen aus der bürgerlichen Bahn geworfen, dass ihn spätere Abbildungen nur noch im Zustand völliger Verwahrlosung zeigen, zerlumpt von Hut bis Schuh, mit wirrem Haar und Flasche in der Hand. Sieht denn so ein Münchner Original aus? Vielleicht hat ihn der Valentin nur deshalb in seine Sammlung aufgenommen, weil der Mann immer wieder versucht hatte, sein verpfuschtes Dasein auf originelle Weise in den Griff zu bekommen.

Als gelernter Konditor bemühte sich Bachmayer 1863 um eine Konzession für einen Zuckerbäckerbetrieb in der vornehmen Maxvorstadt, Karlstraße / Ecke Barer

Eduard Bachmayer. Fotografiertes anonymes Gemälde, koloriertes Glasdiapositiv, 9 x 12 cm.

Straße. Ein ganzes Jahr lang ließen sich die Behörden Zeit, denn im Biedermeier-München gab es bereits 31 solcher Geschäfte. Als es endlich doch klappte, war Bachmayer einer der Ersten, der seinen Laden mit einem großen Schaufenster ausstattete. Für diesen Werbegag und für den eigenen Schnapskonsum brauchte er allerdings so viel Geld, dass er allmählich in den Teufelskreis eines frühen Kapitalismus geriet. 1873 musste er die Konditorei wieder verkaufen. Alsdann ging er hausieren. In Wirtshäusern und auf der Straße verhökerte er kleine Papierrähmchen für Fotografien, 10 Pfennig verlangte er pro Stück. Bekannt wurde er unter dem Namen »Rahmerlmann«. Vulgo »Rahmerlmo«.

Es war einer jener vielen Hausierer dieser Zeit, die sich mit der Anfertigung und dem Straßenverkauf spezieller Waren durchs saure Leben schlugen. Da gab es zum Beispiel: Pemsel- und Löffelmacher, Kranz- und Bürstenbinder, Hadernsammler, Beinknopf- und Sterbekreuzmacher, Makkaroninudelmacher, Säckler, Sporer, Strumpfwirker, Melber, Mausfallenmacher, Nadler, Goldwäscher, Sesselträger, Büchsenschifter, Seidenweber, Fleckerlschuhmacher, Ameisen- und Froschhändler. Reich ist wohl keiner geworden. Angesehen waren sie auch nicht, eher brachte man ihnen Misstrauen entgegen und unterstellte ihnen Diebstahl oder zumindest das Auskundschaften von dessen Möglichkeiten. Auch hatte der gute Bürger immer Sorge, mit überteuerter Ware über den Tisch gezogen zu werden. Von all den genannten hausierenden Gewerbetreibenden sind allein die Scherenschleifer übrig geblieben. Irgendwann hat der »Rahmerlmann« Bachmayer mit dem Saufen aufgehört. Er wollte noch einmal ein neues Leben beginnen. Zu spät. Am 20. Februar 1883 ist er in seiner Heimatstadt gestorben und auf dem Alten Südlichen Friedhof zu Grabe getragen worden.

Der »Kuckuck«

KARL NEHER

»Erst vor einigen Jahren verstorbener Zeitungshausierer.[2] War eine stadtbekannte Persönlichkeit. Machte sich in jedem Gastlokal bemerkbar durch seinen Ruf ›Kuckuck‹.«[3]

Sie sind seltener geworden und sie sind leiser geworden, die mobilen Verkäufer von druckfrischen Zeitungen in Bahnhöfen und Abendlokalen. Die meisten sind heute Türken oder Flüchtlinge aus Pakistan, deren Clans sich auf diesen Job spezialisiert haben. Vor nicht allzu langer Zeit noch gehörten die »Kolporteure«, die lauthals die neuesten Schlagzeilen ausriefen, zum großstädtischen Straßenbild. Einer wurde stadtbekannt. Nicht nur deshalb, weil er mit weißem Vollbart, hoher Schirmmütze und glänzenden Orden an der Brust dem Prinzregenten Luitpold so ähnlich sah.

Zu diesem Münchner Original hat ihn ein – damals nicht üblicher – häufiger Berufswechsel geformt. Karl Neher wurde 1855 in München geboren. Bei der Süddeutschen Bodenkreditbank fing er als gut bezahlter Beamter an. Aber er war viel lieber Bergsteiger als Banker. Seine großartige Idee, über jeden größeren Berg der Alpen ein Buch zu schreiben oder von verschiedenen Autoren schreiben zu lassen, konnte er allerdings nicht verwirklichen.

Karl Neher. Koloriertes Glasdiapositiv, 9 x 12 cm.[4]

Also übernahm er drei Zigarrengeschäfte, in die er – ganz modern – durch dekorierte Schaufenster Kunden lockte. Er wohnte in der Löwengrube, wo ab 1914 das Polizeipräsidium der Stadt seinen Sitz hatte.

Nach Ende des Ersten Weltkriegs geriet Neher in eine wirtschaftlich missliche Lage, die Geschäfte mussten verkauft werden und er ergriff gezwungenermaßen den nächsten Beruf. Der führte ihn auf die Straße. Im »goldenen Zeitalter« des Prinzregenten Luitpold, der seit 1886 in Bayern herrschte, betätigte sich Karl Neher als Zeitungsverkäufer, wobei er sich als eine Art Herold stilisierte. Er trug immer eine helle Windjacke, dicht behangen mit diversen Orden, und Gamaschen, sowie einen Tornister, in dem er die neuesten Presseprodukte aufbewahrte. Ein Spazierstock oder Regenschirm – stets mit einem Fahnentuch umwickelt– ergänzte das Ensemble. Wenn Neher ein Lokal betrat, machte er mit einem Kuckuckspfeiferl und dem Ausruf »Der Kuckuck ist da!« auf sich aufmerksam. Wenn er dann noch die Schlagzeilen verkündete oder sogar kommentierte, griffen die Gäste gern zum Zehnerl. Und wenn er wieder ging, ließ er den Ruf erschallen: »Der Kuckuck dankt und empfiehlt sich.«

Eines Tages hatte er es satt, ein einsamer Eigenbrötler zu sein. Er ließ ein langes Gedicht in der Zeitung abdrucken, das so begann:

»Der Kuckuck ist noch lang nicht still
Weil er noch nicht zum Kuckuck will
Er baut vielmehr ein neues Nest
Und lädt euch all zum Hochzeitsfest.«

Wie angekündigt, heiratete der »Kuckuck« und zwar im Juli 1927 im stolzen Alter von 72 Jahren seine geschiedene Frau Kitty Murff aus Wiesbaden. Nach 18 Jahren Trennung von Tisch und Bett wollten die beiden es noch einmal miteinander probieren. Karl Neher durfte jetzt auch das Hausieren auf der Straße aufgeben und seine Zeitungen in einem festen Kiosk im »Bürgerbräu«-Restaurant verkaufen. Welche Ironie, dass den 72-Jährigen gerade in dem Moment, in dem er ein Dach über dem Kopf hatte und er nicht mehr den schlechten Witterungen ausgesetzt war, eine Erkältung bös erwischte. Karl Neher starb an dieser am 22. Februar 1929 – auch er mitten im Fasching.

Der »Schmalznudelbauer«

N. N.

»Derselbe fuhr in der Zeit von 1880–1890 alle 14 Tage von seinem Dorf in die Stadt hinein mit zwei riesigen Handkörben voll Schmalznudeln. In den Strassen offerierte er durch den Ruf ›Der Schmalznudelbauer is' da‹ seine Ware. Seine fast zwei Faust grossen Nudeln, aus schneeweissem Mehl, die vor Schmalz trieften, das Stück zu 10 Pfennig, fanden riesigen Absatz.« Bis auf diese Beschreibung Valentins im Lichtbildervortrag unter der Nr. 61 sind Name und Lebensdaten dieses Mannes unbekannt.

Der »Schmalznudelbauer«. Fotografie von Georg Pettendorfer, Glasdiapositiv, 9 x 12 cm.

»Wurzelsepp« Nr. 2

A. MUTZHARDT

»Wurzelsepp Nr. 2: (den richtigen[5] Wurzelsepp bringen wir später, dieser ist nur eine Copie zum Original). Er gehört ebenso zu den Münchner Originalen in letzter Zeit.«

In den 1930er-Jahren bot ein weiterer fliegender Händler seine Ware in der Münchner Stadt an.[6] Es herrscht keine Einigkeit über seinen Namen, genaue biografische Daten des aus Bad Reichenhall Stammenden liegen im Dunklen. Dennoch hat er sich mit seiner markanten Physiognomie – wie so viele dieses Gewerbes – offensichtlich ins Gedächtnis der Bürger eingebrannt. Er war ein Kräuterkundiger, bei dem sich angeblich selbst honorige Apotheker Rat holten. Auf der Straße, bei schlechter Witterung schon mal im Hauptbahnhof, versuchte er, alle Arten von Kräutertees an den Mann zu bringen, und gab kostenlos Tipps zur gesünderen Lebensführung. Angeblich sei sein Vater, der ihn die Kräuterkunde gelehrt habe, auf diese Weise uralt geworden. Die Kräuter pflückte er während der Sommermonate in seiner Heimat, aber auch in der Lindauer Gegend und im Chiemgau. Wie der »Wurzelsepp Nr. 2« dabei an den unter Naturschutz stehenden Enzian kam, ist nicht bekannt, belegt ist hingegen, dass er ihn zu einem gesalzenen Preis verkaufte. Im Alter von etwa 70 Jahren ereilte den etwas wunderlich gewordenen Kräuterdoktor der Tod dort, wo er gearbeitet hatte: auf der Straße, durch einen Unfall. Sein Grab ist nicht bekannt.

A. Mutzhardt. Atelieraufnahme, koloriertes Glasdiapositiv, 9 x 12 cm.

Der »Balsam-Bene«

N. N.

»War Hausierer mit Wunderbalsam in Gast- und Kaffeehäusern. Sein Wunderbalsam war nach seiner Aussage ein Universalheilmittel für alle Krankheiten – bei Mondsucht, Geldbeutelschwindsucht, Eifersucht, Heimweh und Faulheit. Er stand ständig unter Alkohol.«[7]

»Balsam-Bene«. Fotografie von Georg Pettendorfer, 6.5.1921.

Sein bürgerlicher Name ist nicht bekannt, abzuleiten von seinem Spitznamen, den er aufgrund seiner Ware, mit der er handelte, erhalten hat, ist nur der Vorname Benedikt. Weitere Lebensdaten sind nicht bekannt. Rätsel gibt auch eine der beiden Fotografien des »Balsam-Bene« in Valentins Originalesammlung auf. Sie zeigt den Hausierer in einer Fantasieuniform mit einem mannsgroßen Stab in der Hand (links). Sollte er zeitweise tatsächlich auch »Portier des ersten Münchner Kinos«[8] gewesen sein? Das »Bayerische Musiker-Lexikon Online« (BMLO) führt wiederum kurioserweise einen Münchner Volkssänger namens »Balsam-Benni (Balsambene)«[9] auf. Das »Münchner Original« ist laut dieser Quelle 1928 erstmals als Unterhaltungskünstler erwähnt.

Wie auch immer: In jedem Fall hat ihn der berühmte Fotograf Georg Pettendorfer vor derselben »bayerischen« Kulisse im Atelier porträtiert wie den »narrischen Maxl« (siehe S. 28) und den »Hofbräuhaus-Lenbach« (siehe S. 244).

»Balsam-Bene«. Atelieraufnahme von Georg Pettendorfer, koloriertes Glasdiapositiv, 9 x 12 cm.

Der »Zwickermann«

ANTON HEINZ

»Der Zwickermann: so genannt, weil er einen alten Zwicker auf der untersten Nasenspitze trägt, bei Nichtgebrauch hinterm Ohr. Seine Existenz ist das Hausieren von Zeitungen.«[10]

Der »Zeitungskolpratär«[11] Anton Heinz war neben dem »Kuckuck« Karl Neher (siehe S. 231) – seinem verhassten Konkurrenten – der bekannteste seines Standes in München. Wie so viele fliegende Händler mit einem schlagfertigen Mundwerk gesegnet, verstand er es, äußerst geschäftstüchtig den eigenen Körper in eine Art mobile Litfaßsäule zu verwandeln. Über und über mit Zeitschriften, Groschenromanen und anderen sensationsheischenden Schriften behangen, erregte er auf diese Weise nicht geringes Aufsehen in den Wirtschaften, die er aufsuchte. Die genauen Lebensdaten des Hausierers sind nicht mehr ermittelbar, aber er ist wahrscheinlich um 1930 gestorben.

Anton Heinz. Koloriertes Glasdiapositiv, 9 x 12 cm.

»Frau Professor Peppi«

N. N.

Um 1890 übte eine Münchnerin im »Hofbräuhaus« den Beruf der Zeitungsverkäuferin aus, die »Frau Professor Peppi« oder schlicht auch nur die »Zeitungspeppi« gerufen wurde. Ihr bürgerlicher Name sowie ihre Lebensdaten sind unbekannt. Außer Zeitungen bot sie auch selbstverfasste Schriften an, auf denen sie den bevorstehenden Weltuntergang verkündete. Sie reihte sich damit ein in die lange Reihe der Weltverbesserer, die in München zu dieser Zeit zugange waren (siehe dazu S. 220ff.). In einer großen Handtasche, die sie stets bei sich trug, verwahrte sie angeblich auch Zangen und Scheren für den Fall, dass sie einem weiblichen »Hofbräuhaus«-Gast bei einer plötzlichen Niederkunft beistehen musste.

»Frau Professor Peppi«. Fotoreproduktion eines anonymen Gemäldes, o. J.

»Herzlfrau« mit Lebkuchenherzen. Fotografie von Georg Pettendorfer (Ausschnitt), koloriertes Glasdiapositiv, 9 x 12 cm, o. J.

Die »Herzlfrau«

N. N.

»Sie hausierte am Oktoberfest, Salvatorkeller am Nockherberg, im Hofbräuhaus und auf sonst üblichen Volksfesten ihre Lebkuchen in Herzform. An lustigen Sprüchen fehlte es ihr nicht beim Verkauf ihrer Waren.« Bis auf Valentins Beschreibung im Lichtbildervortrag (Nr. 12) sind Namen und Lebensdaten der drallen Lebkuchenverkäuferin unbekannt.

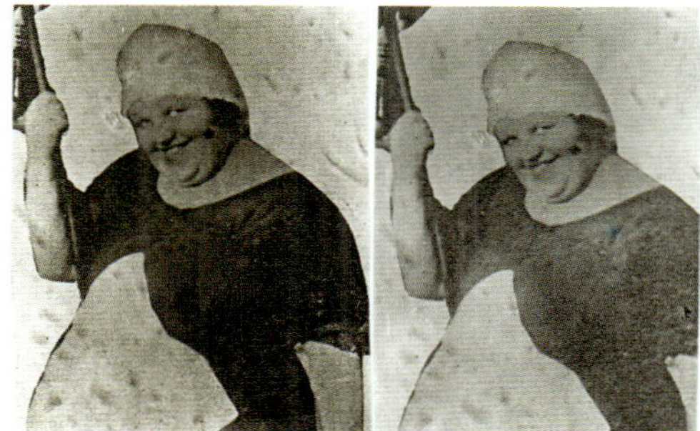

»Herzlfrau«, o. J.

Der »Reklamemensch«

HANS HELD

»Was man ihm auch schenkte, heftete er an seine Kleider und ging damit durch die Münchner Strassen. Die Polizei gestattete seine Maskerade, er war ein harmloser Irrer.«

Ähnlich wie der »Zwickermann« (siehe S. 238) behängte sich Hans[12] Held von Kopf bis Fuß mit bunter Reklame, mit Schildern, Zetteln und Bildchen, wenn er um 1910 mit seinen Scherzpostkarten, Schuhcremes und 100 anderen Artikeln täglich hausieren ging. Sogar sein Kragen und die Manschetten waren beschriftet. Es ist nicht anzunehmen, dass er als wandelnder Werbeträger bezahlt wurde. Mehr als sein Name ist der Nachwelt nicht überliefert.

Hans Held, o. J.

Hans Held. Koloriertes Glasdiapositiv, 9 x 12 cm.

Anmerkungen

1. Im Lichtbildervortrag Valentins (Nr. 71) wird das Leben des »Rahmerlmanns« fälschlicherweise in den Beginn des 18. Jahrhunderts eingeordnet.
2. Aufgrund dieser Formulierung wird der Entstehungszeitraum dieser Texte zu einem Lichtbildervortrag auf Anfang der 1930er-Jahre geschätzt.
3. Valentin, Lichtbildervortrag, Nr. 11.
4. Ein Ausschnitt aus dieser Fotografie ist in der Sammlung Valentin unter der Sign. DE-1992-FS-NL-KV-1314 zu finden.
5. Mit dem »richtigen« Wurzelsepp ist Josef Neumeier (siehe S. 108) gemeint.
6. Das Stadtarchiv weist der Fotografie in der Sammlung Valentin diesen Namen zu. Hannes König untertitelt dasselbe Bild mit »Kräuterdoktor Mutzenbauer«. Vgl. dazu König, G'spassige Leut, S. 82.
7. Valentin, Lichtbildervortrag, Nr. 55.
8. Zitiert nach König, Hannes: G'spassige Leut, S. 50. Es könnte damit der 1906 in der Kaufingerstraße eröffnete »Welt-Kinematograph« gemeint sein, es war das erste fest installierte Kino in München. Verwirrend ist allerdings die Zuordnung von König in der Bildunterschrift als »Der schöne Hugo«.
9. www.bmlo.lmu.de [zuletzt geöffnet am 14.2.2019].
10. Valentin, Lichtbildervortrag, Nr. 8.
11. Hochdeutsch: Zeitungskolporteur.
12. Bei Valentin im Lichtbildervortrag, Nr. 40, in der Schreibweise Hansl. Hans Held schrieb sich selbst – wie auf einer der Fotografien zu sehen – Hansel.

KUNSTMACHER

Der »Hofbräuhaus-Lenbach«

FRANZ XAVER MANDLINGER

»Ein medizinisches Rätsel. Derselbe ist immun für alle Bakterien und Bazillen, denn er frisst und säuft alles, was die Gäste im Hofbräuhaus übrig lassen.«[1]

Franz Xaver Mandlinger. Fotografie von Georg Pettendorfer (Ausschnitt), koloriertes Glasdiapositiv, 9 x 12 cm. Das abgeklebte Dia zeigt eigentlich eine Ganzkörperaufnahme.

Für solche Originale waren das »Hofbräuhaus« und ähnliche Lokale immer schon ein zweites Zuhause wie für den alten Wiener das Kaffeehaus. Es gab dergleichen nicht nur unter den Stammgästen, sondern auch unter den Bediensteten, bei Bräuknechten, Schankkellnern, Rausschmeißern, Wassermadln, Unterhaltungskünstlern (heute: Entertainer). Sogar Musiker der diversen Blasorchester spielten mit im Altmünchner Komödienstadl. Historische Bilder im Treppenhaus des »Hofbräuhauses« erinnerten daran, bis man sie durch elegantere Malereien ersetzte und die oberen Etagen überhaupt modernisierte. Bierbäuche hinter dicken Bierfässern wirkten halt wenig einladend. Erst recht nicht wurde internationales Publikum angelockt durch gscheerte Sprüch oder Lieder. Die alten »Hofbräuhäusler« waren halt eine eigne Rass. So einer war auch Franz Xaver Mandlinger, geboren am 15. Dezember 1867 in München, der den Leuten nur als »Hofbräuhaus-Lenbach« bekannt war. Zunächst hatte er durchaus Ambitionen, ein »ernsthafter«, respektabler Maler zu werden, genau so wie der große Franz Seraph Lenbach, der es, aus kleinen Verhältnissen stammend, zu Ruhm, Geld, einer stattlichen Villa und zum Adelstitel in der Kunststadt München

An Fässern stehende Gäste im Innenhof des »Hofbräuhauses«, Platzl 9, o. J.

bringen sollte. Um diesem Ziel näher zu kommen, immatrikulierte sich der talentierte Mandlinger am 26. Oktober 1883 in der »Antikenklasse« der Akademie der Bildenden Künste und unternahm auch zusammen mit einem Kollegen die für Kunstschaffende damals übliche Studienreise nach Italien. Die jedoch veränderte sein Leben. Der Kamerad verschwand mit der Reisekasse, die angeblich adelige Braut lief ihm davon. Mit Hungertyphus und völlig verarmt kehrte Mandlinger zurück nach München.

Jetzt wurde das »Hofbräuhaus« seine neue Heimat. Tag für Tag tauchte er dort auf mit einer dicken Mappe voller Papier in der einen, einem Maßkrug in der anderen Hand. So wurde er zu einer stadtbekannten Erscheinung. Gern ließen sich Gäste von ihm porträtieren, denn der Strich stimmte. Auch prominente Besucher stellten sich dem scheinbar berühmten Maler, zum Beispiel der König von Schweden und der Maharadscha von Haiderabad. Für das große Bildnis verlangte er »a Markl«, für das kleine »a Fuchzgerl«. Im Übrigen lebte er von Speiseresten. Denn, so predigte er, es gäbe »nix G'sünders ois Wurschtheit und o'fieselte Hax'n.« Und natürlich hatten die Gäste und freundliche Kellnerinnen immer ein »Noagerl« für den »Hofbräu-Lenbach« übrig. Aber auch daheim wurde er umsorgt: erst von seiner Mutter, dann nach deren Tod 1923 von einer Haushälterin. Ihr verdankt die Nachwelt auch alle Anekdoten zum malenden »Hofbräuhaus«-Original.

Im Oktober 1939 wurde Mandlinger auf dem Nachhauseweg von seinem Arbeitsplatz von einem Auto angefahren und schwer verletzt. Aber nicht genug damit, es kam noch schlimmer. Am 25. April 1944 fielen bei einem ersten Luftangriff – drei weitere sollten noch folgen – Bomben auf sein geliebtes »Hofbräuhaus« und zerstörten es schwer. Ein zweites Mal ging für den malenden Urmünchner die Welt unter: »Jetza, wo mei Existenzgrundlage hi ist, ko mi nix mehr da herunt hoitn.« Der Betrieb im »Hofbräuhaus« wurde jedoch in den Ruinen weiter aufrechterhalten und Mandlinger erlebte – trotz seiner Ernährungsweise – zwar nicht mehr das Kriegsende, aber das stattliche 77. Lebensjahr, ehe er am 4. April 1945 in seiner Wohnung in der Rumfordstraße 8 verstarb. Immerhin war er, ganz im Gegensatz zu vielen anderen Münchner Originalen, die an der Armutsgrenze lebten (siehe Professor im Café Universität, S. 258), nicht ganz abgestürzt und hatte bis zum Schluss ein Dach über dem Kopf. Eine Woche nach seinem Tod wurde der Leichnam dem Feuer übergeben. Die Grabstätte ist nicht bekannt.

Der Kunstmaler

DANIEL

»Er war ein ganz guter Maler, aber noch ein besserer Biervertilger. Im alten Spatenbräu in der Neuhauserstrasse war er mindestens 30 Jahre lang täglicher Stammgast. Er trank dort täglich seine 20–25 Liter Bier, rauchte dazu unausgesetzt Österreicher Virginia und lebt heute noch.«[2]

Weder der volle Name noch die genauen Lebensdaten des Münchner Originals, das sich als Kunstmaler seine Existenz verdiente, sind übermittelt. Immerhin gibt es durch Karl Valentin Informationen und Abbildungen zum Ort seines unbürgerlichen, fast unglaublich zu nennenden Lebenswandels. Die Gaststätte »Zum Spaten« war eine typische Altmünchner Bierwirtschaft. Seit 1907 im Besitz des Hofbraumeisters Gabriel Sedlmayr wurde sie die Geburtsstätte der Großbrauerei, die seit 1852 in der Marsstraße ihr berühmtes Spaten-Bier braute. Wie der Kunstmaler Daniel ist auch diese Wirtschaft nach dem Zweiten Weltkrieg aus dem Gedächtnis der Münchner verschwunden.

Anmerkungen

1 Valentin, Lichtbildervortrag, Nr. 2.
2 Valentin, Lichtbildervortrag, Nr. 23. Mit »bis heute« ist also bis in die 1930er-Jahre gemeint.

Kunstmaler Daniel, o. J.

KÄUZE

Der »Ewige Hochzeiter«

GEORG MAIER

Ein gutmütiger Narr, stets sauber aber altmodisch gekleidet. Jahraus – jahrein mit einem Blumenstrauss (den er sich am Obst- und Krautmarkt unentgeltlich verschaffte) im Knopfloch. War in alle weiblichen Wesen bis über die Ohren verliebt und machte jeder einen Heiratsantrag.[1]

Georg Maier. Fotografiertes Ölgemälde, Ausschnitt, koloriertes Glasdiapositiv, 9 x 12 cm. Die Vorlage zu Valentins Sammelobjekt stammt von Josef Widmann und porträtiert den »Ewigen Hochzeiter« und die »schöne Nanni. Ölgemälde, Stadtmuseum München, um 1910.

»Biedermann und Bummelmeier« hieß eine Bildergeschichte, die der Münchner Verleger Kaspar Braun (siehe S. 112) ab 1845 in München herausgab. Daraus soll der Name »Biedermeier« entstanden sein (es gibt freilich noch andere Erklärungen). Jedenfalls hat sich in München, in den friedlichen, spießbürgerlichen Jahrzehnten nach dem Wiener Kongress im Jahr 1815, eine Reihe von Sonderlingen konzentriert. Sie waren eigenbrötlerisch, schrullig, verschroben bis zur geistigen Verwirrtheit. Sie lebten in einer anderen, eigenen – »verkehrten« – Welt. Sie waren nicht Teil der fortschrittsgläubigen, im wirtschaftlichen Aufschwung der späteren Gründerjahre stets nach Profit strebenden Großstadt, sondern standen am Rand der Gesellschaft. Heute wären sie Hartz-IV-Empfänger oder gar Obdachlose. Ihre Lebensdaten sind rudimentär oder gar nicht mehr nachzuweisen. Und ihre Viten sind, wenn überhaupt überliefert, oft nur dem Reich der Legenden zuzuordnen oder bestehen gar nur aus Anekdoten. Im Gegensatz zu vielen anderen Originalen, wie sie hier bereits vorgestellt wurden, mangelte es diesen »Käuzen« an herausragend künstlerischem oder sportlichem Talent oder an einer wie auch immer gearteten Tatkraft und Zielorientiertheit oder vielleicht auch an der berühmten bayerischen »Bauernschläue«, mit der man zum Beispiel der Obrigkeit ein Schnippchen schlagen und zum Erfolg gelangen kann. »A Hund is a scho!« heißt es in so einem Fall voll Bewunderung und Respekt. Die »Käuze« erhalten dagegen wegen ihrer wunderlichen Skurrilität eher ein mildes Lächeln, manches Mal ist man auch nur voll des Mitleids für diese »armen Wurschthäut'«.

Der »Ewige Hochzeiter« war so ein Kauz, dem man mehr Mitgefühl als Verehrung zollte. Als Nachfahre von Figuren wie dem »Baron Sulzbeck« (siehe S. 36) oder dem »Finessensepperl« (siehe S. 24), die beide heute als kleine Steinplastiken vom Karlstor heruntergucken, gehörte er ursprünglich auch diesem Mini-Memorial Münchner Originale an, wurde aber später durch das Porträt von Franz Xaver Krenkl (siehe S. 104) ersetzt. Vielleicht zu Recht, denn im Gegensatz zu den anderen konnte der »Ewige Hochzeiter« weder eine schlagfertige Zunge noch überhaupt einen Funken Humor aufweisen.

Er trug den bürgerlichen Namen Georg Maier, war eigentlich gelernter Säckler[2] und scheint von Jugend an eine psychische Störung gehabt zu haben. Auch sein körperlicher Zustand war bedauernswert, zeigte er doch eine merkwürdig verkrümmte Haltung. Mit den Jahren verschlechterte sich sein geistiger Zustand, er konnte seinen Beruf nicht mehr ausüben und verlor sein Vermögen. Am Ende musste er als Pfründner[3] des Gaststeig-Spitals zum Heiligen Johannes leben. Ehe es aber so weit kam, schien ihm das Glück zuzulachen, denn er stand kurz davor zu heiraten. Doch da wurde nichts daraus, denn seine auserwählte Braut rannte ihm schmählich einen Tag vor der dem Jawort davon. Seitdem trug der Maier Georg sein Hochzeitsgwand – einen hellblauen Frack mit goldenen Knöpfen, Blümchen im Knopfloch, Zylinder, Handschuhe und Stöckchen – Tag für Tag. Jahrelang spazierte der Mann jetzt durch die Gassen der Stadt und fragte: »Ham S' mei Nanni net gsehn? Morgen ist Hochzeit.«

Das Porträt von ihm, das Eingang in Valentins Sammlung gefunden hat, ist ein abfotografiertes Ölgemälde des Historienmalers Josef Widmann. Der hatte 1910 eine ganze Reihe weiterer Münchner Originale festgehalten, unter anderem den »Finessensepperl« (siehe S. 24), Hans Steyrer (siehe S. 73), Michael August Schichtl (siehe S. 172), Franz Xaver Krenkl (siehe S. 104), »Papa Geis« (siehe S. 54), den »Wurzelsepp« (siehe S. 108) und den »Pfui-Teifi«-Professor (siehe S. 254). Dem »Ewigen Hochzeiter« steht auf diesem Gemälde seine treulose Angebetete, die »schöne Nanni«, gegenüber, adrett gekleidet in Münchner Tracht mit Riegelhaube auf dem Kopf und einem Blümchen in der Hand.

Irgendwann aber begann Georg Maier wieder eine neue Braut zu suchen. Jedes einigermaßen hübsche Fräulein sprach er an, viele bat er um ihre Hand, wobei er ihnen einen Blumenstrauß überreichte und nach ihrem Gut und Geld fragte. Einsam, liebebedürftig, besessen verfolgte er manche Damen bis weiß Gott wohin – heute würde man ihn als Stalker bezeichnen. Dabei war er mit den Jahren zu einer dürren, eher unansehnlichen Gestalt mit Hängelippe und Triefaugen geschrumpft. Als »Ewiger Hochzeiter« starb Georg Maier unbeweibt am 25. Mai 1840.

Der »Nußknackl«

CAJETAN NUSSRAINER

Eines der weiteren Originale, die im »Hofbräuhaus« ihr zweites Zuhause gefunden hatten, war Cajetan Nußrainer. Seinen Spitznamen »Nußknackl« hat er – nomen est omen – erhalten, weil er auch die dicksten Nüsse mit den Zähnen aufknacken konnte. Auch ansonsten hatte er eher ungewöhnliche Ess- und Trinkgewohnheiten. So würzte er sich seine erste konsumierte Maß mit Salz und Pfeffer. Der »Hilfsarbeiter im königlichen Steuerkatasterbüro«[4], wohnhaft in der Klenzestraße 44, musste auch sonst noch ein interessantes Leben mit pikanten Feinheiten aufzuweisen gehabt haben, denn seine Biografie erschien in gedruckter Form, wahrscheinlich in einer Zeitschrift. Näheres dazu ist nicht bekannt, nur sein Todesjahr um 1883 gilt als wahrscheinlich. Sein Wohnhaus wurde 1950 abgebrochen.

Cajetan Nußrainer. Radierung, vermutlich Zeitungsausschnitt, o. J.

Das »Taubenmutterl«

THERESE SCHEDLBAUER

Eine kleine alte Frau, welche sämtliche Münchener Stadttauben auf ihre Kosten fütterte. Das Futter trug sie in einem großen Sack. Bei ihrem Ruf: Dauwi-Dauwi, erschienen sofort ihre Pfleglinge.

Die Tierliebe der Münchner – genauer gesagt: der Münchnerinnen – ist legendär. Sie reicht vom touristisch vermarkteten Affen, welcher ein Prinzenbaby namens Ludwig seiner Wiege entrissen und schadlos auf den Erkerturm im Alten Hof geschleppt haben soll, bis zum Dackel beliebiger Art, der sich zum heimlichen Wappentier mausern und 2019 zum Gegenstand einer Ausstellung im Valentin-Karlstadt-Musäum werden konnte. Am allerliebsten aber mögen die Münchner die Vogerl aller Art. War diese Weltstadt mir Herz doch mal von einem Doktor Vogel tadellos regiert worden. Und Ende 2018 hat sie eine Aktion zur Rettung der gefährdeten Stadttauben gestartet.

Bisweilen nimmt derlei Tierliebe allerdings kuriose Züge an. Beispielsweise bei Therese Schedlbauer, die bis zum heutigen Tag besser unter dem Namen »Taubenmutterl«[5] bekannt ist – und »denkmal-geschützt« quasi auch. Geboren wurde sie am 12. Oktober 1853 in Sarrleiten, einem Dörfchen bei Hengersberg im Bayerischen Wald. Schon im Elternhaus lagen ihr die heimischen Viecherl am Herzen. Im Alter von sieben Jahren soll die Theres acht Hunde, 18 Katzen und jede Menge kränkelnder Vögel betreut haben.

Nach dem Tode ihres Mannes verkaufte Therese den Hof samt fünf Stück Vieh und zog – wie zahllose Waldler – nach München. Damals, Anfang des 20. Jahrhunderts, waren Teile der gut versorgten Stadt bereits zum Tummelplatz großer Trupps von Tauben geworden. Der Odeonsplatz war ihr Hauptquartier und sollte es noch bis zum Ende des Jahrhunderts bleiben. Täglich lauerten Fotografen vor der Feldherrnhalle, um Kinder beim Taubenfüttern gegen Gebühr abzulichten.

Gut verkauften sich auch die Ansichtskarten, die ein Weiberl beim Füttern der gurrenden Vögel zeigten. Auf einer stand der Name Therese Schedlbauer, und dazu war vermerkt, sie füttere »aus eigenem Verdienst«. Die Karten werden heute noch im Antiquitätenhandel für 5 Euro angeboten. Die »Taubentheres«, wie man sie auch nannte, wurde so berühmt, dass sie 1934 auf einem Faschingsfestzugwagen sitzen durfte. Noch im Zweiten Weltkrieg weitete die Witwe ihr Wirkungsfeld enorm aus. Im Alter von 83 Jahren soll sie täglich 42 Futterstellen besucht haben. Sie starb am 30. August 1940 in München, hochbetagt.

Als das Volk der Tauben dann die Ruinen des Kriegs als sichere Nistplätze besetzte, entwickelte sich allmählich ein Feindbild. Aus den fotogenen Täuberln wurden lästige, gefräßige, Kot absondernde, ja mit bösen Keimen behaftete »Ratten der Lüfte«. Die Saubermänner der Stadt, angetrieben von Hausbesitzern und Denkmalschützern, traten den Abwehrkampf an: Drahtnetze wurden über alte Fassaden gespannt. Eine strenge Taubenfütterungsverbotsverordnung wurde verkündet. 1978 kam sogar ein Experte aus dem Ruhrgebiet zum Taubenvergiften in die Münchner Parks.

Das war nicht mehr die Welt der Therese Schedlbauer, die dennoch unvergessen blieb, ja sogar einige Nachfolgerinnen hatte. Zur großen 800. Geburtstagsfeier im Juni 1958 ließ eine Großbank in der Alten Börse auf eine weiße Säule eine 1,20 Meter große, von Professor Josef Henselmann modellierte Majolikafigur stellen. Mit der gestrickten Rüschenhaube und dem weiten Schurz, aus dem sie die Tauben die Körner picken ließ, ist diese unschwer als Therese Schedlbauer zu erkennen, auch wenn die Inschrift sie als »Tauben-Marie« bezeichnet. Das Denkmal wurde später in die Salvatorstraße 3 in einen der »Fünf Höfe« versetzt, wo es jetzt eine idyllische Brunnenschale und zwölf Betonhocker begleiten. Im Rathaus hat man inzwischen mit einem Leitfaden zum Umgang mit Stadttauben eine gewisse Versöhnung eingeleitet.

Therese Schedlbauer. Koloriertes Glasdiapositiv, 9 x 12 cm.

Das »Trambahnpfeiferl«

IGNAZ LUMBERGER

Ein alter pensionierter Pferdebahnkutscher, welcher 1895 mit erhobener Hand an irgend einer Stelle der Pferdebahn stand und Ankunft und Abfahrt durch ein Trillerpfeiferl bekannt gab.[6]

Ignaz Lumberger, ein Wirtssohn des Jahrgangs 1855, war schier vernarrt in eine technische Neuheit, die München 1861 erreichte: die Straßenbahn. Anfangs wurde der »Stadt-Omnibus« noch ohne Schienen von Pferden gezogen, um ab 1895 mit elektrischem Strom betrieben zu werden. Schon als Bub spielte der Nazi (diese Vornamensvariante war damals durchaus üblich) liebend gern den Fahrdienstleister der Tramway (diesen englischen Namen benützten die Münchner noch lange).

Zu Hause »fuhr« er mit Tischen und Bänken durch die Gaststube. Ob er spä-

Ignaz Lumberger. Fotoreproduktion eines Gemäldes von Ludwig Greiner[7], 1880.

Ignaz Lumberger. Koloriertes Glasdiapositiv, 9 x 12 cm. Anscheinend ist hier die Retusche abgebrochen worden.

ter tatsächlich selbst als »Pferdebahnkutscher« gearbeitet hat, wie Valentin behauptete, ist nicht nachweisbar. Jedenfalls platzierte er sich in höherem Alter an verkehrsreiche Kreuzungen – ganz beliebt war bei ihm das Gasteigbergerl –, setzte ein blaues Kapperl auf und wies mit erhobenen Händen den Trambahnen Halt und Weiterfahrt an. Dabei blies er lautstark stets in ein umgehängtes Signalpfeiferl. Daher sein Spottname. Die Passanten amüsierten sich übers »Trambahnpfeiferl«, das seinem Traumberuf auf diese Weise nachging, und die richtigen Trambahner duldeten seine »Hilfe«. Nur von den Uniformteilen musste sich der Ignaz trennen. Als man ihn am 25. September 1903 im Alten Südlichen Friedhof zu Grabe trug, befanden sich – wie Zeitungen meldeten – unter den Trauergästen auch Straßenbahner in Uniform. 1914 belegt eine Karikatur von Fritz Heubner in der Wochenzeitschrift »Jugend« ein »neues Münchner Trambahn-Pfeiferl«[8] – das Original Lumberger hatte wohl eine Kopie gefunden …

Sommerwagen der Pferdebahn an der Ecke Steinstraße / Rosenheimer Straße in Haidhausen, 1895.

Der »Pfui-Teifi-Professor«

N. N.

»Ein geborener Nürnberger, tatsächlich ein ehemaliger Professor, der .... Harmlos geistesgestört, war er jahrelang ein Objekt des Spottes von Alt und Jung. Wer hinter ihm ausspuckte mit den Worten: ›Pfui Teifi‹, der musste schnell verschwinden, wenn er nicht vom Professor auf offener Strasse beschimpft werden wollte.«[9]

Der »Pfui-Deifi-Professor«. Fotoreproduktion einer Zeichnung von Fritz Quidenus, o. J.

Schnell hatte man im alten München einen (falschen) Titel weg. Die Palette der vom Volk geadelten Personen reichte vom Geheimrat bis zum Rittmeister, vom Herrn Doktor bis zum Herrn Professor. Letztere hatten ihre Standquartiere, wo sie – meist gratis – aßen und tranken, dozierten, parlierten, spintisierten, aber auch verlacht und verspottet wurden, in Wirtschaften, oft in Cafés. Im »Tambosi« gab es zum Beispiel einen Professor Keil[10], der allerlei Kunststücke auf Billardtischen vorführen konnte. Er erinnert ein bisschen an den zum Clown abgestiegenen »Professor Unrat« von Heinrich Mann. Ein »Professor vom Café Universität« hat auch in Valentins Sammlung Eingang gefunden (siehe S. 258), ebenso wie der Professor »Grössenwahn« (siehe S. 257).

Im »Café Maximilian« und im »Café Perzel« setzte sich immer wieder ein dürres Männlein ans Klavier: Sein Spiel war virtuos und ausdauernd. Den nannte man den »Klavierprofessor«[11]. Karl Herrmann hatte tatsächlich Musik studiert. Ständig hatte er Notenblätter in seinem altmodischen Rock. Seit er einen Schlag auf den Kopf erhalten hatte, stimmte es darin nicht mehr recht. Durch die Stadt bewegte er sich, indem er über Randsteine und Straßenbahnschienen nur zu hüpfen pflegte. Im »Hofbräuhaus« indes, dem Oberhaus der Originale, verkehrten der »Professor« Guggemos[12], die »Frau Professor Peppi« (siehe S. 239) und der »Professor der unentdeckten Wissenschaften« (siehe S. 256).

Vom »Pfui-Teifi«-Professor aus Valentins Sammlung sind weder historische Vorbilder noch Name noch Lebensdaten überliefert, noch weiß man genau, wie der Mann mit der markanten gewölbten Unterlippe zu seinem Beinamen gekommen ist. Allerdings erlangte er, der laut Valentin ein »wirklicher« Professor gewesen ist, offensichtlich einige lokale Berühmtheit, denn 1910 wurde er von Josef Widmann – im Duo mit dem »Wurzelsepp« (siehe S. 108) – in einem Gemälde verewigt. Der Historienmaler ließ jedoch jeglichen despektierlichen Zusatz weg und nannte ihn in der Bildunterschrift schlicht nur »Herr Professor.« Valentin hat eine Kopie dieses Gemäldes nicht in seine Sammlung eingefügt, wohl aber eine Zeichnung des tschechischen Wahlmünchners Fritz Quidenus.

»Pfui-Deifi-Professor«.
schnitt aus Bild rechts, koloriertes
diapositiv, 9 x 12 cm.

Der »Pfui-Deifi-Professor«, o. J.

Der Professor der unentdeckten Wissenschaften

RINGEIS

»Er soll, wo er auch gesehen wurde, ob er auf der Strasse ging oder in einem Wirtshaus sass, immer ganz vertieft in einem Buch gelesen haben.«

Er war wohl gezwungen, »seine karge Rente mit dem Erzählen von kuriosen, exotischen Geschichten – meist rund um Speis und Trank«[13] aufzubessern. Aufgrund seiner Leidenschaft fürs Essen soll »Herr Ringeis« auch einmal den von Witzbolden präsentierten Ballhandschuh der Wirtstochter mit Genuss verspeist haben. Unter der Nr. 74 in Valentins Lichtbildervortrag ohne Vornamen aufgeführt, ist im Stadtarchiv keine Fotografie von ihm abgelegt.

Wie auch immer, der um 1900 in München verortete Herr Ringeis vulgo »Professor der unentdeckten Wissenschaften« hatte Ende des 18., Anfang des 19. Jahrhunderts einen historisch belegten Vorgänger, dessen Lebensdaten und Vita besser bekannt sind als die des »Hofbräuhaus«-Originals. Er war ein »wirklicher« Professor, nur zwei Jahre jünger als das »Finessensepperl« (siehe S. 24) und damit auch ein Zeitgenosse des letzten Hofnarren Georg Prangerl (siehe S. 20). Oft wird sein Name genannt, wenn es um berühmte Münchner Originale der Biedermeierzeit geht. Geboren 1761 in Weimar lautete sein bürgerlicher Name Friedrich Wilhelmi, und zeitgenössische Quellen sagen von ihm, dass er ein »unermüdlicher Theaterbesucher«[14] – immer am selben Platz – gewesen sei, viel »misshandelt wurde« und selbst »unausstehlich« war. Als Wilhelmi 1831 starb, wurde kurz darauf in einer Münchner Wochenschrift eine flammende Verteidigungsrede seiner Person abgedruckt.[15] Der Verfasser weist auf die exquisiten Kenntnisse und Fähigkeiten des jüdischen Gelehrten hin: firm in Religion, Philosophie und Geschichte, daneben Kenntnisse in Politik, etliche Sprachen beherrschend (Hebräisch, Französisch, Englisch, Lateinisch, Griechisch, Italienisch, Syrisch, Chaldäisch) und das Ganze gepaart mit einem trockenen, jüdischen Witz. Zunächst verschlug es den hochgerühmten Wissenschaftler und Gelehrten nach Berlin, wo er am 17. August 1806 zum evangelisch-lutherischen Glauben konvertierte. Wie so viele jüdische Mitbürger glaubte er, damit seine Chancen auf eine erfolgreiche Karriere verbessern zu können. Taufzeugen waren kein Geringerer als der regierende König von Preußen, Wilhelm III. sowie sämtliche Mitglieder der königlichen Familie und weitere angesehene Angehörige des Hofstaats. Wilhelmi bewegte sich also augenscheinlich in den allerhöchsten adeligen Kreisen. Belegt ist auch seine enge Freundschaft mit Fürst Karl von Sayn-Wittgenstein, mit dem er mehrere Jahre zusammen in England verbrachte. Dann führte Wilhelmi der Weg nach München. Unterstützt mit einer monatlichen Apanage seiner Majestät, glaubte er hier an mehr Akzeptanz – ein Trugschluss –, wobei es ihm zunächst gut gefiel in der bayerischen Residenzstadt. Aber bald stieß er vor allem mit seinen privaten Eigenheiten – unter anderem hatte er wohl eine unbändige Esslust, mit der er so manch einen – pfui-Teifi! – zum höchsten Ekel trieb, alle Manieren ignorierend und »im höchsten Grade unverschämt«[16]. Wilhelmi brachte trotz seiner Intelligenz und Fähigkeiten in München gesellschaftlich keinen Fuß auf den Boden, übrig blieben nur der hämische Spott seines Umfelds und der zweifelhafte Ruhm eines »Professors der unentdeckten Wissenschaften«.

Professor »Grössenwahn«

N. N.

»Er ist ständiger Stammgast im sogenannten Cafe ›Grössenwahn‹ in der Theresienstrasse. Von vormittags bis spät am Abend sitzt er im benannten Cafe und beschreibt die ganze Marmorplatte voll winziger Zahlen. Er lebt unter den ärmlichsten Verhältnissen, trotzdem er ein grosser Mathematiker ist.«[17]

Die Geburtsstunde eines bei den Künstlern und Denkern der Stadt beliebtesten Cafés schlug im selben Jahr, als auch die Satireblätter »Jugend« und »Simplicissimus« das Licht der Welt erblickten. 1896 eröffnete der Konditoreibesitzer Karl Oberdorfer an der Ecke Amalien-/Theresienstraße in Schwabing ein Kaffeehaus nach Wiener Vorbild und benannte es nach seiner Frau. Hier tummelte sich bald alles, was in der Münchner Boheme-Szene Rang und Namen hatte, und das bis 3 Uhr morgens, denn so lange konnte man hier an den kleinen Marmortischen sitzen und je nach Geldbeutelgröße speisen oder auch nur einen »Braunen« oder »Verlängerten« konsumieren. Die vielen echten, vor allen aber die Möchtegerngenies verhalfen dem »Stefanie« bald zu seinem zweiten Namen: »Café Größenwahn«. Franz Wedekind, Roda Roda, Ernst Toller, Erich Mühsam, Eduard Keyserling, Hans Carosa, Emmy Hennings, Franziska zu Reventlow und wohl auch der von Valentin genannte unbekannte »Professor Grössenwahn« wurden hier auf den typischen Thonet-Stühlen zu treuen Dauergästen. Mit dem Aufkommen des Nationalsozialismus verlor das »Stefanie« mehr und mehr an Kundschaft, eine Reanimierung nach dem Zweiten Weltkrieg misslang, dafür stehen heute Teile des Mobiliars im »Turmstüberl«-Café des Valentin-Karlstadt-Musäums.

Innenansicht »Café Stefanie«, Ecke Amalien- / Theresienstraße. Ansichtskarte, 1911.

KUGLER

Laut Valentin hatte der Kartoffelhändler Kugler (Vorname unbekannt) sein Geschäft in der Buttermelcherstraße im Glockenbachviertel. »Ihm raubte die Inflationszeit 1923 sein ganzes Vermögen und dieser Verlust raubte ihm seinen Verstand – wie so manchem. Harmlos, geistesgestört, sammelte er zu seinem weiteren Fortkommen alles, was er auf der Strasse fand zusammen und fuhr diesen Unrat zu seiner Behausung, da er die fixe Idee hatte, dass das alles noch einen Wert bekomme in einer wiederkehrenden Inflationszeit.«18 Mehr als diese traurigen Zeilen über eine ruinierte Existenz in einem Lichtbildervortrag sind nicht recherchierbar, auch gibt es keine Abbildung.

DER »PROFESSOR VOM CAFÉ UNIVERSITÄT«, N. N.

Weder bürgerlicher Name noch Lebensdaten sind bekannt. Das »Café Universität« an der Ludwigstraße 24, heute »Cadu« genannt, gehörte früher zum in unmittelbarer Nähe liegenden Herzoglichen Georgianum und war die Teestube und der Billardsaal der dort untergebrachten Theologiestudenten, zu denen ab 1947 auch der 22-jährige Joseph Ratzinger gehörte, der spätere Papst.

Der »Professor vom Café Universität« durchkramt einen Abfallkorb, o. J.

DER WASSERBESCHWÖRER, N. N.

Name und Lebensdaten sind nicht bekannt. Valentin notiert: »Ein sonderbarer Kauz – er holte in seinen hohl gehaltenen Händen an irgend einem öffentlichen Brunnen Wasser, geht an das Isarufer, nächst dem Maximilianeum, schüttet dasselbe in die Isar und spricht dazu eine Zauberformel, damit das Hochwasser der Stadt München keinen Schaden zufüge. Dieses Manöver treibt er – täglich – schon mindestens 8–10 Jahre lang.«[19]

Der Wasserbeschwörer. Koloriertes Glasdiapositiv, 9 x 12 cm.

Der »Wasserbeschwörer« auf einer Parkbank allein und mit einem Pärchen, o. J.

»DE LAGE MAXE«, N. N.

Bis auf die karge Vermutung Valentins, dass er das ledige Kind gewesen sei »von einem verstorbenen bayerischen König«[20], ist von diesem »Münchner Original« nichts in Erfahrung zu bringen.

Anmerkungen

1 Valentin, Lichtbildervortrag, Nr. 80.Hier ohne Namensnennung.

2 Bekleidungsschneider oder auch Lederbekleidungshersteller.

3 Nutznießer einer wohltätigen, meist kirchlichen Stiftung.

4 König, Hannes: G'spassige Leut, S. 106.

5 Bei Valentin »Das Taubenweiberl«. Ihre Fotografie war die Nr. 1 im Lichtbildervortrag »Bilder berühmter Persönlichkeiten«.

6 Valentin, Lichtbildervortrag, Nr. 68.

7 Der Gastwirt, Metzger, Weinküfer, Stabskoch, Zeichner und Bühnenmaler Ludwig Greiner wurde am 6. Oktober 1880 in München geboren und ist auch dort am 3. Mai 1956 gestorben. Er war mit Sicherheit selbst ein waschechtes Münchner Original und kann als Valentins Freund bezeichnet werden. Er hatte Valentin in seinen Anfängen als »Vereinshumorist« entdeckt und ihm wichtige Anregungen für seine Couplets und Soloszenen gegeben. Der nicht ausgebildete, aber mit viel zeichnerischem Talent ausgestattete Greiner half Valentin auch oft beim Zusammenmontieren von Fotografien, wenn sie nicht ganz einer idealen Atmosphäre entsprachen (siehe zum Beispiel Fotografie »Frankfurter Hof«, S. 166).

8 http://www.jugend-wochenschrift.de/uploads/tx_lombkswjournaldb/pdf/2/19/19_18.pdf, S. 552. [zuletzt geöffnet am 13.3.2019].

9 Valentin, Lichtbildervortrag, Nr. 67.

10 Siehe König, Hannes: G'spassige Leut, S. 69f.

11 Ebd., S. 76.

12 Ebd., S. 39f.

13 Ebd., S. 116–117.

14 Zitiert nach: http://mein-bayern.lexikus.de/mb/land-und-leute/35-muenchner-originale [zuletzt geöffnet am 13.2.2019].

15 »Berichtigung eines Vorurtheiles gegen einen verstorbenen«, in: Die alte und die neue Zeit: eine monarchisch-konstitutionelle Wochenschrift, Nr. 58, München, 31. Dezember 1831, S. 235f.

16 Ebd.

17 Valentin, Lichtbildervortrag, Nr. 22. Keine Fotografie im Stadtarchiv vorliegend.

18 Valentin, Lichtbildervortrag, Nr. 20. Keine Fotografie im Stadtarchiv vorliegend.

19 Valentin, Lichtbildervortrag, Nr. 3.

20 Valentin, Lichtbildervortrag, Nr. 32. Keine Fotografie im Stadtarchiv vorliegend.

»ABNORMITÄTEN«

Manche Menschen sind dem Interesse ihrer Volksgenossen ebenso ausgesetzt wie außergewöhnliche Tiere, wie befrackte Affen, plappernde Papageien, tanzende Bären, singende oder trommelnde Hunde. Reihenweise paradierten sie traditionell auf Volksfesten und natürlich auch auf der Wiesn. Besonders Dicke und Dünne, Lange, Hässliche, Schwergewichtige, Krumme, Haarige, Dunkelhäutige. Kaum eine Schaubude konnte verzichten auf bunt gekleidete Liliputaner, die man im alten München liebevoll »Zwergerl« nannte. Andere Andersartige hießen »Näga«, »Wuide« oder einfach nur »Indianer«. Ach, wie komisch war das doch! Menschenschutz und Tierschutz – und nicht zuletzt die Konkurrenz durch andere Medien – machten der Zurschaustellung von Menschen, Tieren, Sensationen dieser Art allmählich ein Ende, mit Ausnahmen allerdings. Lange Zeit waren solche »Originale« obendrein der Vermarktung durch fotografische Apparate gnadenlos ausgeliefert. Bilder von wunderlichen Typen kursierten nicht nur auf Jahrmärkten. Auch der zaundünne Karl Valentin mit seiner grotesken Körpersprache – er bekannte sich selbst als »Abnormität«[1] und stellte seine extreme Physiognomie bewusst zur Schau – hat solche Bilder nur allzu gern auf der Bühne oder im Film arrangiert: »Im Fotoatelier« erscheint eine ungewöhnlich lange Frau mit ihrem sehr kurzen Bräutigam und als Statisten holt er sich den kleinwüchsige Jakl Fischberger (siehe S. 167) und den »Riesen« Pfafferl (siehe S. 169). Er hat Typen mit »abnormen« Körperlichkeiten auch selbst fotografiert, aber eher selten, dafür intensiv gesammelt. Zu diesen Bildern finden sich – wenn überhaupt – nur knappe biografische Angaben.

»Mina Hupf«. Fotoreproduktion einer anonymen Zeichnung, koloriertes Glasdiapositiv, 9 x 12 cm.

»Mina Hupf«

N. N.

Zeitgenossen schildern sie als eine ausgemergelte Frau mit faltigem Indianergesicht und scharfer Zunge. Dass sie ein Holzbein hatte, machte ihr Erscheinungsbild kaum sympathischer. Derartige Hilfsmittel kannte man in der Zeit ab 1885 eigentlich nur von Soldaten, die im Siebzigerkrieg ein Bein verloren hatten. Von ihren Mitbürgern durften Amputierte mit Prothesen damals wenig Mitgefühl erwarten, von Gassenbuben schon gar nicht.

Wie ihr bürgerlicher Name lautete, weiß man nicht. Ebenso wenig, auf welche Weise sie ihr Bein verloren hat oder warum sie gezwungen war, von den verfaulten Essensresten, die ihr die Marktfrauen am Viktualienmarkt in den Korb steckten, zu leben. Zwischen 1885 und 1900 war sie um die 60 Jahre alt, ihr Sterbetag ist nicht bekannt. Zu ihrem Spottnamen kam sie, weil die zerlumpte Stadtstreicherin oftmals von Kindern böse provoziert wurde. Wenn es ihr dann gelang, das Lederband von der Stelze aus Fichtenholz zu lösen, benützte sie diese wutentbrannt als Prügel. Auch als Wurfgeschoss soll das Bein gedient haben. »Mina hupf«, grölte dann die Meute. Und sie hüpfte auf einem Bein und holte sich ihren Holzfuß wieder zurück. Körperbehinderte hatten in der »guten alten Zeit« wahrlich nichts zu lachen. Von »Mina Hupf« gibt es – trotz eines Aufrufes einer Münchner Zeitung, die nach einer Fotografie von ihr suchte –, außer der Zeichnung eines Unbekannten keine weitere Abbildung.

Frau mit Vollbart

MARIA BAIER

Die Frau hieß Maria Baier und wohnte mit ihrem Mann im Rückgebäude eines Mietshauses in der Dreimühlenstraße 26. Fotografien aus den 1930er-Jahren zeigen sie zusammen auf einer Bank sitzend und ein Pfeifchen schmauchend. Für die Gassenbuben im Schlachthofviertel war die Mannfrau gewiss ein Objekt des Spottes – was wusste man damals von Hormonstörungen[2] und schon gar von Transsexualität. Dragqueen Conchita Wurst hatte auch noch nicht das Licht der Welt erblickt.

Doch Maria Baier, die als Tochter eines Wasenmeisters[3] in Schleißheim aufgewachsen war und damit schon früh das »Ausgegrenztsein« kennengelernt hatte, nahm ihre »Absonderlichkeit« gelassen hin. Zwar versuchte sie zunächst, die sprießenden Barthaare abzuschneiden oder zu rasieren, doch das führte nur zu noch stärkerem Wuchs. So machte sie aus der Not eine Tugend, ließ den Bart wachsen und bereiste ganz Deutschland, um sich der Öffentlichkeit zu präsentieren und damit Geld zu verdienen. Die Polizei stellte ihr eigens einen Ausweis aus, der sie vor Unannehmlichkeiten und Verhaftungen schützen sollte. Ja, sie war sogar unbandig stolz darauf, dass eine tschechische Firma mit ihrem Konterfei Werbung für ein Haarwuchsmittel machen wollte.

Aufgrund der Berufsunfähigkeit ihres Mannes lebten die beiden im Alter bescheiden von einer Rente des Wohlfahrtsamtes. Sterbedatum und Grab von Maria Baier sind nicht bekannt.

Maria Baier im Herrentrachtenanzug, mit Charivari, Gewehr und Pfeife, o. J.

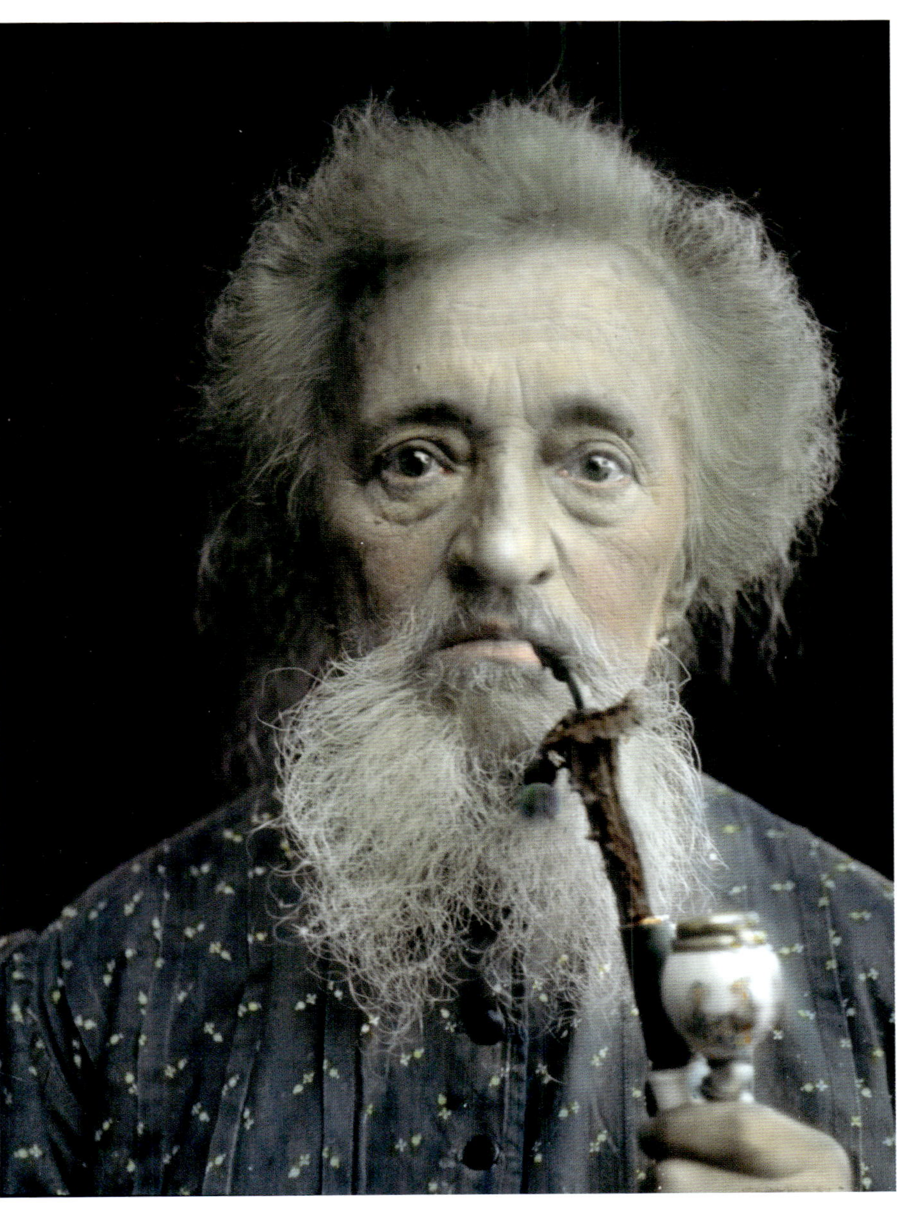

Maria Baier. Koloriertes Glasdiapositiv, 9 x 12 cm.

Der Gummihautmensch

HEINRICH HAAG

Heinrich Haag besaß eine besondere »Kunstfertigkeit«. Wie die in den 1920er-Jahren aufgenommenen Fotografien aus der Sammlung Valentins zum Grusel des Betrachters zeigen, konnte er seine Haut von Hals her übers Gesicht ziehen und dann eine Zeitung durch sie hindurch lesen. Aber diese »Fähigkeit« der Hautüberdehnung ist – wie der weibliche Bartwuchs – kein artistisches Talent, sondern eine äußerst seltene Bindegewebserkrankung, noch dazu in dieser Form, wie sie bei Haag auftrat, eine sehr schwere. Die Wissenschaft bezeichnet sie heute als »Ehlers-Danlos-Syndrom«. Es gibt keine Heilung, die Patienten leiden lebenslang unter chronischen Schmerzen, innere Organe können betroffen sein, die Verletzungsanfälligkeit ist extrem hoch und vieles mehr, von der hohen psychischen Belastung gar nicht zu reden.

Heinrich Haag lehnte zunächst alle Angebote von in- und ausländischen Schaustellern ab, seine »Künste« zu zeigen, und trat ausschließlich in Münchner Wirtshäusern auf. Ein offensichtlich zu lukratives Angebot aus Amerika ließ ihn aber doch seine Prinzipien aufgeben. Täglich zehn Vorstellungen des »India-Rubber-Man«, der auch seine Nase unter das Kinn und seine Augenlider über die Backen ziehen konnte, bedeuteten jedoch für »Henry« Haag am Ende enorme körperliche Strapazen, die auch die hohen Gagen nicht wettmachen konnten. Erschöpft kehrte er zurück nach München und zog sich in ein bürgerliches Leben zurück. Das nach der Heirat geborene Mädchen blieb vom Syndrom verschont, der zweitgeborene Sohn erbte die »Gummihaut« seines Vaters. Auch er trat damit in Münchner Gaststätten auf.

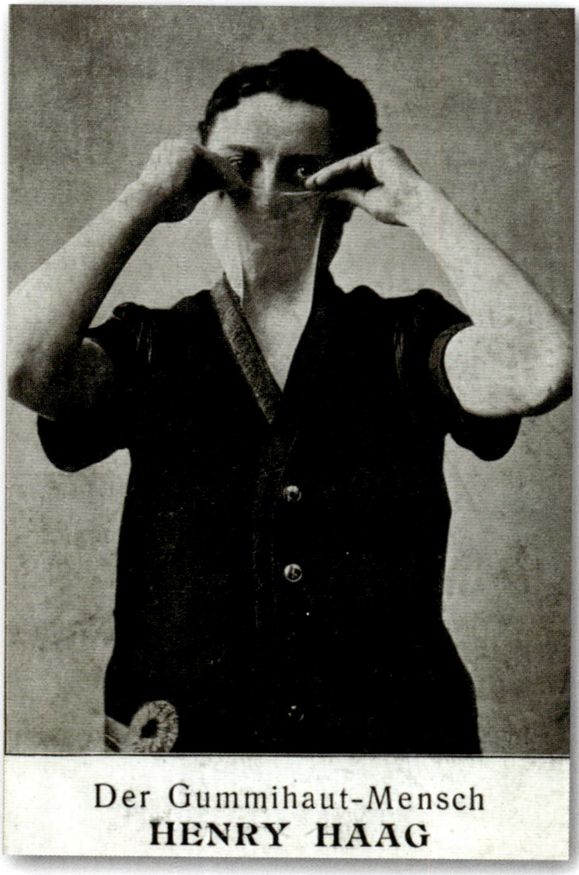

Der Gummihaut-Mensch
HENRY HAAG

Heinrich (Henry) Haag. Ansichtskarte, o. J.

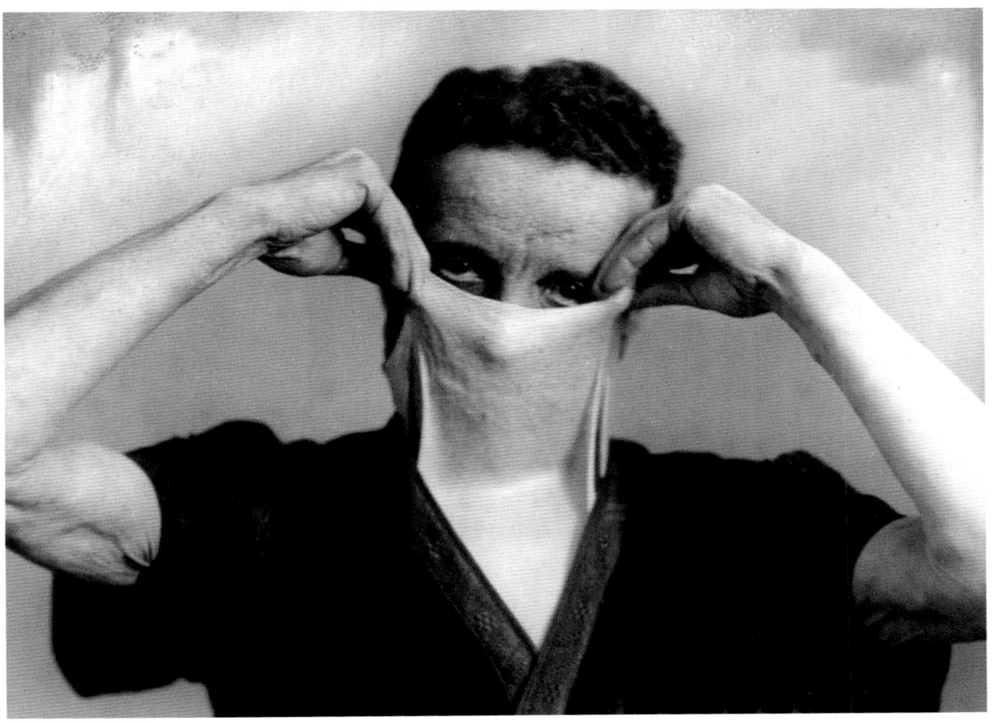

Heinrich Haag. Atelierfotografie von Hilbinger, München, Glasdiapositiv, 9 x 12 cm.

Karl Schwach. Koloriertes Glasdiapositiv, 9 x 12 cm.

Der Grimassenschneider
KARL SCHWACH

Die »Kunst« des Grimassenschneidens, wie sie Karl Schwach beherrschte, ist ebenso wie die Hautdehnungen von Heinrich Haag oder die Überbeweglichkeit von Max Duffek als »Schlangenmensch« (siehe S. 139 auf eine Form der Bindegewebsschwäche zurückzuführen und damit eine mehr oder minder schwere Erkrankung. Auch das weniger spektakuläre, aber doch auch ungewöhnliche Berühren der Nasenspitze durch die Zunge fällt in dieses Krankheitsbild und ist einem defekten Kollagen geschuldet.

Biografische Daten zu Karl Schwach sind nicht bekannt, das »Bayerische Musiker-Lexikon Online« (BMLO) führt ihn als Volkssänger und »Münchner Original« auf (erstmalige Erwähnung 1928)[4]. Offensichtlich hat auch er mit seiner »Abnormität« Geld verdienen können.

Der »Zwerg«
JACKERL

Kein Nachname, keine Lebensdaten, nur die offensichtliche Kleinwüchsigkeit als »Besonderheit« – mehr ist zu Jackerl[5], dem »Zwerg«, vordergründig nicht zu recherchieren. Die Fotografie in Valentins Sammlung zeigt ihn jedoch ganz offensichtlich – in Frack und Zylinder – als Animateur auf dem Podest vor der Krinoline am Oktoberfest. Die Bildunterschrift auf einer Georg-Pettendorfer-Fotografie weist ihn, heute politisch etwas inkorrekt, als »Liliputaner« aus. Aber das hatte ja gute Tradition auf der Wiesn. Das Schaustellergeschäft des Münchners Carl-Heinz Schäfer lockte bis in die Mitte der 1950er-Jahre Schaulustige an, die in der »Circus Stadt Liliput« kleingewachsene Menschen in ihren Wägen und Häusern begaffen konnten. Eine weitere »Liliputaner«-Bude auf dem Oktoberfest betrieb auch der Circus Busch im Jahr 1927.

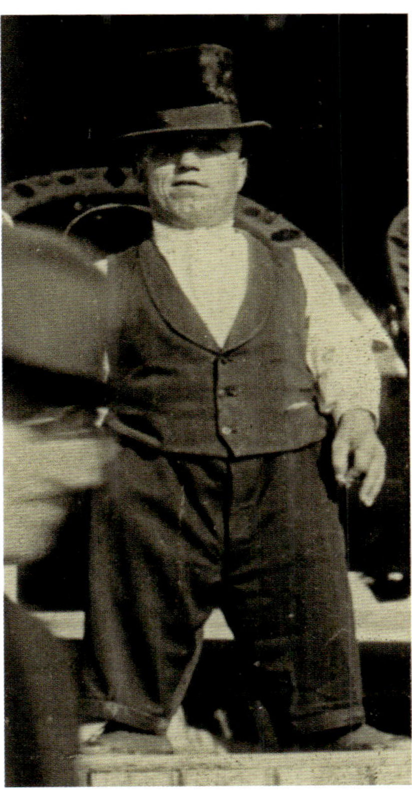

Jackerl, o. J.

Der Schriftsteller Georg Britting schreibt in seiner Erzählung »Schnee überm Oktoberfest« noch 1955 anschaulich über diese Art von Wiesnschaugeschäft und seine Protagonisten: »Vorn an die Rampe der Liliputaner-Bude war ein kleiner Mann im Frack getreten, einen Zylinder auf dem

Kopf, mit einem gelben Gesicht, wie es Leberkranke haben, aufgedunsen und faltig, greisenhaft und jugendlich geheimnisvoll zugleich, und nun hob der Zwerg mit der gelben Kinderhand den hohen Hut und winkte, näherzutreten, und tat das, indem er hochmütig über die einzeln vorbeistreifenden Zuschauer hinwegsah. Mit einem plötzlichen, entschlossenen Ruck dann setzte der Kindmann den Hut wieder fest auf den Kopf und begann, die Hände auf dem Rücken, die ganze Länge der Rampe feierlich und verdrießlich im Hin und Her abzuschreiten. Eine Frau, eine gewöhnliche Menschenfrau, keine Zwergin, die dick vermummt an der Kasse saß, lud mit kurzen Rufen ein, sich die berühmten Liliputaner zu besehen, aber es klang wenig zuversichtlich, als glaube sie selber nicht, daß jemand ihrer Lockung werde Folge leisten.«[6]

Karl Valentin erwähnt in seinem Lichtbildervortrag unter der Nr. 50 (Lorenz Kerrn, siehe S. 102) ebenfalls einen »Zwerg«, der für Belustigung in der Bevölkerung sorgte.

Kleinwüchsiger als Animateur vor der Krinoline auf dem Oktoberfest. Fotografie von Georg Pettendorfer, 4.10.1927.

Anmerkungen

1 Karl Valentin stellte sich in seinen »Originalvorträgen« (1926 erschienen im Verlag Max Hieber) mit den Worten vor: »Karl Valentin, Münchner Komiker, Sohn eines Ehepaares. Karl Valentin erlernte aus Gesundheitsrücksichten im Alter von zwölf Jahren die Abnormität.« Zitiert nach: Dimpfl: Karl Valentin, S. 10.

2 Heute wird der Bartwuchs bei Frauen als Hirsutismus bezeichnet. Er ist die Folge einer Stoffwechselstörung. Aufgrund eines seltenen Gendefekts war auch Stefan Bibrowski stark behaart. Er allerdings am ganzen Körper, sodass er als »Löwenmensch« unter anderem am Münchner Oktoberfest im Jahr 1906 auftrat.

3 Berufsbezeichnung für Personen, die für die Beseitigung von Tierkadavern und die Tierkörperverwertung zuständig waren. Der Beruf war gesellschaftlich nicht angesehen und galt als »unehrlich«. Oftmals übernahmen die Wasenmeister daher auch gleich das Amt des Scharfrichters.

4 Siehe: www.bmlo.lmu.de [zuletzt geöffnet am 21.2.2019].

5 Verniedlichte Form von Jakob.

6 Britting, Georg: Schnee überm Oktoberfest, in: Oktoberfest! Ein literarischer Wiesnbummel mit Peter Maigler, München 2008, S. 140.

DIE RÄTSELHAFTEN

In Karl Valentins Kollektion von »Münchner Originalen« tauchen viele Bilder von Personen auf, die ausschließlich durch ihren (Spitz-)Namen und allenfalls noch durch berufliche Tätigkeiten gekennzeichnet sind. Aufgrund der Mitte der 1930er-Jahre verfassten Texte zu seinem Lichtbildervortrag »Bilder berühmter Persönlichkeiten« kann man immerhin zu 82 Personen auf hilfreiche, zum Teil recht süffisante Kurzkommentare des Sammlers Valentin zurückgreifen. Schon zu diesem Zeitpunkt war es für ihn aber offensichtlich schwer, exakte Auskünfte über einige Originale einzuholen, bei einigen hat es dann ganz »ausgebissen«. Und auch heute, trotz Internet und modernster archivarischer Hilfsmittel, konnten vier der Gesammelten nicht näher beschrieben werden. Der Vollständigkeit wegen seien sie hier dennoch vorgestellt, so, wie sie im Münchner Stadtarchiv erfasst sind. Für etwaige Leserhinweise wäre der Autor dankbar.

Die schöne Adela auf dem Rennplatz in Daglfing, 1910.

Georg Bergmeister, o. J.

Gustl Andres, o. J.

Maximilian Delacée. Koloriertes Glasdiapositiv, 9 x 12 cm. (Auf dem Lichtbild beschriftet mit Maxel Delasse.)

EPILOG

Wo sind sie geblieben?

Und zum Schluss bleibt die Frage: Gibt es sie in München noch, die stadtbekannten Originale? Oder sind sie ausgestorben wie – das ist jetzt gerade 100 Jahre her – die revoluzzenden Literaten, wie die falschen Barone in den Bierpalästen, wie die Taglöhner in den Herbergsvierteln, wie Stenze, Hausierer oder fahrende Handwerker in den Hinterhöfen, wie monarchistische oder separatistische Sektierer und andere, einst ortstypische Berufs- oder Volksgruppen?

Schon Karl Valentin, das Original schlechthin, hatte gelegentlich genörgelt (ein Schlager und ein Buch zur deutschen Filmgeschichte haben es später ebenso formuliert): »Das gab's nur einmal, das kommt nicht wieder.« Der große, grantige Spaßmacher, dem die Bilder für dieses Buch zu verdanken sind, meinte ausdrücklich die um 1860 berühmt gewordenen Volkssänger sowie die Betreiber der Hochburgen Münchner Geselligkeit.

Der Menschen- und Münchenkenner Georg Polt, gleichfalls ein Original in persona, hat einmal das Verschwinden von Kleinhandwerkern und Ladlbesitzern aus vielen Münchner Stadtteilen beklagt und für den heutigen Konformismus verantwortlich gemacht. »Das waren Leue, die so ein agrarisch-handwerkliches Element verkörperten.«[1] Genau diesem Milieu waren sie einst entwachsen, die Münchner Originale, insbesondere die Volkssänger. Aber gibt es denn nicht – immer noch oder wieder – ganze Trupps von Couplet-Sängern, die erfolgreich durch Wirtshäuser, Märkte und Fernsehstudios tingeln, oder eigenwillige Unternehmer, die tolle Unterhaltungskombinate aus dem Boden stampfen?

In einem Aufsatz aus dem Nachlass von Liesl Karlstadt, welcher kurioserweise in Köln-Wahn gelandet ist, klagte auch schon die Partnerin unseres Oberoriginals: »[...] an unseren grossen Strassen und Plätzen gehen die Menschen fremd vorüber und ein Finessen-Sepperl der an jeder Ecke stehen bleibt und erzählen will, wäre heute ein Verkehrshindernis.«[2] Aber treibt es sie nicht, wenn auch kaum auf offener Straße, heute noch um, die Gaudiburschen, Bierdimpfln, Ratschkatheln – und nicht zuletzt die unzähligen Comedians made in Bavaria?

Um gleich noch einen Zeitgenossen zu zitieren: Der langjährige Klatschreporter Michael Graeter, den Helmut Dietl als »Baby Schimmerlos« ebenfalls zum Original stilisiert hat, hält nicht mehr viel von seiner einstigen Klientel, der legendären Münchner Society, weil dieser die echten Originale abhandengekommen seien. Aber ein paar Promis solcher Art kann er immer noch auf seiner Webseite passend platzieren; sie heißen derzeit beispielsweise Michael Käfer, Uschi Glas oder (immer noch) Uschi Obermaier. Graeter zählt seine verbliebenen Originale zur »Nebengesellschaft«.

Als Journalist hat auch der Verfasser dieses Buches jahrzehntelang oft mit wirklichen Münchner Originalen zu tun gehabt, beruflich oder privat. Hier eine sehr reduzierte Auswahl:

PHILIPP ARP

SIGI SOMMER UND KARL STANKIEWITZ

THOMAS WIMMER

FRANZI KINATSEDER

RICHARD SÜSSMEIER

HANNES KÖNIG

»VÄTERCHEN« TIMOFEI WASSILJEWITSCH PROCHOROW

WILLY MICHL

PHILIPP ARP: Als ich ihn, den Valentin-Nachfolger, bei einem seiner skurrilen Stücke im »Tams-Theater« besuchte, stellten wir fest, dass wir einst nebeneinander büffelten, in der Mariahilfschule.

RICHARD SÜSSMEIER: Mit ihm hatte ich 1947 eine Schülerzeitung redigiert. Später erlebte ich ihn als »Wirte-Napoleon« in seinen Paraderollen – und tief niedergeschlagen nach dem Wiesn-Anschlag.

SIGI SOMMER: Als einer meiner ersten Kollegen hat er mich ins Reporterleben eingeführt: »Schreibst halt jeden Tag a Verserl.« Oft saß ich mit Blasius dem Spaziergänger und seinen originellen Spezln am Stammtisch im »Augustiner« (Sommer) und im »Klösterl« (Winter).

HANNES KÖNIG: Lange vor der Einrichtung seines »Karl-Valentin-Musäums« erzählte mir der Kunstmaler und Sammler von seiner »Kampfzeit«, jede seiner Ausstellungen war dann ein Thema für mich.

THOMAS WIMMER: Dass er den Valentin-Nachlass nach 1945 aus Geiz ablehnte, war nur eine von vielen Sonderlichkeiten, die ich über Münchens ersten SPD-Oberbürgermeister nach dem Zweiten Weltkrieg zu berichten hatte.

TIMOFEI WASSILJEWITSCH PROCHOROW, »Väterchen Timofej«: Der zugewanderte Russe hat mit seiner illegalen, kuriosen Einsiedelei auf dem Oberwiesenfeld schon meine Kinder entzückt und mich später zu lustigen Reportagen veranlasst.

FRANZI KINATSEDER: Die Jodelkönigin faszinierte mich, als sie japanische Gäste im Platzl in ihrer Sprache begrüßte. Gern treffe ich sie, meist von männlichen Originalen umringt, im »Hofbräuhaus« oder auf der Wiesn.

WILLY MICHL: Der bayerische Blues-Barde begeistert mich, seit ich ihn zum ersten Mal auf einem Isarfloß erlebt habe. Zu meinem 90. Geburtstag ernannte mich der Isarindianer zum Blutsbruder, wobei er mir Adlerfeder und Fuchspelz überreichte.

Der namenlose Obdachlose am Kiosk vor meinem Haus hat mich vor tadellos aufgereihten Bierflaschen immer militärisch gegrüßt: Er war für mich der Unbekannte Soldat vom Isarstrand. Womit denn letztlich auch die Frage nach dem Fortleben der Münchner Originale beantwortet sei.

Anmerkungen

1 »Unser Bayern«, Heimatbeilage der Bayerischen Staatszeitung, 2004, S. 54.
2 Ausführliches Zitat siehe Einleitung, S. 17ff.
3 Bachmaier / Faust: Karl Valentin. Dokumente, Nachträge, Register, Sämtliche Werke, Band 9, S. 110.

ANHANG

Editorische Anmerkungen

Grundlage für das vorliegende Buch waren zum einen alle Fotografien, die Stand 1. Januar 2019 im Münchner Stadtarchiv unter dem Index »Sammlung Karl Valentin / Personen / Münchner Originale« eingeordnet waren, zum anderen Texte von Karl Valentin zu seinem Lichtbildervortrag »Bilder berühmter Persönlichkeiten« aus den 1930er-Jahren (siehe Vorwort S. 11ff.) und Anhang S. 286). Hier sind, in durchnummerierter Reihenfolge, 82 Münchener Originale (ein Name wird doppelt unter zwei Nummern geführt), stadtbekannte Persönlichkeiten und Sonderlinge kurz beschrieben, die sich größtenteils auch mit dem Bildmaterial der oben genannten Fotografiesammlung Valentins im Stadtarchiv München unter dem Stichwort »Münchner Originale« decken.

Während der Recherchearbeiten zu diesem Buch wurden 75, zum größten Teil kolorierte Glasdiapositive im Format 9 x 12 cm im Stadtarchiv München aufgefunden. Sie wurden alle in den Text integriert und explizit so bezeichnet. Die von Valentin zum Teil selbst beschrifteten Glasplatten decken – bis auf acht (Nr. 9, 10, 13, 20, 22, 32, 74, 78) – alle im oben genannten Lichtbildervortrag »Bilder berühmter Persönlichkeiten« aufgeführten Personen ab. Von diesen acht fehlenden Abbildungen können wiederum zwei Persönlichkeiten (Nr. 10, Joseph Mitterer und Nr. 78, Joseph Schweiger) mit einem Bild unter dem Stichwort »Sammlung Karl Valentin / Personen / Münchner Originale« im Stadtarchiv verortet werden. Sieben Persönlichkeiten (Peter Auzinger, Hans Bayrer, Max Delacée, Martin Fischer, Frank Nicklas, Franz Xaver Reichhart, Julius Thannhauser) sind nicht in den Lichtbildervortrag aufgenommen worden, aber Teil der neu aufgefundenen Serie von kolorierten Glasdiapositiven. Die Dias wurden gereinigt, alle bildverdeckenden Verklebungen an ihrer Außenseite wurden entfernt; sodann wurden sie im Stadtarchiv von Inga Fesl digitalisiert. Ab Oktober 2019 werden die Bildmotive über die Online-Datenbank des Stadtarchivs München – wie bereits alle anderen Motive aus der Sammlung Karl Valentin – einsehbar sein (archivische Betreuung: Elisabeth Angermair).

Die Überschriften zu den einzelnen, innerhalb der jeweiligen Hauptthemen nach ihren Geburtsjahren beziehungsweise ihrem geschätzten Wirkungszeitraum chronologisch angeordneten Viten stammen vom Autor.

Karl Valentin sammelte ab ca. 1925 Fotografien, die das »alte« München des 18. und 19. Jahrhunderts und seine Bewohner dokumentieren sollten. Ein umfangreicher Briefwechsel belegt diese Leidenschaft des »Bewahrenwollens« für die Nachwelt. Ein Beispiel sei hier zitiert:

»Herrn Ebenböck
Hier
Sendlingerstr.
I. Bachhaus Ecke Rosenthal

Sehr verehrter Herr Ebenböck,
Haben Sie in Ihrer Sammlung Bilder – Plakate – Programme?? von Pappa Geis – Welsch – Schichtl – Pappa Kern etc? Ich

wäre Ihnen sehr dankbar wenn ich Sie deshalb besuchen dürfte.

Mit bestem Gruß
Karl Valentin

Nur abfotographieren«[3]

Seine gesundheitlichen Probleme vergessend jagte Karl Valentin so seinen Objekten der Begierde – menschlichen und architektonischen – nach. Aus Kostengründen wurde das Gefundene oftmals nicht erworben, sondern nur vor Ort abfotografiert. Die Qualität des Gesammelten war daher teilweise auch nicht sehr gut, wurde aber trotzdem in diesem Band mitaufgenommen, spiegelt es doch die vorrangig pädagogische Intention Valentins zulasten einer Sammlung unter dem Gesichtspunkt einer wirtschaftlichen Rendite bestens wider. Anschließend wurden die Fotografien, Ansichtskarten, Zeitungsausschnitte oder Zeichnungen von Valentin auf gelben Karton aufgeklebt und exakt beschriftet, manchmal erfolgten auch noch Retuschen oder ganze Fotomontagen (siehe zum Beispiel Abb. S. 166).

Im Münchner Stadtarchiv wurden die von Karl Valentin im Jahr 1939 angekauften Porträts bei der Rekonstruktion in den 1980er-Jahren sowohl unter den Schlagwörtern »Sammlung Karl Valentin / Personen – Unterkapitel Münchner Originale« als auch unter »Sammlung Karl Valentin / Personen – Unterkapitel Porträts« eingeordnet. Dies ist also keine Einteilung, die von Valentin selbst vorgenommen hat. Nicht zuletzt aufgrund der Recherchen zu diesem Buch konnte im Stadtarchiv eine neue Zuordnung und bessere Systematisierung der Sammlung Karl Valentin vorgenommen worden. Nach wie vor ist es jedoch schwierig, Personen/Persönlichkeiten vom Typus des »Originals« zu unterscheiden.

Literaturnachweis

SEKUNDÄRLITERATUR

Ausstellungskatalog »Das Oktoberfest. Einhundertfünfundsiebzig Jahre bayerischer National-Rausch aus Anlass der Jubiläumsausstellung im Münchner Stadtmuseum 25. Juli bis 3. November 1985«, München 1985.

Alckens, August: Franz Xaver Krenkl. Der Rennmeister der Münchner Oktoberfestrennen 1780–1860, München 1964.

Bachmaier, Helmut / Faust, Manfred (Hg.): Karl Valentin. Dokumente, Nachträge, Register, herausgegeben auf der Grundlage der Nachlaßbestände des Theatermuseums, der Universität zu Köln, des Stadtarchivs und der Stadtbibliothek München sowie des Nachlasses von Liesl Karlstadt, Sämtliche Werke in neun Bänden, Band 9, München / Zürich 2007.

Bauer, Richard (Hg.): Zu Gast im alten München. Erinnerungen an Hotels, Wirtschaften und Cafés, München 1982.

Ders./Graf, Eva (Hg.): Der Stadtfotograf. Georg Pettendorfers Ansichten von München 1895–1935, München 1989.

Buhrs, Michael / Wagner, Claudia: Karl Wilhelm Diefenbach (1851–1913). Lieber sterben, als meine Ideale verleugnen! Ausstellungskatalog anlässlich der Ausstellung »Der Prophet – die Welt des Karl Wilhelm Diefenbach (1851–1913)«, München 2011.

Carossa, Hans: Der Arzt Gion, Berlin 1955.

Danesitz, Amadeus: Festhalle Schottenhamel – 150 Jahre Oktoberfestgeschichte, München 2017.

Daxenberger, Sebastian Franz von: Münchener Hundert und eins, München 1840.

Dering, Florian / Eymold Ursula (Hg.): Das Oktoberfest 1810–2010. Offizielle Festschrift der Landeshauptstadt München, München 2010.

Dimpfl, Monika: »Wir gehen zum Papa Steinicke«: der Schwabinger Steinicke Saal 1914–1941, in: »Bayern – Land und Leute«, eine Sendereihe des Bayerischen Rundfunks, München 1990.

Dies.: Karl Valentin. Biografie, München 2007.

Dreher, Conrad: Münchner Or'ginale, Stuttgart / Leipzig / Berlin / Wien 1894.

Ebnet, Werner: Sie haben in München gelebt. Biografien aus acht Jahrhunderten, München 2916.

Ernst, Roland: Der Vollstrecker. Johann Reichhart. Bayerns letzter Henker, München 2019.

Farin, Michael (Hg.): Polizeireport München 1799–1999, München 1999.

Forcht, Georg W.: Frank Wedekind und die Anfänge des deutschsprachigen Kabaretts, Sprach- und Literaturwissenschaft, Band 39, Herbolzheim 2009.

Freund, Martin J.: Das Rad-Phänomen aus dem Bayerwald. Josef Fischer aus Neukirchen b. Hl. Blut galt einst als der beste Rennfahrer der Welt – eine Spurensuche, in: Passauer Neue Presse vom 8. April 2017.

Frey, Stefan: Dem Volk zur Lust und zum Gedeihen. 150 Jahre Gärtnerplatztheater, herausgegeben vom Deutschen Theatermuseum München, Leipzig 2015.

Gebhardt, Heinz: Als die Oper mit Bier gelöscht wurde. Münchner Bilder und Geschichten von 1158 bis heute, München 2016.

Gemming, August: Poetische Verbrechen. Gedichte, München o. J.
Glasmeier, Michael: Karl Valentin. Der Komiker und die Künste, München / Wien 1987.
Gleich, Dr., Wasserarzt in München: Ueber die Notwendigkeit einer gänzlichen Umgestaltung der sogenannten Heilwissenschaft unserer Tage. Mit Ernst Mahner's Gesundheitsevangelium [...], Augsburg 1848.
Götz, Norbert / Schack-Simitzis, Clementine (Hg.): Die Prinzregentenzeit. Katalog der Ausstellung im Münchner Stadtmuseum, München 1988.
Gromann, Jürgen: Aufzeichnungen eines Scharfrichters. Das Tagebuch des Königlichen Nachrichters von Bayern Franz Xaver Reichhart, Donauwörth 2018.
Haus der Bayerischen Geschichte (Hg.): An jedem Eck a Gaudi, in: Edition Bayern, Sonderheft 4, München 2011.
Henze, Stefan / Heizmann, Andrea (Hg.): Karl Valentin. Karl Valentins Selbstbiographie. Autobiographisches und Vermischtes, herausgegeben auf der Grundlage der Nachlaßbestände des Theatermuseums, der Universität zu Köln, des Stadtarchivs und der Stadtbibliothek München sowie des Nachlasses von Liesl Karlstadt, Sämtliche Werke in neun Bänden, Band 7, München / Zürich 2007.
Historischen Kommission bei der Bayerischen Akademie der Wissenschaften (Hg.): Neue Deutsche Biographie, 26 Bände, Berlin 1953–2019.
Hoferichter, Ernst / Strobl, Heinz: 150 Jahre Oktoberfest 1810–1960. Bilder und Geschichten, München 1960.
Hollweck, Ludwig: Von Wahnmoching bis zur Traumstadt. Schwabinger erzählen von Schwabing, München 1969.
Hufnagel, Max Joseph: Berühmte Tote im Südlichen Friedhof zu München, München 1983.
Karl, Willibald (Hg.): Giesinger Köpfe. 50 Lebensbilder aus zwei Jahrhunderten, München 2008.
Köhl, Gudrun: Vom Papa Geis bis Karl Valentin. Eine Betrachtung über die Münchner Volkssänger und deren Programme, Schriftenreihe des Valentin-Volkssänger-Museums München 1, München 1971.
Dies./König, Hannes: Volkstheater in München, München 1981.
König, Hannes (Hg.): G'spassige Leut. Münchner Sonderlinge + Originale vom letzten Hofnarren bis zum Taubenmutterl, gesammelt von Elisabeth und Erwin Münz, München 1977.
Koll, Andreas: Volkskünstlerinnen. Liesl Karlstadt, Erni Singerl, Bally Prell. Die Geschichte des Volkstümlichen in der Unterhaltung, München 2008.
Krauss, Marita: Die bayerischen Kommerzienräte. Eine deutsche Wirtschaftselite von 1880 bis 1928, München 2016.
Kronegg, Ferdinand: Illustrirte Geschichte der Stadt München, München 1903.
Kurz, Hermann: Der Buzi-Maler. Leben und Werk von Emil Kneiß (1867–1956), München 2018.
Laturell, Volker D.: Die »Gscheerten« im Couplet. Das Bild des Dachauer Bauern bei den Münchner Volkssängern, in: Amperland, Heimatkundliche Vierteljahresschrift für die Kreise Dachau, Freising und Fürstenfeldbruck, Dachau 1993, S. 204–218. http://www.zeitschrift-amperland.de/download_pdf.php?id=1149 [zuletzt geöffnet am 16.3.2018].
Lutz, Joseph Maria: Die Münchner Volkssänger. Ein Erinnerungsbuch an die gute alte Zeit. Nach einer Sammlung von Erwin Münz, München 1956.

Mayer-Zaky, Renate: Die Münchner Au, München 1993.
Merkle, Ludwig / Merkle, Elli: München damals. Böse alte Zeit, München 1972.
Möhler, Claudia: Das Münchner Oktoberfest. Vom bayerischen Landwirtschaftsfest zum größten Volksfest der Welt, München / Wien / Zürich 1981.
Moser, Johannes / Becher, Eva (Hg.): München-Sound. Urbane Volkskultur und populäre Musik. Münchner Ethnographische Schriften 11, München 2011.
Moser, Thorsten: Hans Steyrer. Bayerischer Herkules, Norderstedt 2011.
Mühsam, Erich: Tagebücher 1910 bis 1924, Online-Edition www.muehsam-tagebuch.de
Ders.: Mühsam, Erich: Unpolitische Erinnerungen, München 2003.
Nebel, Julian: Adele Spitzeder. Der größte Bankbetrug aller Zeiten, München 2018.
Pasinger Fabrik (Hg.): Wirtshäuser in München 1900. »Berge von unten, Kirchen von außen, Wirtshäuser von innen«, München 1997.
Preis, Claudia: Volkssängerei in München 1870–1930. Zur Produktion von Unterhaltungskultur in der Stadt, Diss., Holzen 1978.
Riedelsheimer, Anton: Die Geschichte des J. Schmidschen Marionetten-Theaters in München von der Gründung 1858 bis zum heutigen Tage, München 1922.
Riedl-Valder, Christine: Caféhäuser in München. Geschichte(n) aus drei Jahrhunderten, Regensburg 2018.
Rühlemann, Martin W.: Varietés und Singspielhallen – urbane Räume des Vergnügens: Aspekte der kommerziellen populären Kultur in München Ende des 19. Jahrhunderts, Forum Kulturwissenschaften 2012.
Salvisberg, Dr. Paul von: Der Radfahrsport in Bild und Wort, Hildesheim / Zürich / New York 1998.
Sailer, Josef Benno: Die Münchener Bierchronik, München 1929.
Schneider, Ludwig M.: Die populäre Kritik an Staat und Gesellschaft in München (1865–1914). Ein Beitrag zur Vorgeschichte der Münchner Revolution 1918 / 19, Reihe Miscellanea Bavarica Monacensia, Band 61, München 1975.
Schneider-Schelde, Rudolf: Mary Irber, in: Die schöne Münchnerin, herausgegeben von Hanns Arens, München 1969.
Schulte, Michael: Alles von Karl Valentin, München / Zürich 1978.
Ders.: Karl Valentin. Eine Biographie, München 1998.
Schreibmayr, Erich: Letzte Heimat. Persönlichkeiten in Münchner Friedhöfen (1784–1984), München 1985.
Schröther, Franz: S'Geld muaß unter d'Leit – Die Lebensgeschichte von Lorenz Hauser, dem »Millionenbauern« aus München-Neuhausen, in: Neuhauser Schriften, München 2009, S. 24f.
Ders.: Schröther, Franz: Wolfgang Rank – der »Christus von Neuhausen« starb vor 70 Jahren, in: Neuhauser Schriften, München, S. 51f.
Schweiggert, Alfons: Münchner Originale. Liebenswerte Sonderlinge von gestern und heute, Dachau 2012.
Seidenbusch, Christian: Ein Sträußchen komischer Vorträge, Band 22, München 1895.
Selig, Wolfram: »Arisierung« in München: die Vernichtung jüdischer Existenz 1937–1939, München 2004.
Sigl, Rupert (Hg.): Dr. Sigl. Ein Leben für das Bayrische Vaterland, Rosenheim 1977.
Spitzeder, Adele: Geschichte meines Lebens. Der große Münchner Bankskandal 1872, München 1996.
Stahleder, Helmuth: Haus- und Straßennamen der Münchner Altstadt, München 1992.

Stankiewitz, Karl: Keiner will schuld sein. Schlagzeilen aus Münchner Gerichtssälen 1950 bis 1995, Regensburg 1995.
Ders.: Weißblaues Schwarzbuch. Skandale, Schandtaten und Affären, die Bayern erregten, München 2010.
Ders.: Außenseiter in München. Vom Umgang der Stadtgesellschaft mit ihren Randgruppen, Regensburg 2016.
Ders.: Aus is und gar is. Verschwundene Wirtshäuser, Theater, Cafés, Nachtclubs und andere Orte Münchner Geselligkeit, München 2018.
Süßmeier, Richard (Hg.): Auf geht's beim Schichtl. Geschichte und Geschichten rund um das Oktoberfest, München 1984.
Till, Wolfgang (Hg.): Karl Valentin. Volks-Sänger? DADAist? München 1982.
Trautmann, Franz: Im Münchner Hofgarten. Örtliche Skizzen und Wandelgestalten, München 1884.
Tworek, Elisabeth: München, Hamburg 2012.
Valentin, Karl: Brilliantfeuerwerk, München 1938.
Ders.: Geschichten, Jugendstreiche, Monologe & Dialoge, ebook, 2019.
Weichselgartner, Alois: »Das andere Chiemsee«, in: Unser Bayern, Beilage der Bayerischen Staatszeitung, August 1978.
Weisser, Jürgen: Zwischen Lustgarten und Lunapark. Der Volksgarten Nymphenburg (1890–1916) und die Entwicklung der kommerziellen Belustigungsgärten, München 1998.
Will, Frido: »Ein bayrischer Löwe«. Konrad Dreher und das Schlierseer Bauerntheater. »Land und Leute«-Rundfunkmanuskript BR, Sendung vom 21.4.1985.
Wilhelm, Hermann: Die Münchner Bohème. Von der Jahrhundertwende bis zum Ersten Weltkrieg, München 1993.
Ders.: In der Münchner Vorstadt Au – Vergessene Lebenswelten des siebzehnten, achtzehnten und neunzehnten Jahrhunderts, München 2004.
Ders.: München Haidhausen. Vorstadt im Lauf der Zeit, München 2009.
Ders.: »Jetzt ist die Zeit und Stunde da, wir fahren nach Amerika«. München und der Wilde Westen. Gelehrte und Abenteurer, Künstlerinnen und Schriftsteller, Buffalo Bill und Karl May, der »Blaue Reiter« und die ersten »Isar-Western«. Über ein vergessenes Kapitel Münchner Kulturgeschichte von den 1840er-Jahren bis zum Ersten Weltkrieg, München 2017.
Zahn, Peter (Hg.): Hilfe für Juden in München. Annemarie und Rudolf Cohen und die Quäker 1938–1941, Studien zur jüdischen Geschichte und Kultur in Bayern, Band 9, München 2013.
Zuber, Elfi: Der Alte Nördliche Friedhof. Ein Kapitel Münchner Kulturgeschichte, München 1983.

INTERNETQUELLEN

https://asc-schnauferlclub.de/der-asc/118-jahre
https://issuu.com/feuerwehr.sendling/docs/festschr
https://stadtgeschichte-muenchen.de/
www.auerjournal.de/1-Heftarchiv/Journal-Heft-10.pdf

www.auerjournal.de/1-Heftarchiv/Journal-Heft-16.pdf
www.bmlo.lmu.de
www.deutsche-biographie.de
www.donisl.com/die-geschichte-vom-donisl-gelebte-tradition
www.forummuenchen.org/index.cfm?id=5323
www.genickbruch.com/index.php?befehl=bios&wrestler=5332&bild=0&details=7
www.gusto-graeser.info/Diefenbach/diefenbach_helios.html
www.kabarettarchiv.de
www.kulturreferat.de/flash/kgp14/KGP_14_komplett_screen.pdf
www.literaturportal-bayern.de
www.muenchner-geschichte.de/k4910-das-lachende-muenchen.html
www.narrhalla.de
www.pathologie.med.uni-muenchen.de/040institut/010geschichte/1gesch/index.html

Bildnachweis

Bildarchiv Foto Marburg, Carl Teufel; Benno Filser: S. 22 rechts
Burg Lauenstein: S. 223
Stadtarchiv München: S. 10 (DE-1992-FS-NL-KV-2211), 21 oben (DE-1992-FS-NL-KV-2283), 22 links (DE-1992-FS-NL-KV-1342), 23 (DE-1992-FS-NL-PETT2-3465), 25 (DE-1992-FS-NL-KV-2252), 26 (DE-1992-FS-NL-KV-2183), 27 (DE-1992-FS-NL-KV-1346), 28 (DE-1992-FS-NL-KV-2275), 29 (DE-1992-FS-NL-PETT1-3538), 31 (DE-1992-FS-NL-KV-2190), 32 oben (DE-1992-FS-NL-KV-2189), 32 unten (DE-1992-FS-NL-KV-2188), 33 (DE-1992-FS-NL-KV-2186), 34 (DE-1992-FS-NL-KV-2313), 36 (DE-1992-FS-NL-KV-2299), 37 links (DE-1992-FS-NL-KV-1434), 37 rechts (DE-1992-FS-NL-KV-2012), 38 (DE-1992-FS-NL-KV-1958), 39 links (DE-1992-FS-PK-STB-03698), 39 rechts (DE-1992-FS-NL-KV-2267), 40 (DE-1992-FS-NL-KV-2174), 41 (DE-1992-FS-NL-KV-2281), 42 (DE-1992-FS-NL-KV-2019), 43 (DE-1992-FS-NL-KV-1874), 44 oben (DE-1992-FS-NL-KV-1366), 44 unten (DE-1992-FS-NL-KV-1116), 45 (DE-1992-FS-NL-KV-1704), 47 (DE-1992-FS-NL-KV-2277), 48 (DE-1992-FS-NL-KV-2178), 49 (DE-1992-FS-NL-KV-2285), 50 links (DE-1992-FS-NL-KV-2255), 50 rechts (DE-1992-FS-NL-KV-1329), 53 links (DE-1992-FS-NL-KV-1780), 53 rechts oben (DE-1992-FS-NL-KV-1778), 53 rechts unten (DE-1992-FS-NL-KV-1779), 55 oben (DE-1992-FS-NL-KV-2037), 56 (DE-1992-FS-NL-KV-2260), 57 oben (DE-1992-FS-NL-KV-0907), 57 unten (DE-1992-FS-NL-KV-2038), 58 (DE-1992-FS-NL-KV-2309), 59 (DE-1992-FS-NL-KV-1569), 61 (DE-1992-FS-NL-KV-2201), 62 (DE-1992-FS-NL-KV-1971), 63 oben (DE-1992-FS-NL-KV-1850), 63 unten (DE-1992-FS-NL-KV-2242), 64 links (DE-1992-FS-NL-KV-1328), 64 rechts (DE-1992-FS-NL-KV-2266), 65 (DE-1992-FS-NL-KV-2245), 66 (DE-1992-FS-NL-KV-2276), 69 oben (DE-1992-FS-NL-KV-2294), 69 unten (DE-1992-FS-NL-KV-2176), 70 (DE-1992-FS-NL-KV-1883), 71 (DE-1992-FS-NL-KV-2268), 72 oben (DE-1992-FS-NL-KV-1570), 72 unten (DE-1992-FS-NL-KV-1964), 74 links (DE-1992-FS-NL-KV-2301), 74 rechts (DE-1992-FS-NL-KV-1379), 75 links (DE-1992-FS-NL-KV-1838), 75 rechts (DE-1992-FS-NL-KV-1839), 76 (DE-1992-FS-PK-STB-13649), 77 oben (DE-1992-FS-NL-KV-0918), 77 unten (DE-1992-FS-NL-KV-1972), 78 (DE-1992-FS-NL-KV-1367), 79 oben (DE-1992-FS-NL-KV-2269), 79 unten (DE-1992-FS-

NL-KV-1368), 80/81 (DE-1992-FS-NL-KV-2118), 82 (DE-1992-FS-NL-KV-1998), 84 (DE-1992-FS-NL-KV-2304), 86 (DE-1992-FS-NL-KV-2272), 87 oben (DE-1992-FS-NL-KV-2166), 87 unten (DE-1992-FS-NL-KV-2167), 88 (DE-1992-FS-NL-KV-2165), 89 oben (DE-1992-FS-ERG-B-1995), 89 Mitte (DE-1992-FS-NL-KV-0894), 90 (DE-1992-FS-PK-STB-09734), 91 (DE-1992-FS-PK-STB-09734), 92 (DE-1992-FS-PK-STB-02803), 93 oben (DE-1992-FS-NL-KV-2251), 93 unten (DE-1992-FS-NL-KV-2011), 94 (DE-1992-FS-NL-KV-1766), 95 oben (DE-1992-FS-NL-KV-0643), 95 unten (DE-1992-FS-NL-KV-0644), 96 (DE-1992-FS-NL-KV-1910), 97 (DE-1992-FS-NL-PETT2-1604), 98 (DE-1992-FS-NL-KV-2264), 99 (FS-NL-PETT3-0052), 100 (DE-1992-FS-NL-KV-2010), 101 (DE-1992-FS-NL-KV-1895), 102 (DE-1992-FS-NL-KV-2181), 104 (DE-1992-FS-NL-KV-2270), 105 (DE-1992-FS-NL-KV-2007), 106 links (DE-1992-FS-NL-KV-1842), 106 rechts (DE-1992-FS-NL-KV-1347), 107 (DE-1992-FS-AB-ERG-0019), 109 oben (DE-1992-FS-NL-KV-2310), 109 unten (FS-NL-PETT3-0029), 110 (DE-1992-FS-NL-KV-2298), 111 (DE-1992-FS-NL-KV-1548), 113 (DE-1992-FS-NL-KV-1833), 115 (DE-1992-FS-NL-KV-2279), 116 oben (DE-1992-FS-NL-KV-1140), 116 unten (DE-1992-FS-NL-KV-1143), 117 (DE-1992-FS-PK-STB-13506), 118 (DE-1992-FS-HB-XXIII-263), 120 (DE-1992-FS-NL-KV-1380), 121 (DE-1992-FS-NL-KV-2292), 122 (DE-1992-FS-NL-KV-2261), 123 (DE-1992-FS-HB-XX-W-077), 124 (FS-NL-WEIN-0371), 125 links (DE-1992-FS-NL-KV-2009), 125 rechts (DE-1992-FS-NL-KV-1599), 126 (DE-1992-FS-NL-KV-2158), 127 oben (DE-1992-FS-NL-KV-0694), 127 unten (DE-1992-FS-NL-KV-1859), 128 oben (DE-1992-FS-NL-KV-1860), 128 unten (DE-1992-FS-NL-KV-0805), 129 (DE-1992-FS-NL-KV-1600), 130 (DE-1992-FS-NL-KV-2191), 132 (DE-1992-FS-NL-KV-2300), 133 (DE-1992-FS-NL-KV-1832), 134 (DE-1992-FS-NL-KV-2254), 135 (DE-1992-FS-NL-KV-0916), 136 (DE-1992-FS-PK-STB-14094), 137 (DE-1992-FS-NL-KV-0115), 138 (DE-1992-FS-NL-KV-1831), 139 unten (DE-1992-FS-NL-KV-2172), 139 oben (DE-1992-FS-PER-D-0294-04), 140 (DE-1992-FS-PER-D-0294-05), 141 (DE-1992-FS-PER-D-0294-01), 142 (DE-1992-FS-PK-STB-08030a), 143 (DE-1992-FS-NL-KV-1950), 144 (DE-1992-FS-NL-KV-1324), 145 (DE-1992-FS-NL-KV-2240), 146 (DE-1992-FS-NL-KV-0079), 147 (DE-1992-FS-NL-KV-1767), 149 (DE-1992-FS-NL-KV-2274), 150 (DE-1992-FS-NL-KV-2296), 152 (DE-1992-FS-NL-KV-1774), 154 oben (DE-1992-FS-NL-KV-1001), 154 unten (DE-1992-FS-NL-KV-0531), 155 (DE-1992-FS-NL-KV-2293), 157 (DE-1992-FS-NL-KV-1846), 159 (DE-1992-FS-PER-D-0257-002), 160 (DE-1992-FS-NL-KV-2168), 161 (DE-1992-FS-NL-KV-1934), 162 (DE-1992-FS-NL-KV-2155), 165 (DE-1992-FS-NL-KV-1841), 166 (DE-1992-FS-NL-KV-2057), 167 links (DE-1992-FS-NL-KV-1851), 167 rechts (DE-1992-FS-NL-KV-2253), 168 (DE-1992-FS-NL-KV-1820), 169 links (DE-1992-FS-NL-KV-1856), 169 rechts (DE-1992-FS-NL-KV-1853), 170 oben (DE-1992-FS-NL-KV-1855), 170 unten (DE-1992-FS-NL-KV-1854), 172 oben (DE-1992-FS-NL-KV-2290), 172 unten (DE-1992-FS-NL-KV-1960), 173 (DE-1992-FS-NL-KV-2291), 174 oben (DE-1992-FS-NL-KV-2182), 174 unten (DE-1992-FS-NL-KV-1962), 175 (DE-1992-FS-NL-KV-2257), 176 (DE-1992-PL-12723), 177 (DE-1992-FS-NL-KV-2162), 178 (DE-1992-FS-NL-KV-2161), 179 (DE-1992-FS-NL-KV-1902), 181 (DE-1992-FS-NL-KV-2250), 183 (DE-1992-FS-NL-KV-2259), 184 (DE-1992-FS-NL-KV-1311), 185 (FS-NL-PETT3-0036), 187 (DE-1992-FS-NL-KV-2184), 188 (DE-1992-FS-NL-KV-2243), 189 (DE-1992-FS-NL-KV-2297), 191 (DE-1992-FS-NL-KV-1629), 192 (DE-1992-FS-NL-KV-2192), 193 (DE-1992-FS-NL-KV-2303), 194 (DE-1992-FS-NL-KV-2195), 196 (DE-1992-FS-NL-KV-1845), 197 (DE-1992-FS-NL-KV-1306), 198 (DE-1992-FS-NL-KV-1593), 200 (DE-1992-FS-NL-KV-1361),

202 (DE-1992-FS-NL-KV-1378), 203 (DE-1992-FS-NL-KV-2302), 204 oben (DE-1992-FS-NL-KV-2307), 204 unten (DE-1992-FS-NL-KV-1589), 206 (DE-1992-FS-NL-KV-2241), 207 (DE-1992-FS-AB-ERG-0093GF), 208 (DE-1992-FS-NL-KV-2286), 209 (DE-1992-FS-NL-PETT1-2708), 211 (DE-1992-FS-NL-KV-2289), 213 (DE-1992-FS-NL-KV-1310), 214 (DE-1992-FS-NL-KV-2287), 215 (DE-1992-FS-NL-KV-1938), 216 (DE-1992-FS-NL-KV-2288), 217 (DE-1992-FS-NL-KV-1844), 218 (DE-1992-FS-NL-KV-2280), 220 (DE-1992-FS-NL-KV-1353), 221 (DE-1992-FS-NL-KV-2247), 222 oben (DE-1992-FS-NL-KV-2169), 224 (DE-1992-FS-PER-D-0128-03), 226 links (DE-1992-FS-NL-KV-2249), 226 rechts (DE-1992-FS-NL-KV-1355), 228 (DE-1992-FS-NL-KV-1321), 230 (DE-1992-FS-NL-KV-2284), 232 (DE-1992-FS-NL-KV-2271), 234 (DE-1992-FS-NL-KV-2278), 235 (DE-1992-FS-NL-KV-2311), 236 (DE-1992-FS-NL-KV-1325), 237 (DE-1992-FS-NL-KV-2244), 238 (DE-1992-FS-NL-KV-2312), 239 (DE-1992-FS-NL-KV-1335), 240 (DE-1992-FS-NL-KV-2263), 241 oben (DE-1992-FS-NL-KV-1349), 241 unten (DE-1992-FS-NL-KV-1348), 242 (DE-1992-FS-NL-KV-2262), 244 (DE-1992-FS-NL-KV-2273), 245 (DE-1992-FS-STB-5875), 247 (DE-1992-FS-NL-KV-1834), 248 (DE-1992-FS-NL-KV-2248), 250 (DE-1992-FS-NL-KV-1326), 251 (DE-1992-FS-NL-KV-2305), 252 links (DE-1992-FS-NL-KV-1356), 252 rechts (DE-1992-FS-NL-KV-2306), 253 (DE-1992-FS-HB-XX-R-075), 254 (DE-1992-FS-NL-KV-1339), 255 oben (DE-1992-FS-NL-KV-2282), 255 unten (DE-1992-FS-NL-KV-1337), 257 (DE-1992-FS-PK-STB-04314), 258 (DE-1992-FS-NL-KV-1327), 259 (DE-1992-FS-NL-KV-2308), 260 (DE-1992-FS-NL-KV-1343), 262 (DE-1992-FS-NL-KV-2265), 264 (DE-1992-FS-NL-KV-1322), 265 (DE-1992-FS-NL-KV-2256), 266 (DE-1992-FS-NL-KV-1313), 267 (DE-1992-FS-NL-KV-2258), 268 (DE-1992-FS-NL-KV-2295), 269 (DE-1992-FS-NL-KV-1360), 270 (FS-NL-PETT3-0045), 272 (DE-1992-FS-NL-KV-1344), 273 oben links (DE-1992-FS-NL-KV-1364), 273 links unten (DE-1992-FS-NL-KV-2246), 273 rechts (DE-1992-FS-NL-KV-1354), 286 (DE-1992-FS-NL-KV-2239)

Privat: S. 46, 55 unten, 85, 89 unten, 153, 195, 212, 222 unten, 275 (wenn nicht anders vermerkt)

Valentin-Karlstadt-Musäum München: S. 21 unten, 226 oben

SZ-PHOTO: S. 275 (rechte Spalte, zweites Foto von unten)

Titelblatt zur Lichtbilderserie »Bilder berühmter Persönlichkeiten«.
Koloriertes Glasdiapositiv, 9 x 12 cm.

»Lichtbildervortrag ›Bilder berühmter Persönlichkeiten‹[1]

Wir zeigen Ihnen jetzt eine Lichtbilderserie von Münchner Originalen, stadtbekannten Persönlichkeiten und Sonderlingen. Die Originale jüngerer Zeit werden Sie zum Teil selbst kennen, anschliessend daran folgen dann diejenigen Originale, die früher gelebt haben und zwar bis zum 17. Jahrhundert zurück.

Karl Valentin hat zur Zeit die reichhaltigste Sammlung in dieser Art, da aber immer noch einige Bilder fehlend, werden die Herrschaften gebeten, die im Besitze derartiger Bilder sind, dieselben zu Reproduktionszwecken zur Verfügung zu stellen

Wir bringen als erstes: (*s. Lichtbild*)

[1] Entstehungszeit des Textes: Mitte der 1930er-Jahre. Zitiert nach: Henze / Heizmann: Karl Valentins Selbstbiographie, Sämtliche Werke, Band 7, S. 228–242.

1. Das Taubenweiberl
2. Der »Kunst«-Maler Lenbach
3. Der Wasserbeschwörer
4. Hamansegger
5. Karl Schwach
6. Die Schlüsselfrau
7. Die Frau mit dem Vollbart
8. Der Zwickermann
9. Heindrich Bauderer
10. Joseph Mitterer
11. Der Kuckuck
12. Die Herzlfrau
13. Tom Pirle
14. Ferstl
15. Der narrische Maxl
16. Kathi Kobus
17. Karl Gabriel
18. Der Fernrohrmann
19. Der Parade-Bretzen-General
20. Kugler
21. Wurzelsepp Nr. 2
22. Professor »Grössenwahn«
23. Daniel
24. Der Federlmann
25. Reiter Fanny
26. Richard Braunbeck
27. Der Fischberger Jackl
28. Haag Heinrich
29. Alois Seelos
30. Amthor Fritz
31. Motschmann, der letzte Hochradfahrer
32. Der »De lage Maxe«
33. Der Neuhauser Heilige
34. Der Neuschwansteinsänger Wacker Toni
35. Hermann Strebel – Feit sie nix
36. Lang Schorschl
37. Strasser Sepp
38. Hugo Oertel
39. Franz Adelmeier
40. Held Hansl
41. Maler Diefenbach
42. Jacob Peupus
43. Pappa Kern
44. Zschaschka
45. Der Sägfeiler am Isartor
46. Der Sägfeiler
47. Der fahrende Sägfeiler
48. Der Stiefelputzer am Karlstor
49. Der Uhrmacher am Karlstor
50. Lorenz Kerrn
51. Papa Geis
52. Karl Maxstadt
53. Andreas Welsch
54. Hauser Lenz
55. Der Balsam-Bene
56. Mina Hupf
57. August Schichtl
58. August Schichtl (in Zivil)
59. Steurer Hans
60. Die zwei ältesten Kellnerinnen im Hofbräuhaus
61. Der »Schmalznudelbauer«
62. Joseph Fischer
63. Robl Taddy
64. Michael Schottenhammel
65. Benni Huss
66. Der Sailer-Wastl
67. Der Pfui-Teifi-Professor
68. Das »Trambahnpfeiferl«
69. Wurzel-Sepp
70. Papa Schmi[d]
71. Rahmerlmann
72. Doctor Sigl
73. Sulzbeck
74. Ringeis
75. Adele Spitzeder
76. Der Krenkl
77. Der erste Hochradfahrer Münchens
78. Joseph Schweiger
79. Flinserl-Schlager
80. Der ewige Hochzeiter
81. Finessen-Sepperl
82. Hofnarr Pranger«

Dank

Dieses Buch wäre so nicht zustande gekommen ohne das Zutun fleißiger Helfer. In erster Linie habe ich meiner Lektorin Dietlind Pedarnig zu danken, die aus Bergen von Büchern und aus Winkeln des Internets immer noch ein fehlendes Detail hervorgezaubert hat; sämtliche Anmerkungen hat sie geradezu wissenschaftlich genau erarbeitet. Weiterer Dank geht ins Stadtarchiv – an Dr. Michael Stephan, der mich in die komplizierte Geschichte der diversen Valentin-Sammlungen eingeweiht hat, sowie an Ulrike Trummer, die mir verschnürte Polizei- und Personenakten bündelweise besorgt hat. Ebenso danke ich Andreas Koll vom Valentin-Karlstadt-Musäum für seine Extras über die Münchner Volkssänger und schließlich noch Cornelius Esau vom Süddeutschen Verlag, der nicht nur einmal mit meinem Wunschzettel in die Tiefen seines Textarchivs hinuntergestiegen ist. Es lebt ja noch so viel unbekannte München-Geschichte im Fast-Verborgenen.